Ein ars-vivendi-Gastroführer

Weitere Titel der Zwischen Sekt & Selters-Reihe:
Berlin zwischen Sekt & Selters
Bremen zwischen Sekt & Selters
Düsseldorf zwischen Sekt & Selters
Hamburg zwischen Sekt & Selters
Hannover zwischen Sekt & Selters
Heidelberg/Mannheim zwischen Sekt & Selters
Köln zwischen Sekt & Selters
München zwischen Sekt & Selters
Münster/osnabrück/Bielefeld zwischen Sekt & Selters
Nürnberg zwischen Sekt & Selters
Ruhrgebiet zwischen Sekt & Selters
Stuttgart zwischen Sekt & Selters

Deutschland zwischen Sekt & Selters

Wien zwischen Sekt & Selters

Restaurantführer-Reihe „Zwischen Shrimps & Schaschlik":
(teilweise in Vorbereitung)
Berlin zwischen Shrimps & Schaschlik
Bremen zwischen Shrimps & Schaschlik
Düsseldorf zwischen Shrimps & Schaschlik
Frankfurt zwischen Shrimps & Schaschlik
Hamburg zwischen Shrimps & Schaschlik
Hannover zwischen Shrimps & Schaschlik
Heidelberg/Mannheim zwischen Shrimps & Schaschlik
Köln zwischen Shrimps & Schaschlik
München zwischen Shrimps & Schaschlik
Münster/Osnabrück/Bielefeld zwischen Shrimps & Schaschlik
Nürnberg zwischen Shrimps & Schaschlik
Ruhrgebiet zwischen Shrimps & Schaschlik
Stuttgart zwischen Shrimps & Schaschlik
Wien zwischen Shrimps & Schaschlik

Jürgen Otten · Manfred Schiefer (Hrsg.)

**Frankfurt
zwischen Sekt & Selters**

Schreiber und Tester:
Dora Diamant
Harry von Duckwitz
Alexander Kraft
Doña Manzana
Andrea Morshäuser
Andrea Neitzel
Jürgen Otten
Jörg Schindler
Andreas Schwarzkopf
Falk Trapp

ars vivendi verlag · Cadolzburg

Bei der Realisierung dieses Kneipenführers ließen wir größtmögliche Sorgfalt walten. Falls dennoch Fakten falsch oder inzwischen überholt sein sollten, bedauern wir dies, können aber auf keinen Fall eine Haftung übernehmen.

Das Werk ist in allen seinen Teilen urheberrechtlich geschützt.
Abdruck – auch auszugsweise – nur mit ausdrücklicher Genehmigung des Verlags.
© 1993 by ars vivendi verlag, Norbert Treuheit
Cadolzburg

Typografie und Ausstattung: WMS&S
Umschlagfoto: Horst Friedrichs
Druck: Meyer, Scheinfeld
Lektorat: Andrea Schreiner

1. Auflage Oktober 1993

ISBN 3-927482-59-5

Inhalt

7	Vorwort
9	Musterseite mit Erklärungen
11	Gastro-Besprechungen
12	Frankfurt
145	Darmstadt
161	Mainz
172	Offenbach
179	Wiesbaden
190	Die Autoren
193	Register

Vorwort

Geneigte Leserin, geneigter Leser!

„Muß das denn schon wieder sein?" werden Sie sich (und damit indirekt auch uns) fragen, und die Antwort lautet: „Ja, es muß!" Das ist der einzige und wahrhaftige Grund, weshalb nun eine zweite, aktualisierte Ausgabe von *Frankfurt zwischen Sekt und Selters* vor Ihnen liegt. Aber bitte zügeln Sie noch Ihre Ungeduld, stürzen Sie sich weder übereilt in die Lektüre noch in die empfohlene Anwendung, sondern verweilen Sie zunächst bei den wenigen Worten, mit denen wir Sie umgarnen und für den käuflichen Erwerb dieses Führers gewinnen möchten – oder mit denen wir Ihnen, so Sie selbigen bereits zu Hause haben und voller Ungeduld auf dem Weg zur standesgemäßen Befriedigung Ihrer dürstenden Kehle sind, noch einige Erläuterungen mit auf den Weg geben möchten.

„Play it again, Sam", tönte eines Tages die verlegerische Stimme durchs Telefon, und wir wußten natürlich sofort, welches Lied wir zu spielen hatten. Binnen kurzer Zeit war die Crew zusammen, und wir tingelten stadtauf und stadtab, wagten Testspiele fern der Heimatgemeinde und trafen uns dann regelmäßig, um zum ernüchternden Tagewerk gastronomischer Testpersonen zu schreiten.

Selbstverständlich haben wir am bewährten Konzept nicht zu rütteln gewagt. Natürlich wurde die Auswahl gänzlich neu zusammengestellt und auch jedes Lokal mit einem neuen Text gewürdigt. Die Gaststätten wurden wiederum mindestens zweimal besucht, und ein Wirt, der beim zweiten Mal noch immer nicht gemerkt hat, daß eine einzige Kellnerin für zweihundertdreiundvierzigeinhalb Gäste nicht reicht, hat wohl seine schlechte Bewertung redlich verdient. Diese Sektkelche dienen zur schnellen Orientierung. Sie sind Gütesiegel und Mahnmal und offenbaren auf einen Blick die Qualität der Lokale. Um Sie auf einen geplanten Besuch einzustimmen, haben wir wieder alle Lokale mit atmosphärischen Texten gewürdigt, in denen wir uns auch zuweilen phantastische Gedankenfreiheit erlauben. Doch nicht immer korrespondiert die atmosphärische Qualität mit den gastronomischen Anforderungen, oder anders gesagt: Manch einzigartiges Lokal entzieht sich in sachlicher Hinsicht jeglichen gastronomischen Kriterien und ist trotzdem ein Erlebnis. Um auch diesem Umstand gerecht zu werden, haben wir bei den jeweiligen Etablissements eine besondere Auszeichnung gewählt. Lassen Sie sich überraschen; Krüge und Bembel sind das Signal.

Aber nun möchten wir Sie nicht länger aufhalten und entlassen Sie zur trinkliterarischen Entdeckungsreise von den verruchtesten und lasterhaftesten Höhlen bis hin zu den rundum stimmigen Lokalen.

Die Herausgeber

Musterseite mit Erklärungen

Stadt	NAME DES LOKALS
Signet des Lokals (soweit vorhanden)	# Überschrift

🥂🥂🥂🥂🥂🥂	Hier findet sich ein Essay zur jeweiligen Lokalität, der von der Natur der Sache her subjektiv ist.
NAME DES LOKALS Adresse Telefonnummer	Die Bewertungen (in Form von Sektkelchen) spiegeln den Gesamteindruck wider, in die Aspekte wie „Ambiente" und „Atmosphäre", „Service", „Getränkeangebot", „Luft", „Hygiene" und „Preisniveau" eingegangen sind.
Öffnungszeiten Küchenzeiten	Zur Bewertungsskala: 6 Sektkelche = *traumhaft*
Sitz- und Stehplätze in Haus und Hof	5 Sektkelche = *sehr empfehlenswert* 4 Sektkelche = *der Besuch lohnt sich* 3 Sektkelche = *Durchschnitt*
Haltestelle(n) und Linie(n) Parkplatzsituation	2 Sektkelche = *muß nicht sein* 1 Sektkelch = *nicht zu empfehlen* Krüge und Bembel als Bewertung: siehe Vorwort.
🍺🍷	Hier wird das gesamte Angebot anhand charakteristischer bzw. auffälliger Beispiele vorgestellt und soll Aufschluß darüber geben, wie es sich in seiner Zusammensetzung, Bandbreite und Qualität/Präsentation zum kneipenüblichen Durchschnitt verhält. Die in Klammern angegebene Preisspanne umfaßt das billigste und das teuerste Getränk der betreffenden Sparte:
Bier	Ohne Berücksichtigung der Menge; Schwerpunkt Faßbier
Wein	In der Regel bezogen auf 0,1/0,2l-Gläser
Sekt und Schampus	Glas- oder Flaschenpreise; bei entsprechendem Angebot ganze Preisspanne vom Glas bis zur Flasche
Cocktails	Alle alkoholischen Mixes
Spirituosen	Vom 2cl-Glas bis zur 1l-Flasche
Alkoholfreie Getränke	Lobend erwähnt, wenn etwas billiger als Bier ist
Heißes	Schwerpunkt auf Kaffee, Cappuccino und Espresso
🍽 Essen	Qualität und Quantität, Präsentation
🎵 Musik	Musikrichtung? Vom DJ gemixt, von Band/Platte, aus dem Radio? Oder gar live? Wie ist die Lautstärke, wie der Sound?
Spiele	Kann man Spiele ausleihen? Gibt's gar Billard oder Darts?
Lektüre	Zeitungen, Zeitschriften
Luft	Erfrischend oder zum Schneiden?
Hygiene	Wie sauber sind Lokal und Toiletten?
Publikum	Wen zieht's bevorzugt her?
❗ Service	Gibt's genügend Personal? Ist es freundlich, aufmerksam, schnell, zuverlässig, persönlich oder alles auf einmal?
Preisniveau	Für jeden erschwinglich, angemessen oder schlicht Nepp?

Die Gastro-Besprechungen

Frankfurt — ACHTER KONTINENT

Wie daheim

ACHTER KONTINENT
Frankensteiner Platz 25
60594 Frankfurt
Tel. 0 69/61 56 28

Mo-Do 17.00 - 1.00
Fr 17.00 - 2.00
Sa 10.30 - 2.00
So 10.30 - 1.00
Küchenzeiten:
Mo-Fr 18.00 - 23.30
Sa 10.30 - 15.00
18.00 - 23.30
So 10.30 - 23.30

70 Sitzplätze
20 Stehplätze
20 Freiplätze bis 23.00

Frankensteiner Platz:
Straba 14, Bus 46
Lokalbahnhof:
N 1
Park and Walk

Wir hatten am Ufer des Flusses angelegt und waren die Böschung hinaufgegangen, als wir dieses seltsame Schild sahen. *8. Kontinent* stand darauf, und das nahm uns unseren Glauben, wir hätten den unsrigen noch gar nicht verlassen. Neugierig auf die Begegnung mit der 8. Art ließen wir uns zunächst auf den Stühlen vor einer unscheinbaren Tür nieder und harrten der Dinge. Ein weibliches Wesen, das uns abgesehen von einigen ungewöhnlichen leuchtend blauen Strähnen doch einen recht vertrauten Anblick bot, fragte sogleich freundlichst nach unseren Wünschen. Wir baten um ein erfrischendes Getränk. Sie verschwand – genau wie wir auf zwei Beinen aufrecht gehend – im Inneren, von dem wir durch ein Pflanzendickicht hindurch, das auf tropische Vegetation schließen ließ, langsam auch Einzelheiten erkennen konnten. Da schimmerten doch immerhin die Titelblätter der bekanntesten Frankfurter Stadtillustrierten durch das Grün. Wir wagten uns hinein. Die Bewohner des *8. Kontinents* schienen den gleichen Lastern wie wir zu frönen. Wahrscheinlich hatte auch dieser Kontinent nicht mehr sein ursprüngliches Erscheinungsbild, sondern war bereits in der kolonialen Phase. Etwas Exotisches fiel uns schließlich doch noch auf: Die Bewohner gaben sich auffällig gelassen. Wie wir später nach Hause kamen, wissen wir bis heute nicht; auch nicht, ob alles nur ein Traum war. Aber hatte das Wesen mit den blauen Strähnen nicht zum Abschied gesagt, wir könnten jederzeit wiederkommen, um Kartoffelauflauf zu essen, den keiner so zubereiten könne wie sie? *kar*

Bier	Ex und Pils v.F., Weizen, Kelts alkfrei (3,00-4,90)
Wein	Natürlich Äppler und viel Frankophiles (2,20-5,50)
Sekt und Schampus	Mumm, auch extra dry, Moët & Chandon (Fl. 25-85)
Cocktails	Alle Klassiker (7,50-9,50)
Spirituosen	Whisk(e)ys, Metaxa; Friesengeist! (3,00-9,00)
Alkoholfreie Getränke	Mehrere Fruchtsäfte und die Schweppes Family (1,70-3,00)
Heißes	Wie schön: heiße Milch mit Honig (2,60-4,00) bis 23.30
Essen	Dieser Kartoffelauflauf, einfach herrlich

Musik	All you need is music
Spiele	And chess, backgammon and – Othello
Lektüre	Szenezeitschriften
Luft	Wie auf unserem Kontinent
Hygiene	Die auch
Publikum	Unterschiede waren nicht festzustellen
Service	Ein Lächeln lockt Tina (manchmal) aus der Reserve
Preisniveau	Da ist ein Unterschied, die 8. Art ist billiger

Frankfurt — **AL ANDALUS**

Chronik einer angekündigten Sevillana

Al Andalus

AL ANDALUS
Affentorhaus 1
60594 Frankfurt
Tel. 0 69/61 70 32

Di-Do 19.00 - 1.00
Fr, Sa 19.00 - 4.00
So 19.00 - 1.00
Tapas immer

30 Sitzplätze
80 Stehplätze
Kein Freiluftbetrieb

Lokalbahnhof oder
Affentorplatz:
Bus 30, 36
N 1
Nach Sachsenhausen??
Mit dem Auto??
PH Walter-Kolb-Straße

An dem Tag, an dem sie Oliver Hovlas ins *Al Andalus* schleppen wollten, ging er um 18.30 Uhr abends aus dem Haus, um am Main auf den Dampfer zu warten, mit dem der Hoechst-Manager kam. Als er sein Haus verließ, rannten verschiedene Leute in Richtung Sachsenhäuser Ufer. Einzig geöffnet auf dem Affentorplatz war eine Trinkhalle, wo die beiden Frauen saßen, die auf Oliver Hovlas warteten, um ihn zu einer Sevillana zu schleppen. Sie waren Zwillinge: Huberta und Agatha Meier. Sie waren 43 Jahre alt und einander so ähnlich, daß es Mühe kostete, sie auseinanderzuhalten. „Sie sind vierschrötig, aber gutartig", sagten Bekannte. Es hat nie eine öfter angekündigte Entführung gegeben. Nachdem sie dem Programm das Datum für die Sevillana entnommen hatten, verließen die Zwillinge Meier ihr Haus und nahmen die besten Tanzschuhe mit. Dann gingen sie auf den Affentorplatz, wo gerade die letzten Geschäfte geschlossen wurden. Später erklärten 22 Personen, sie hätten alles gehört, was die Schwestern gesagt hätten, und alle stimmten in dem Eindruck überein, daß sie es allein in der Absicht getan hätten, gehört zu werden. Als Oliver Hovlas sich näherte, wußten alle, daß er ins *Al Andalus* geschleppt werden sollte. Sein Schicksal war bereits besiegelt. Die Schwestern Meier rannten auf ihn zu, packten ihn beidseitig an den Armen und zogen ihn durch die Tür. Willenlos ließ er sich auf die Tanzfläche führen, wo er schließlich im Gewirr seiner eigenen Füße zusammenbrach.
rea

Bier	Beck's, Hannen Alt (4,50-6,00)
Wein	Spanische Auswahl (Fl.12-35)
Sekt	Freixenet macht Mut zum Tanzen (Fl.13-120)
Cocktails	Auch diese sind geeignet (alle 8,00)
Spirituosen	Für die ganz Schüchternen bedarf es härterer Mittel (4,00-9,00)
Alkoholfreie Getränke	Das Übliche (3,50-5,00)
Heißes	Carajillo mit Anis, sehr empfehlenswert (4,00-5,00)
Essen	Spanische Tapas

Musik	Wahlweise von Live- oder Tonband kommt Flamenco, olé!
Spiele	Hier wird getanzt
Lektüre	Ich sagte doch bereits: tanzen
Luft	Die Luft paßt zu den heißen Rhythmen
Hygiene	Man will ja nicht vom Boden essen, oder?
Publikum	Spanier und Spanien-Urlauber
Service	Freundlich
Preisniveau	Könnte billiger sein

Frankfurt — AN SIBIN

It's Session Time

AN SIBIN
Wallstr. 9
60594 Frankfurt
Tel. 0 69/6032 15 9

Mo-Do 20.00 - 1.00
Fr, Sa 20.00 - 2.00

Kleinigkeiten wie
Sandwiches bis 30
Minuten vor Schluß

75 Sitzplätze
40 Stehplätze

Affentorplatz:
Bus 30, 36
N 1, 3
Parken:
If you want it illegal

„Scheiße", dachte ich, während ich ziellos durch die Straßen irrte: Was sollte dieser Zettel bedeuten, auf dem nur zwei Worte standen? *An Sibin*. Wer, verdammt nochmal, war dieser ominöse An Sibin? Ich hatte nie von ihm gehört. Ach, wahrscheinlich war es ein Codewort für irgendeine geheime Sache, von der ich nichts wußte und mit der ich auch in diesem Augenblick nichts zu tun haben wollte. Und ausgerechnet jetzt schiffte es wie blöd. Das Wasser lief an meinem Hut herunter, tropfte auf die Schultern und bahnte sich seinen Weg in meine Klamotten. Ich lief schneller und starrte dabei immer wieder auf den Zettel mit diesen zwei Worten, die der Regen langsam, aber sicher auflöste. Mist, hier draußen in der Kälte konnte ich nicht bleiben. Also ging ich in die nächste Kneipe, aus der Musik zu hören war. Als ich die Treppen hinunterging, traute ich meinen Augen nicht. Da standen in großen Lettern zwei Worte: *An Sibin*. Ich glaubte, durchdrehen zu müssen. Das konnte nicht wahr sein. DAS sollte *An Sibin* sein? O Mann. Mit den verrückten Sachen, die an der Decke hingen (da baumelten sogar ein Kontrabaß und alte Knobelbecher) kam ich ja noch klar, aber diese fünf Typen in der Ecke, die laut johlend auf ihren Instrumenten loslegten, als würde im nächsten Moment die Welt untergehen, das war wirklich unglaublich. Oberaffenpflaumengeil. Jetzt begriff ich plötzlich auch den Sinn des Zettels, den mir ein verrückter Ire auf dem Klo in einer anderen Kneipe in die Hand gedrückt hatte, während er irgendsowas wie „My Goodness, my Guinness, my music" in den Bart gemurmelt hatte. *duc*

Bier	Kilkenny, Guinness, Murphy's Irish Stout v. F., Beck's, Weizen, Altmunster (3,50-6,00)
Wein	Englischer Cider, zweimal Rheinhessen, Äppler (2,20-4,00)
Sekt und Schampus	Riesling, extra trocken (Fl. 30)
Cocktails	Malibu Pineapple and Guinness Black Russian (4,00-9,00)
Spirituosen	Pfläumli, Tequila Slammer (3,00-5,00)
Alkoholfreie Getränke	Auf Anfrage – andere Gepflogenheiten, wenn Sie verstehen
Heißes	Eine traumhafte Schokolade, die die Karte gar nicht verrät
Essen	Entweder eine Session mit Sandwich oder essen gehen

Musik	It's Irish, you know?
Lektüre	FR, az, Journal dürfen trotzdem gelesen werden
Luft	Oh yeah!
Hygiene	It's okay
Publikum	Sessiontypen, Irish-Liebhaber, Urig-Liebhaber
Service	It's Irish, you know?
Preisniveau	There is enough money left for the taxi

Frankfurt — AUFSCHWUNG

Aufschwung Einkehrschwung

AUFSCHWUNG
Oeder Weg 80
60318 Frankfurt
Tel. 0 69/55 37 69

So-Do 18.00 - 1.00
Fr, Sa 18.00 - 2.00
Warme Küche
18.00 - 23.30

70 Sitzplätze
15 Stehplätze

Bornwiesenweg:
Bus 36
Grüneburgweg: N 1
Parken: no chance!

In Bonn, da sitzen sie und warten auf den Aufschwung. Und sie wissen: es ist noch ein verdammt langer, öder Weg dorthin. In Frankfurt, da gibt's den Aufschwung schon lange: direkt am Oeder Weg. Auch sonst hat der Frankfurter *Aufschwung* nichts mit dem Dorf am Rhein gemein: Hier wird ein ordentliches Kölsch frisch serviert und nicht nur Schaum geschlagen. Gemütlichkeit an massiven Holztischen ist Trumpf; eine ewig lange und teure Renovierung hat dieser *Aufschwung* nicht nötig. Die Wandtäfelung bleibt dunkel und alt. Wird dort ein fader Brei als letzter Schrei verkauft, so gibt es hier nur vom Frischesten. Gewiß, die Karte ist nicht lang. Doch was sie verspricht, das hält sie auch. Ob es nun mit Pilzen und Kräutern verfeinerte Tagliatelle sind, ob das etwas vom südamerikanischen Rind ist oder eine Gemüseauswahl – stets ist die Sache auf den Punkt gebracht, schmeckt alles, wie es soll. Nur eines ist hier wie dort nicht möglich: Sparen – wobei sich das im Fall von Frankfurt auf die Kalorien bezieht (man kann gute Köche auch hassen, abends, auf der Waage und so). Lehnt sich der wohlgerundete Gast dann zurück und verlangt nach geistiger Nachspeise, so kann sich der Intellekt zu fast allem aufschwingen, was Tag und Woche an gedruckten Neuigkeiten zu bieten haben. Oder er lehnt sich noch weiter zurück und lauscht, zu welchen Höhenflügen der Nachbartisch fähig ist: Dort findet er meist FR-Redakteure, die auf dem Weg ins heimatliche Nordend regelmäßig den Einkehrschwung üben und sich dann zu Kommentaren hinreißen lassen, die am nächsten Morgen garantiert nicht im Blatt zu finden sind. *ask*

Bier	Dortmunder Union, Kölsch, Weizen (2,10-4,90)
Wein	Hausbacken durch Europa (4,80-7,40)
Sekt und Schampus	Deutz & Geldermann in allen Quantitäten (6,00-42,00)
Spirituosen	Was die Leber will; Obstler, bis sie nicht mehr kann (2,30-10,00)
Alkoholfreie Getränke	Hessisch, Amerikanisch, Englisch, Spanisch (1,80-3,50)
Heißes	Kaffee, Schokolade und was gegen die Erkältung (2,80-5,30)
Essen	„Dauerbrenner" und eine variationsreiche Tageskarte

Musik	Maßvoll, von Oldie-Rock bis Jazz
Spiele	Schach, Backgammon
Lektüre	FR, taz, Wochenpost, Die Zeit, Ökotest, Konkret, Der Spiegel
Luft	Erstickt ist noch keiner; nichts für notorische Nichtraucher
Hygiene	Sauber ohne aufdringlich zu sein
Publikum	Grüne Stammwähler und versprengte SPDler; Nordend-Mix
Service	Jung und (angemessen) dynamisch
Preisniveau	Hier wird keiner arm

| Frankfurt | BACKSTAGE |

Hart, aber herzlich

ᵧᵧᵧᵧ

BACKSTAGE
Rothschildallee 36
60389 Frankfurt
Tel. 0 69/4 69 13 55

So-Do 18.00 - 1.00
Fr, Sa 18.00 - 2.00
Warme Küche
18.30 - 23.45

70 Sitzplätze
Ungezählte
Quetschplätze
50 Freiplätze bis
23.00

Rothschildallee:
Straba 12, N 4
Parken: try it next
year, Charlie Brown

„Rock am Ring" haben sie das *Backstage* an anderer Stelle genannt, und das trifft so ziemlich den Nagel auf den Kopf: Hard and heavy ist die Musik, hart aber herzlich sind die Wirtsleute. Für die zarter Besaiteten sei hinzugefügt: Es kommt auch rein, wer keine Tattoos an sich herumträgt. Wer aber geht da sonst freiwillig hinein? Eigentlich ist der Name schon Programm: *Backstage* steht für Musiker, für die Road-Crew und jeden, der sich gern in diesem Dunstkreis bewegt. „Aufwärmprogramm für die *Batschkapp*", haben Spötter Norbert Wödys Kneipe anfangs genannt. Das stimmt – zum Teil. Denn oft genug kommen die Stage-Artisten gerade nach dem Konzert, wenn sie genug vom öffentlichen Leben haben und einfach in Ruhe das Schnitzel zur guten Nacht reintun wollen. Kein Wunder, daß in der Küche auch einer der finnischen Cowboys (die mit den exorbitanten Haartollen) den Kochlöffel schwingt, wenn er nicht gerade on tour ist. Richtig auf Touren kommt das *Backstage* aber erst bei „Veranstaltungen": Wenn die „Bernemer Goldkelche", der mit Würde schrägste Chor im Rhein-Main-Gebiet, die gutgeölten Kehlen malträtiert – das Gold kommt von der Schallplatte, die sie sich für immerhin drei verkaufte Exemplare verliehen haben. Oder wenn Fußballtermin ist: Auf Premiere rollt der Ball, in der Kasse rollt der Rubel – gedrängter steht man auch im G-Block nicht, nur hier kommt's Bier schneller. *ask*

Bier	Binding Normal, Schöfferhöfer Weizen (3,50-4,50)
Wein	Karte eröffnet mit Apfelwein ... (2,00-5,00)
Sekt	Wenig Mumm, aber die dicke Witwe Clicqot (9,00-90,00)
Cocktails	Was man schnell hinter der Bühne schütten kann (4,50-9,00)
Spirituosen	Versoffenes Musikervolk, für jeden etwas (2,50-6,50)
Alkoholfreie Getränke	Doch noch ein paar Puristen-Säftchen (1,50-3,50)
Heißes	Kaffee bis Tee, ganz normal (2,50-5,50)
Essen	Kleine Standardkarte, Tageskarte mit Saison-Angebot

Musik	Heftig, *Backstage* eben; infernalisch, wenn die Haustruppe zum Chorgesang antritt
Lektüre	FR, Neue Presse und Bild; Programme für alles, was singt und zappelt
Luft	Schnittfest bei großem Andrang
Hygiene	Bißchen dunkel hinter der Bühne, nix für Ajax-Freaks
Publikum	Querbeet mit Hang zur härteren Gangart
Service	Tanzt mit auf dem Tisch, wenn's ganz dick kommt
Preisniveau	Man gewährt auch Musikern, die noch nie was von den Top Ten gehört haben, die günstigen Preise

Frankfurt — BALALAIKA

BALALAIKA — I wanna go home

ΥΥΥΥΥ

BALALAIKA
Dreikönigstr. 30
60594 Frankfurt
Tel. 0 69/61 22 26

So-Do 20.00 - 1.00
Fr, Sa 20.00 - 2.00

50 rücken eng
zusammen
20 stehen

Elisabethenstr.:
Bus 36
N 3
Parken: don't try

Back to the Mutterschoß, sinking into the Geborgenheit of the *Balalaika's* belly-Höhle. Please zieh die dark-red curtains zu, but keep the Tür open for everybody. I need a break from the Fashion and the Karrierespuk, the Laufsteg and the Leiter. There is a house in Sachsenhausen they call the *Balalaika*. And she came from New York City to sing and she liked the Stadt and the Leute. And she married here. But still there are die Worte, burned in the wall: „ ... and I love New York".

And immer wieder she appears, takes the guitar from the Nagel, saying: „Keep your big mouth shut, man, that's my advice. Okay?" And she starts singing free and easy and einzigartig about the peaceful dreams of Georgia. And the Laterne is swinging im Rhythmus like the sweet chariot and shining mildly on the faces of the russischen Folkredolls aus former Zeiten. No problem zu glauben, that what a gambler needs is a suitcase and what satisfies him is a drink, when she erzählt you that with her wonderful Stimme. And dann, after a couple of Stunden, she disappears wieder upstairs – until the nächste Mal. Thank you, Anita, und goodbye. *kar*

🍺	Bier	Pils, Clausthaler, Hefe- und Kristallweizen, Alt (3,50-5,00)
	Wein	Weiß, Rot und Rosé (5,00-5,50)
	Sekt	Mumm (Fl. 45)
	Cocktails	Die beliebten Sachen (7,00)
	Spirituosen	Doornkaat, Steinhäger, Apfelkorn – und Jack Daniel's natürlich (2,50-7,00)
	Alkoholfreie Getränke	Bitter Lemon and Tonic Water (2,50-3,00)
🍽	Heißes	Kaffee und Tee, that's all (2,50)
	Essen	Der berühmte Käsetoast „Balalaika"

𝄞	Musik	Wenn Anita singt, dann hört die Welt hier auf ...
	Spiele	Wenn sie nicht singt, dürft ihr würfeln oder Schach spielen
	Lektüre	Oder Frankfurter Blättchen lesen
	Luft	Wenn Anita singt, ist das nicht wichtig
	Hygiene	Und das auch nicht
	Publikum	Internationalos
	Service	Wenn Anita singt und die Getränke wie von selbst an den Tisch fliegen ...
	Preisniveau	Dann vergißt man sogar, wie billig es hier ist
	Besonderheiten	Auch die Gäste dürfen singen. Theatervorstellungen

Frankfurt — BAR OPPENHEIMER

Crazy Horse

BAR OPPENHEIMER
Oppenheimer Str. 41
60594 Frankfurt
Tel. 0 69/62 66 74

So-Do 21.00 - 1.00
Bei Messen bis 4.00
Fr, Sa 21.00 - 4.00

15 Sitzplätze
55 Stehplätze

Schweizer Platz:
U 1, 2, 3
Parkplätze: Nur ein
ganz nahes PH

Normalerweise sitzen die Verrückten vor der Theke. Zumal in einer Bar. Bar, das ist wie Seelentrost und Frust und Schmerz und Liebelei. Einsame Männer, gerade abgestürzt, einsame Frauen, eben geschieden, keiner weiß mehr, wo es eigentlich langgeht. Gesoffen wird, bis die Tränen aus den Augen quellen, Geschichten werden erzählt von „damals", aber die Welt ist an diesem Abend eben scheiße. Das war einmal. Inzwischen sitzen (und stehen) die Verrückten hinter der Theke, und der Schmerz kommt erst am nächsten Morgen – oder eben gar nicht. Bar, das ist ein Schmusetempel, Bar, das ist der öde Zeitgeist. Wo sind sie, die einsamen Männer und Frauen, die nächtlich Verzweifelten, die gescheiterten Glücksritter? Sie sind Vergangenheit, lästige Emotionalienvertreter, mit einem Wort: überflüssig. Es muß gelacht werden, in dieser Zeit, und ist der Scherz auch noch so blöd. Am besten, man lacht mit, sonst verdirbt man den Verrückten hinter der Theke und den Gestylten davor das schnöde, gefühlskontrollierte Amusement. Bar, das ist doch nur ein Titel, Bar, das ist nun schlicht verrückt. *duc*

Bier	Warsteiner, Budweiser, Hannen Alt, Hefe-, Kristallweizen, Clausthaler (3,50-4,50)
Wein	Wenig, aber fein: Chianti, Pinot Grigio (6,00-7,00)
Sekt und Schampus	Kennen Sie Brut de Mosny oder Taittinger? Probieren Sie beides (Fl. 28-160)
Cocktails	Aber natürlich, in vielerlei Art; Höhepunkt: der „Schwermatrose" (7,00-15,00)
Spirituosen	Ohne Worte, diese Mengen!! (4,00-10,00)
Alkoholfreie Getränke	Säfte, San Pellegrino und Normales (2,50-4,00)
Heißes	Drei Dinge braucht der Verrückte (2,50-3,50)
Essen	Das wird vorher erledigt

Musik	It depends
Lektüre	In einer Bar wird nicht gelesen
Luft	Je nach Fülle soft bis hitzig
Hygiene	Im Schummerlicht schwer zu entziffern
Publikum	Szene, verlorene Männer und Frauen, Verliebte
Service	Mit einem Wort: großartig
Preisniveau	Ein Barbesuch hat seinen Preis

Frankfurt — BASTOS

BISTRORANTE JEAN
BASTOS CAFE

Schlipsträger

BASTOS
Gräfstr. 45
60486 Frankfurt
Tel. 0 69/70 10 95

So-Fr 9.00 - 24.00
Küchenzeiten:
11.00 - 15.00
18.00 - 23.00

100 Sitzplätze
20 Stehplätze
30 Freiplätze bis 23.00

Bockenheimer Warte:
U 6, 7
Straba 16
N 2
Parken: Wer Stunden Zeit hat, wird fündig Großparkplatz am Bockenheimer Depot benutzen

Lieber Pit,
entschuldige, daß ich so lange nichts hab von mir hören lassen, aber ... (Du kennst die üblichen Ausreden). Daß ich endlich Stift und Papier in die Hand genommen habe, liegt daran, daß ich gerade in unserer alten Kneipe sitze und unwillkürlich an Dich denken muß. Oft bin ich übrigens nicht mehr hier; es hat sich einiges verändert, seit Du in Frankreich bist. Obwohl – es mag auch daran liegen, daß es ohne Dich so langweilig ist. Ich kann ja schlecht allein über die ganzen wohlgesitteten BWLer lästern, die krampfhaft bemüht sind, ihre Krawatten nicht in der Spaghettisoße zu baden. Oder erinnerst Du Dich noch an den Typen, der demonstrativ seinen pompösen Aktenkoffer herumschwenkte, in dem dann nichts weiter als eine einzige Zeitung lag? „Wahrscheinlich sind diese Knoten um den Hals so eng, daß sie die Blutzufuhr zum Gehirn unterbinden" – ich finde Deine Theorie nach wie vor bedenkenswert. Und dann der Spaß, den wir uns daraus gemacht haben, die Kellner aufzuziehen, wenn sie mal wieder den Weg zum Tisch nicht fanden – inzwischen halte ich es nicht mehr für amüsant, wenn ich fast verdursten muß. Allerdings muß ich immer noch lachen, wenn ich daran denke, wie Du einem von ihnen vorgegaukelt hast, Du bräuchtest dringend etwas Flüssigkeit, um Deine Kreislauftabletten zu schlucken und Dir der arme Kerl vor lauter Übereifer die ganze Cola über die Hose gekippt hat ... Ach Pit, ich vermisse Dich. Hoffentlich können wir bald wieder gemeinsam lästern. Alles Liebe, Du weißt schon, wer. *rea*

Bier	Namenloses Pils, Alt und Weizen (3,80-4,80)
Wein	Was zu gepflegtem italienischen Essen paßt, von Pinot Grigio über Chianti Classico bis Castel del Monte Rosato (5,50-8,00)
Sekt	Für Schlipsträger: Meunier und die Klassiker (Fl. 11,50-105)
Spirituosen	Was ein gepflegtes italienisches Essen abschließt (4,50-18,00)
Alkoholfreie Getränke	Der gesundheitsbewußte BWLer trinkt Säfte (2,50-5,50)
Heißes	Von Cappuccino über Café au lait bis Irish Coffee (2,50-8,50)
Essen	Ein Ausschnitt aus der gepflegten italienischen Küche

Musik	Italienische Weisen stimmen aufs Essen ein
Spiele	Größe der Aktenkoffer vergleichen
Lektüre	Verschiedene Tageszeitungen, Lesezirkel
Luft	Keine Beanstandungen
Hygiene	Selbstverständlich sauber
Publikum	Schlipsträger
Service	Lahm, gleicht das aber mit italienischem Charme aus
Preisniveau	BWLer können sich das leisten

Frankfurt — BATSCHKAPP/ELFER

Kann nur noch sich selbst übertreffen

BATSCHKAPP/ELFER
Maybachstr. 24
60433 Frankfurt
Tel. 0 69/53 10 37

Batschkapp:
bei Konzerten
20.00 - 24.00
Fr, Sa 22.00 - 2.00
Elfer: So-Do
20.00 - 1.00
Fr, Sa 20.00 - 2.00

B: 500 Stehplätze
E: 70 Sitzplätze
70 Stehplätze

Weißer Stein:
U 1 - 3, N 1
Bahnhof Eschersheim:
S 6
Parken: Anwohner!

Was vor etlichen Jahren als Kulturzentrum mit breitgestreutem Kursangebot begann, wird heute mit gewandeltem Konzept kaum mehr seiner Besucher Herr. Auch unfreundlichste Mienen und übelste Behandlung lindern nicht die Pein des Personals an der Getränkeausgabe. Dort, wo andere Etablissements eine Theke haben, findet sich zur Abschreckung ein Pult mit obligatem Getränke- und Spülwassersee. In Scharen stehen die Musikanhänger in dem klebrigen Siff, der sich als Patina auf dem Boden des Clubs mit dem subtilen Großstadtcharme ausgebreitet hat, der mittlerweile über die Landesgrenzen hinaus bekannt und beliebt ist. Das alles spielt jedoch überhaupt keine Rolle. Selbst wer nur zum weiteren Kreis noch zu entdeckender Undergroundmusiker zählt, bricht nicht ganz mit dem Gestalt gewordenen Rockstarkarrieresprungbrett. Der Nur-Zuhörer steuert zielstrebig den Zugabenteil an. Stimmungshoch ist angesagt. Schließlich haben es sich die Toten Hosen auch nicht nehmen lassen, hier zum 15-Jährigen aufzuspielen. Irgendwann, noch rechtzeitig vor dem frühen Morgen, entleert sich der angeschlagene Musentempel, und seine euphorisierten Gäste strömen auf den Vorhof unter Platanen in die Dunkelheit der Nacht. Wer nicht will, kann auch anders. Im gleichen Hause gibt es die sympathische Gelegenheit, sich unter wagemutigen, abenteuerlichen Gestalten in aller Ruhe ein dickes Fell für oben anzutrinken. *fat*

Bier	Binding, Kutscher Alt im Elfer v.F., Weizen (3,50-5,00)
Wein	Wenig, aber gut (4,00-5,00)
Sekt und Schampus	Ungewöhnliche Sorten (Fl. 25-40)
Spirituosen	Altbewährtes; harte Jungs trinken Tequila (9,00-12,00)
Alkoholfreie Getränke	Die anderen Wasser (1,50-3,00)
Heißes	Kaffee, Espresso (2,00)
Essen	Erdnüsse und Brezeln, that's all

Musik	Sanfte Klänge gibt's nur selten
Lektüre	Zum Lesen kommt man nicht hier hin
Luft	Um Taunusluft zu schnuppern auch nicht
Hygiene	Und schon gar nicht deswegen
Publikum	Harte Jungens und ebenso harte Mädels
Service	Service?
Preisniveau	Billig wie eh und je

Frankfurt — BLAUBART

Die Verliese des Herzogs

BLAUBART
Kaiserhofstr. 16-20
60313 Frankfurt
Tel. 069/28 22 29
28 72 79

Sommer:
So-Do 19.00 - 1.00
Fr, Sa 19.00 - 2.00
Winter:
So-Do 17.00 - 1.00
Fr, Sa 17.00 - 2.00
Küche dito

250 Gefangene harren
hier der Befreiung
50 stehen an

Hauptwache:
S 1-6, 14
U 1, 2, 3, 6, 7
Mit dem Wagen nicht
zu erreichen

Man schrieb das Jahr 1697. In Blaubarts Burg hielt sich eine wunderschöne Gräfin auf, die der geile Herzog heiraten wollte, um sie zu besitzen. Körperlich wie urkundlich. Denn Blaubart war ein korrekter Germane. Doch die schlaue Gräfin hatte ein Bedingung gestellt: Nur wenn er den Baron de Bourbon freiließe, der in den dunklen Verliesen des Schlosses an Ketten gefesselt dahinschmachtete, würde sie ihm ihr Jawort geben. Blaubart war verzweifelt, war der Baron doch sein liebstes Opfer, hatte dieser ihn doch in früheren Jahren bei einem Degenturnier alt aussehen lassen und ihm eine zehn Zentimeter lange Wunde zugefügt, von der eine Narbe auf des Herzogs Arsch trefflich zeugte. Er versuchte nun, die Gräfin von ihrem Plan abzubringen, doch diese blieb steinhart. Blaubart blieb keine andere Wahl. Um die wunderschöne Gräfin endlich ins Bettchen bugsieren zu können, veranlaßte er zu Ehren des Gefangenen ein großes Fest, befreite ihn von seinen Ketten und lud das gesamte Schloßteam zum Saufen und Fressen ein. Der Wein floß in Strömen, so manches Pärchen schmuste bald in einer der düsteren Ecken, und Blaubart kippte in froher Erwartung der kommenden Nacht einen Humpen nach dem anderen. Ein Sprichwort sagt, daß Geilheit dumm macht: Als er gerade einen neuen Krug mit Bier füllte, sah er voll Entsetzen, wie die Gräfin lachend mit dem jungen Baron stiften ging und die Tür des Kerkers krachend ins Schloß fiel. Blaubart wollte hinterherstürzen, doch, o Schreck, die kluge Frau hatte ihn angekettet. Wahrscheinlich sitzt er noch heute in den Verliesen und schwört Rache ... *duc*

Bier	Altenmünster Brauerbier, Steinbier dunkel (6,00)
Wein	Wenig Auswahl (6,00, eine Literkaraffe 24,00)
Sekt	Eine Marke (Fl. 35)
Spirituosen	Metaxa, Slivovic, Sherry (6,00)
Alkoholfreie Getränke	Grapefruitsaft, Bitter Lemon (4,50-6,00)
Heißes	Nichts Besonderes (4,00-5,00)
Essen	Szegediner Gulasch, Dampfnudeln, Germknödel: fürwahr Henkersmahlzeiten

Musik	Still ist es im Verlies
Lektüre	Und kein (gedrucktes) Wort trübt die Stille
Luft	Feucht ist es
Hygiene	Und sehr dunkel
Publikum	Eine Neuigkeit: die Pärchenhaft
Service	Selbst ist der Gefangene
Preisniveau	Wenn er genügend Geld hat

Frankfurt — BLUE ANGEL

BLUE ANGEL

Die blaue Visitenkarte

ΨΨΨΨ

BLUE ANGEL
Brönnerstraße 17
60313 Frankfurt
Tel. 0 69/28 27 72

Mo, Di 23.00 - 4.00
Mi, Do, So
21.00 - 4.00
Fr, Sa 21.00 - 7.00

70 Sitzplätze
350 Stehplätze

Hauptwache oder Konstablerwache: etliche S- und U-Bahnen
Parken. entweder Knöllchen oder die PH Arabella bzw. Konstablerwache

Mit einer Visitenkarte fing alles an. Irgendwie kam das Kärtchen in die Hände von Claudius und er mit ihm in den *Engel*, wie er den Nachtclub später nennen sollte. Beim Anblick der Gäste dachte Claudius: „Scheiße, nur Männer". Er blieb dennoch und bestellte an der Bar ein Bier. Bevor das Glas leer war, stellte der Barkeeper ein frisch gefülltes hin. „Damit du bessere Laune bekommst", bemerkte der Dunkelhäutige und stieß mit ihm an. „Hast Dich wohl verirrt?" Claudius schwieg. „Weißt du, Heteros erkenne ich sofort." „Woran?" Der Barkeeper lächelte. Nach dem zweiten Bier besserte sich Claudius' Laune ein wenig, die Verwunderung blieb. Als sich ein Mann neben ihn setzte, begann er sich unwohl zu fühlen. „Hallo. Mich nennen hier alle Mama Hesselbach. Ich bin der Geschäftsführer und kümmere mich um die Gäste", sagte der Mann neben ihm. Claudius entkrampfte sich. Der Mann machte dem Barkeeper ein Zeichen. Es kamen zwei „Erdbeeren". Sie stießen an. Sie tranken. Mit seiner warmen Stimme begann der Mann zu erzählen. Von der besonderen Atmosphäre des *Engel*, warum er Claudius nicht hinausschmiß, von den Besuchen Prominenter wie Freddy Mercury, von der Bekanntheit des *Engels* in der europäischen Schwulenszene. Claudius begann, sich wohl zu fühlen. Etliche Bier später bedankte er sich mit einem Kuß bei Mama Hesselbach für den angenehmen Abend und ging. Verwirrt über sich selbst stand er dann auf der Straße. Beim Griff in die Tasche fand seine Hand das Kärtchen. *ara*

Bier	Verschiedene Sorten (4,00)
Wein	Wenige Sorten (7,00)
Sekt und Schampus	Den edlen Sprudel (Fl. 60-130)
Cocktails	Buntes, Exotisches oder Normales in großen Gläsern zum Langedranfesthalten (12,00-14,00)
Spirituosen	Süßes, Herbes kurz, Wohlschmeckendes (5,00-7,50)
Alkoholfreie Getränke	Wer trotzdem einen klaren Kopf behalten will (4,00-5,00)
Heißes	Dampfendes, dunkles Gebräu (5,00)
Essen	Kleine Snacks nach Laune des Gastgebers

Musik	Es wird zu allem getanzt, was Spaß macht
Lektüre	Gay-Zeitschriften, zum Lesen ist's hell genug
Luft	Das Messer zum Schneiden wird nicht benötigt
Hygiene	Wie bei Muttern
Publikum	Schwul und nett
Service	Barkeeper kennt nach dem 2. Besuch den Getränke-Wunsch
Preisniveau	Money makes the world go round, the world go round ...

Der Lebenshelfer

Karlo Murr (Hrsg.)
Katzenjammer, Katerkuren
oder Die Kunst, den Tag danach zu überstehen
Kartoniert, 192 Seiten, öS 115 / DM 14,80 / sFr. 14,80
ISBN 3-927482-27-7

Frankfurt — BOCKENHEIMER WEINKONTOR

Come together!!!

BOCKENHEIMER WEINKONTOR
Schloßstr. 92
Hinterhaus
60486 Frankfurt
Tel. 0 69/70 20 31

So-Do 20.00 - 1.00
Fr, Sa 20.00 - 2.00

Pi mal Daumen in der Gartenlaube: 30?

Adalbert-/Schloßstr.:
Straba 16
Westbahnhof:
S 3 - 6
Bockenheimer Warte:
N 2
Parken:
Mit der (dem) Neuen fährt man lieber Bahn oder Taxi, gell?

Eigentlich wollte und konnte ich ja nicht glauben, was meine Freundin Dora mir bei unserem letzten Treffen in den Schweizer Alpen erzählt, vielmehr verschwörerisch ins Ohr geflüstert hatte. In diesem Bernhardschen Kellerkontor gäbe es nicht nur exquisite Oliven und erlesene Weine, sondern dort würde ebenfalls viel Sinnliches (das Wort Menschenfleisch, welches Dora wählte, halte ich für leicht übertrieben) feilgeboten, hatte sie gesagt. Ich dachte, das wäre wieder einmal eine von Doras Spinnereien (sie ist ein bißchen wirr im Kopf), aber als ich vor einigen Tagen zufällig die enge Steintreppe hinabstieg, in den Keller trat und nach zahlreichen (zufälligen?) Körperkontakten einen Stehplatz in der Nähe der Toiletten ergattert hatte, von wo aus ich den gesamten Laden (der ja wirklich entzückend ist – vor allem die Gartenlaube, das Atrium, ist himmlisch!) überblicken konnte, traute ich meinen Augen nicht. Da wurde tatsächlich scharf geschaut, geblinzelt, gefunkelt, daß mir fast die Augen übergingen. Mal subtil, mal weniger unauffällig, jedenfalls: eindeutig. Die Oliven dienten anscheinend nur als Vorwand, um ganz andere Preziosen (nach Besprühen mit Kontakt- und Haarspray) zu verteilen. Ich war beschämt. Sartre, dachte ich, hätte bestimmt seine helle Freude gehabt, wenn er diesen Subjekt-Objekt-Sündenfall gesehen hätte. Mir fielen derweil nur komische Sentenzen ein, Dinge wie: Freitag ist Freiertag, Kontor, Konto, Kontom, Kontroverse, Cointreau, Kont(r)akt, Kontrast. Schlimm, schlimm. Ich glaube, ich rufe Dora noch heute abend an, um ihr das alles zu erzählen. *duc*

Bier	Bier in einem Weinkontor?
Wein	Welch Auswahl..(4,00-7,00)
Sekt und Schampus	Riesling Pfalz Brut (Fl. 36)
Spirituosen, Cocktails	Cocktails in einem ... Sie wissen schon ...
Alkoholfreie Getränke	Säfte zur Stärkung der Körperfunktionen (2,00-3,00)
Heißes	Wenn man nett bittet, gibt's einen Kaffee oder Tee
Essen	Salami-, Schinken-, Käsebrot, herrliche Oliven, Erdnüsse: Braucht man für die Liebe mehr?

Musik	Meist so zart, daß die Worte gut gewählt sein sollten
Lektüre	... die man der Liebsten, weil es kein Zeitungsrascheln gibt
Luft	... im wehenden Kontorduft
Hygiene	... meinetwegen auch auf Knien
Publikum	... (ich sagte doch: der Liebsten!!!)
Service	... darbringt und zwischendurch durch ein Lächeln von Brigitte ermutigt
Preisniveau	... bedenkenlos das nächste Glas für sie bestellt.

Frankfurt — **BROTFABRIK**

Trügerische Idylle

BROTFABRIK
Bachmannstr. 2-4
60488 Frankfurt
Tel. 0 69/789 43 40

Zwischen 18.00 und 1.00 hat immer etwas offen, je nach Wochentag

200 Sitzplätze einen Stehplatz findet man immer 100 Plätze in Freiluftbetrieb

Industriehof: U 6, 7
N 2
Parken: warum nicht gleich zum Parkplatz Brentanobad?

Ein herrliches Areal in unmittelbarer Nähe zur Stadt: Nirgendwo sonst läßt sich so schön auf einer Caféterrasse dem alternativen Kulturtraum nachhängen. Der ideale Ort für ein Kulturzentrum, in dem Künstler aus aller Welt unter romantischem Fachwerk auftreten und ausstellen können. Jede Menge Platz für Kindertheater, Restaurant, Bar, Café, Weinstube, ein Therapiezentrum und eine Begegnungsstätte für ausländische und deutsche Jugendliche rund um den rustikal gepflasterten Hof. Doch eines Tages begab sich der kleine Kulturkoloß mit dem zarten Stallgeruch auf den langen Marsch, um eine ernstzunehmende Institution zu werden. Die Geschäftsführung ist ab 11.00 Uhr erreichbar, wenn sie nicht im Urlaub weilt und förderungswürdige Künstler entdeckt. Sie und das anerkannt hohe Niveau der Veranstaltungen kosten soviel Geld, daß der Traum vom Multi-Kulti-Glück sich selbst auffrißt. In der Presse schärfen Einzelne ihr Profil, während wegen miserabler Zahlungsmoral keine Druckerei mehr bereit ist, die Programme zu drucken. Das Brünnlein rechts hinter dem Tore ist versiegt, und das Weiß der Plastikbestuhlung aus dem Heimwerkermarkt breitet sich immer weiter über die Pflastersteine des Hofes aus – die Spielecke für die Kinder verschwand. Gerade mal der Kuchen im *Café Collage* hat noch das schlichte Flair des Selbstgemachten treu bewahrt. Doch nach wie vor gilt: Nirgendwo läßt sich so schön träumen ... *fat*

Bier	Wer die Wahl hat, hat die Qual (3,50-5,00)
Wein	Rheinweine, Chianti Classico, Côtes du Rhône (4,50-7,00)
Sekt	Mumm ist überall dabei (Fl. 30)
Cocktails	Nur im Bunten Hund, z. B. Cuba Libre (8,00)
Spirituosen	Alles, was die verschiedenen Theken so bieten (3,00-7,50)
Alkoholfreie Getränke	Die kleine Saftabteilung gefällig? (2,50-3,00)
Heißes	Im *Collage* gibt's mehr als nur Kaffee (2,50-5,00)
Essen	Am besten schmeckt's im *Tres Pablos* (spanische Tortilla) und im *Collage* (diverse Salate), anderswo gibt's Snacks

---

Musik	Wir kommen zu den Musikveranstaltungen
Lektüre	Journal im *Collage*, Skyline, az
Luft	Im Hof ist die Luft immer gut, sonst erträglich
Hygiene	Keine Beschwerden
Publikum	Normalos, Hausener, Kunst- & Kulturmenschen
Service	In Ordnung
Preisniveau	Ausweichmöglichkeiten vorhanden
Besonderheiten	Zur *Brotfabrik* gehören: *Weinstube in der Brotfabrik*, *Collage*, *Bunter Hund* und *Tres Pablos*

Frankfurt — CAFE ALBATROS

Hommage

CAFE ALBATROS
Kiesstr. 27
60486 Frankfurt
Tel. 0 69/70 72 76 9

Mo-Fr 9.00 - 23.00
Sa, So 10.00 - 20.00
Küche dito
Frühstück bis 18.00

60 Sitzplätze
Wenige Stehplätze
Draußen 30 Plätze bis 23.00

Bockenheimer Warte:
U 6, 7, Straba 16, N 2
Parken: An der Warte gibt's einen großen Platz

Welch ein wohltuendes Glück! Ja, Glück! Des Meeresvogels lange, schmale Schwingen sind nicht müde geworden. Wie eh und je zieht er seine Kreise über dem Quadrat, nimmt (fast) jeden mit auf seine Reise, der von der Muse oder Wissenschaft einmal geküßt ward (oder auch von der ars vivendi Fee), bietet sicheren, wärmenden Platz in seinem Nest, wo Kontemplation und Inspiration zu Hause sind.

Aber mal ganz im Ernst. Es wäre doch sehr traurig, wenn diese Stätte des Disputes und der Nachdenklichkeit aus dem Leben der Stadtbewohner verschwände. Wo sollten dann die jungen Wissensdurstigen ihre Konzepte ausbreiten und erarbeiten, wo sonst sollten die alten Philosophen und Wortkünstler ihre Verse formen, wenn nicht hier? Wo sollten Frischverliebte, Jungvermählte, Altgediente tagsüber ihre schöpferische Energie auslassen, ihre freie Zeit verbringen? Wo doch ringsherum der Fortschritt einzieht, der die Muße schändlich ins Grab sausen läßt. Wo sonst könnte man das Leben sein lassen, ohne gleich in eine existentielle Krise zu geraten?

Flieg, Vogel, flieg, und tu uns den Gefallen, nicht in andere Gefilde abzuwandern. Schone deine Schwingen, ruh dich beizeiten aus, zieh weiter deine Kreise, und belaß uns in des Glückes Rausch, in deinem Nest zu wohnen. *duc*

Bier	Jever Pils, alkfrei, Prinzregent Luitpold Weizen (3,80-4,80)
Wein	Der unschlagbare Matsch & Brei, Riesling, Ländliches (2,00-5,00)
Sekt und Schampus	Ein Edelmann kommt selten allein, bringt er Riesling Brut doch mit (Fl. 36)
Cocktails	Spärlich, aber das trinken hier die wenigsten (5,50-6,50)
Spirituosen	Julia Grappa und Gilbert Calvados – oder doch lieber Malt Glenfiddich? (4,50-6,50)
Alkoholfreie Getränke	Naturtrüber Apfelsaft, kalte Vollmilch (1,50-5,00)
Heißes	Ovomaltine und koffeinfreier Kaffee, heiße Zitrone natur, einige Tees (2,20-4,50)
Essen	Wunderbare Frühstückszeit

Musik	Da hört doch keiner so genau hin
Spiele	Fragen Sie doch bitte am Tresen
Lektüre	Alles, was bildet
Luft	Das ist ein offenes Haus
Hygiene	Ordentlich
Publikum	Studis, Abgebrochene, Literaten(?), Bockenheimer Originale
Service	Freundliche Damen und Herren zumeist
Preisniveau	Das erschüttert niemanden

Frankfurt — CAFE BAR

C A F E

B A R Kleider machen Leute

CAFE BAR
Schweizer Str. 14
60594 Frankfurt
Tel. 0 69/62 23 93

So-Do 11.00 - 1.00
Fr 11.00 - 2.00
Sa 9.00 - 2.00
Küchenzeiten:
12.00 - 15.00
18.00 - 23.00

60 Sitzplätze
15 Stehplätze
40 Plätze draußen

Schweizer Platz:
U 1, 2, 3
Parken: vergeblich

Igittigitt, schaut mal, Kinder, was da gerade gekommen ist: Ne Jeansjacke – und noch nicht mal eine von Denim. Pfui! Also, was hier in letzter Zeit nicht so alles rumhängt ... Mittags mag das ja noch angehen, da kommen vom Mainufer ja sogar Strickjacken von C & A oder so billige Nylonfummel in Imprägniertunke. Aber abends? Mal ehrlich, Kinder: Macht euch das nichts aus, hier direkt neben so nem blauen Emporkömmling zu hängen? Wo doch wirklich jeder, der an diesem riesigen Schaufenster vorbeikommt, uns genau sehen kann. Peinlich! Wenn's wenigstens nicht so furchtbar grell hier drinnen wäre. Und wißt ihr überhaupt schon das Allerneueste? Ich hab kürzlich erst gehört, daß die hier demnächst Kleinkunst anbieten wollen. So was Obszönes! Womöglich müssen wir künftig auch noch mit stinkigen Lodenmänteln oder abgehalfterten Kapuzenjacken antanzen. Gar nicht auszudenken, wenn dann noch irgendwelche Gemälde, Photographien oder so ein Schnickschnack an den Wänden hängen. Das lenkt doch furchtbar ab, nicht wahr? Wo sollen wir denn dann bleiben? Am Ende landen wir noch in einer versteckten Garderobe wie in jedem x-beliebigen 08/15-Laden. Kinder, so geht's nicht, wir müssen uns wehren! Findet ihr nicht? Sagt mal: Hört ihr mir überhaupt zu? *jö*

Bier	Beck's, Warsteiner, Jever, Clausthaler, Erdinger, Remmer light (4,00-5,00)
Wein	Solide Auswahl an franz. und ital. Weinen (5,00-13,00)
Sekt und Schampus	Prosecco, Deutz & Geldermann, Henri Abelé (Fl. 40-92)
Cocktails	Daiquiri, Coconut Kiss, Long Island Ice Tea (8,00-14,00)
Spirituosen	Um 50 verschiedene Sorten (5,00-14,00)
Alkoholfreie Getränke	Säfte, San Pellegrino, Coke (3,00-4,00)
Heißes	Honigmilch, Café Amaretto, Irish Coffee (3,50-9,00)
Essen	Weinbergschnecken, Salate, Kalbsschnitzel in Roquefortsauce, Zanderfilet, Gebr. Entenbrust in Cassis-Sahnesauce

Musik	Jazz, Avantgarde, Klassik
Spiele	Kein Spiel, nirgends
Lektüre	FR, FAZ, FNP, SZ, Szenemagazine
Luft	Man kann immer und überall nach Luft schnappen
Hygiene	So antiseptisch ist es nirgends sonst
Publikum	Träger edler Stoffe, Schaufensterpuppen
Service	Wuseln flink durch die Gegend und übersehen dabei das eine oder andere
Preisniveau	Liegt überm Studentenlimit

Frankfurt — CAFE CULT

Waiting for Udo

CAFE CULT
Rahmhofstraße 2-4
60313 Frankfurt
Tel. 0 69/92 00 61 23

So-Do 9.00 - 2.00
Fr, Sa 9.00 - 4.00

150 Sitzplätze
„Unzählige"
Stehplätze
Draußen 40 Sitzer

Hauptwache:
S 1 - 15
U 1 - 3
Eschersheimer Tor:
U 1 - 3
Parkhaus Börse

Udo Jürgens hat wohl hierzulande damit angefangen. Vielleicht war es auch James Last, aber das ist nicht so wichtig; jedenfalls war es selbst damals in Reno, diesem hinterwäldlerischen Kaff in Nevada, schon völlig out, auf einem gläsernen Klavier herumzudreschen, das ja doch nur aus Plexi ist und bloß die Schrauben und Scharniere besser präsentiert als die hölzernen. Nun steht so ein Ding hier im Weg rum, aber das ist ja noch lange kein Grund, auf den Pianisten zu schießen. Eher auf den Geschäftsführer, wäre da nicht die Gitarristin, die nicht nur schauderhaft aussieht (aber vielleicht hat ja auch sie ihre bezaubernden Abende), sondern zu allem Überfluß auch noch singen muß. So nützt es wenig, sein Begehren nach einem höheren Status *Cult* lauthals hinauszuschreien und selbst zu proklamieren, was man als Urteil von anderen hören möchte. (Self-fulfilling prophecy funktioniert wohl nur im Negativen oder als think positive bei Bewerbungsgesprächen – wenn's nicht klappt, winkt wenigstens die Stütze.) Und das *Hard Rock Café*, das wesentlich bescheidener sich gibt, wird es noch geben, wenn nach dem *Cult* schon lange kein Hahn mehr kräht. Nach so kurzer Zeit sieht das Lokal bereits geliftet aus. Und das in einem Alter, in dem andere noch nicht mal Pickel, geschweige denn schon Falten kriegen. Jeder bekommt, was er verdient. Also: Warte, warte noch ein Weilchen ... bis Udo eines Tages tatsächlich hier singt, am gläsernen Piano sich abarbeitet und seine Falten wirft, wo bislang schamhaft noch geglättet wird. Aber noch ist er sich zu gut dafür – mit vollem Recht. *dd*

Bier	2 offen, 4 zu (4,50-5,50)
Wein	Die Karte schweigt – fragen Sie nach!?
Sekt und Schampus	Von Prosecco bis *Café Cult* Riesling (Gl. 7/Fl. 38-58)
Cocktails	„Painkiller" brauchen wir massenhaft! (14,50-18,00)
Spirituosen	Nobel. Chivas Royal, Armagnacs, Laphroaig (8,00-35,00)
Alkoholfreie Getränke	Div. Wässerchen, sonst Standards (4,00-8,00)
Heißes	Neue Bescheidenheit: Espresso und Café (4,00-6,00)
Essen	Lecker, lecker – aber nicht umsonst
Musik	Diverse Vorstellungen, sonst: siehe Text
Spiele	Brettspiele
Lektüre	Tageszeitungen und Magazine
Luft	Macht nicht tot
Hygiene	Geht in Ordnung
Publikum	Trendläufer
Service	Da haben wir schon bessere Zeiten gesehen
Preisniveau	Leben und leben lassen

Frankfurt — CAFE FILMRISS

Let's do the time warp again

CAFE FILMRISS
Adlerflychtstr. 6
60318 Frankfurt
Tel. 0 69/59 70 84 5

Sommer:
So-Do 19.15 - 1.00
Fr, Sa 19.15 - 2.00
Winter:
ab 14.45, Sa ab 13.15
Sonntags Frühstück ab 10.00
Küche bis 24.00

28 Sitzplätze
50 Stehplätze

Musterschule: U 5
Adlerflychtplatz:
Bus 36
Parken: lieber das Fahrrad nehmen oder laufen

Humphrey war da. Hab' ihm in die Augen geschaut. Aber nichts ist passiert. Zwei Tage später kam Klaus Kinski reingestiefelt. Hat sich furchtbar aufgeregt und dabei vor lauter Wut seinen nagelneuen Satz Nosferatu-Zähne verschluckt. Charlie habe im Goldrausch seinen, Kinskis, Schuh gegessen und dabei gegrinst, das Schwein. Charlie sagt, er sei's nicht gewesen. In Wirklichkeit sei nämlich Herr Schönherr in seiner saublöden Orion-Kiste vorbeigeschippert, sei die ganze Nacht über unterm Decken-Ventilator patrouilliert und habe danach Klaus als Taxidriver an Scorcese verkauft. Der wollt' ihn aber nicht haben, Klaus sei zu häßlich, hat er gemeint. Plötzlich hat es geklopft und Arnie stand vor der Tür, mit dieser albernen Sonnenbrille und diesem witzigen Terminator-Gun – aber Pier Paolo fand, Arnie habe hier nichts zu suchen, und alle gaben ihm recht. Daraufhin sind wir erstmal alle zu Tiffany's frühstücken gegangen, wo wir Luis Buñuel bei seinem letzten Seufzer trafen. Salvatore, klagte Luis, habe ihm auf den Kopf geschissen und dabei ständig „Hasch mich, ich bin der Mörder" gebrüllt. Beim Stichwort Mörder kam dann auch Emma Peel mit unglaublich viel Charme, aber ohne Melone um die Ecke, wo Frankfurter und Gary Cooper – oder war's Cary Grant? – schon warteten. Wir wollten gerade alle gemeinsam die Hände in die Hüften stemmen und den time warp machen, als der Film riß und wir rüber ins Café wanderten, um mal zu sehn, ob's noch das eine oder andere Balisto für uns gab. Dort saßen schon Alfred und Aki – und wir konnten beruhigt weiterträumen. *jö*

	Bier	Beck's, Maisel's Kristall- oder Hefeweizen, Kelts (3,00-4,30)
	Wein	Rioja, franz. Landwein, Weißherbst (4,20-5,80)
	Sekt und Schampus	Irgendwo steht ein Fläschen bereit, man weiß ja nie (Fl. 33)
	Cocktails	Kir, Gin Tonic, Bloody Mary (4,50-8,50)
	Spirituosen	Viel Geist für wenig Geld (3,00-5,40)
	Alkoholfreie Getränke	Die übliche Auswahl ohne Prozente (1,50-3,00)
	Heißes	Viel Tee, Cappuccino, Kaffee (2,00-3,80)
	Essen	Frankfurter, Camembert, Handkäs, Brausestäbchen

	Musik	Gute alte Gassenhauer, passend zu den Filmen nebenan
	Spiele	Schach, Backgammon, Domino
	Lektüre	Tip, Kowalski, Titanic, epd Film
	Luft	Die Kneipe ist höher, als sie lang ist ...
	Hygiene	Es wird regelmäßig drübergewischt
	Publikum	Cineasten mit Hang zur Nostalgie
	Service	Macht seinen Job, kann die Begeisterung dabei verheimlichen
	Preisniveau	Das zahl ich doch fast aus der Portokasse

Frankfurt — CAFE KARIN

CAFE KARIN

Caféliebe

🍷🍷🍷🍷

CAFE KARIN
Gr. Hirschgraben 28
60311 Frankfurt
Tel. 0 69/29 52 17

Mo-Sa 9.00 - 1.00
So 10.00 - 1.00
Warmes soll es geben
von 11.30 - 15.00
und von 18.00 - 23.00
Kaltes durchgehend

80 Menschen sollen
kommen
30 müssen stehen
Ebenso viele dürfen
draußen sitzen bis
23.00

Hauptwache: S 1-6, 14
U 1, 2, 3, 6, 7, N 2
Ein heißer Tip:
Lieber ins Parkhaus
als verrückt werden

Verehrte Dame! Ich bin verzweifelt. Ich weiß nicht, wie ich es Ihnen erklären soll, aber ich habe mich auf den ersten Blick unsterblich in Sie verliebt, als ich Sie zufällig bei meinem letzten Besuch in dieser Stadt sah. Erschrecken Sie jetzt bitte nicht, ich möchte Ihnen mit diesen Worten nicht zu nahe treten. Allein, die Sehnsucht, die mein Herz zu zerreißen droht, verlangt es, daß meine Gedanken auf dieses eben noch weiße Papier fließen. Gleich beim Eintreten in den Salon, in dem ich früher oft verkehrte, betörte mich Ihr kühler, ja beinahe mondäner Charme. Ihre edlen Worte, denen lauschen zu dürfen ich das Glück hatte, das marmorne Antlitz, das sich mit dem warmen Holz Ihrer Augen zu einer sinnlichen Einheit verbindet, ließen meinen Puls schneller schlagen; mein Herz, das bis zu diesem Tag fest verschlossen schien, öffnete sich weit. Ihre Schönheit berauschte mich vom ersten Augenblick an, doch erschrak ich (und ich bin noch jetzt, während ich diese Zeilen schreibe, irritiert), als ich die zarte Rose eines anderen Verehrers wahrnahm, die neben dem Marmeladentöpfchen auf der Küchenvitrine glänzte. Was aber meine Sinne noch mehr vernebelte, ist Ihr Herz für Kinder. Der Miniaturtisch mit den schlanken Stühlen davor und dem aufgeschlagenen Märchenbuch darauf – es war einfach himmlisch. Ihren Namen wage ich gar nicht auszusprechen, obschon ich ihn kenne; mir bleibt nichts anderes zu sagen als: Ich liebe Dich. Doch bevor meine Tränen diese Zeilen verwischen, höre ich lieber auf.
Ein unbekannter Verehrer *duc*

Bier
Wein

Sekt und Schampus
Cocktails
Spirituosen
Alkoholfreie Getränke
Heißes
Essen

Warsteiner v.F., Luitpold Weizen, Hannen Alt (3,50-5,00)
Deine Auswahl macht mich kirre: Bianco Vergine, Chopine, Gutedel ... bleiben wir beim Du? (5,00-7,00)
Der brutale Cavalier, Louis Vernier, L. Perrier ... (Fl. 30-100)
Bloody Mary – in Deiner Nähe ein Todesstoß (10,50-13,00)
Carlos Primero – noch ein Mann! (5,00-10,00)
Was nützt mir der Bio- und Rhabarbersaft? (3,00-6,00)
Da! Karl, schon wieder ein Kontrahent! (2,50-8,50)
Ablenkung bei argentinischem Hüftsteak und Frühstück

Musik
Lektüre
Luft
Hygiene
Publikum
Service
Preisniveau

Deine Melodien gehen mir ans Herz
Ich lasse die Zeitungen von FAZ bis TAZ achtlos liegen
Und was habe ich von der guten Luft
... wenn auf dem kleinen, behaglichen Klo
... mich meine Tränen andere Gäste vergessen lassen
Kommst Du lächelnd an meinen Tisch
... bezahle ich, was Du willst

Frankfurt — CAFE KLATSCH

Intime Gespräche

CAFE KLATSCH
Mainkurstr. 29
60385 Frankfurt
Tel. 0 69/4 90 97 09

Tägl. 10.00 - 1.00
Küche bis 0.00
Frühstück bis spät

50 Sitzplätze
10 Stehplätze
10 Freiplätze bis 23.00

Bornheim/Mitte: U 4
Bus 34, 69
Saalburg-,
Wittelsbacher Allee:
N 3
Parken: nun, wer es nicht lassen kann ...

Klatsch trifft Tratsch auf der Berger Straße. „Tag, Herr Tratsch, wie geht's?" „Ach, wissen Sie, unsere Nachbarn, die haben jetzt einen Hund ... " „Das ist ja gar nichts gegen unseren neuen Nachbarn. Musiker. Sie können sich nicht vorstellen, Herr Tratsch ... aber wollen wir nicht ins Café da hinten an der Ecke gehen, lieber Tratsch?" „Eine ausgezeichnete Idee, da ist es nämlich wirklich gemütlich, und so schön ruhig, wissen Sie." Die beiden betreten den hellen Caféraum. Holztische, einige Gäste. An den Tisch sitzen lesende junge Leute, vermutlich Studenten; ein Pärchen ist tief über lecker aussehende Salate gebeugt. Abstrakte Bilder an den Wänden. Leise Reggaemusik. Tratsch und Klatsch gehen die fünf Treppenstufen hoch in den oberen Teil. Lassen sich ächzend nieder. „Was für ein Instrument spielt denn Ihr Nachbar?" „Weiß ich nicht." „Ach so." Tratsch beugt sich nun zu Klatsch hinüber, deutet auf einen alten Mann, der schweigsam am Nebentisch sitzt und flüstert ihm ins Ohr.: „Kennen Sie den? Das ist der alte Meier. Bißchen verrückt, sagt man." „Nein, kenn ich nicht. Aber, sagen Sie mal, können Sie verstehen, warum die jungen Leute hier herumsitzen können und nichts tun? Das ist doch unglaublich." „Ja, lieber Klatsch, die Zeiten haben sich geändert. Die Jugend will heute nichts mehr arbeiten." Eine junge Frau kommt an den Tisch. „Was darf ich Ihnen bringen, meine Herren ...?" *duc*

Bier	Licher, Veltins v. F., Rauchenfels Steinbier, Weizen, Licher light (2,20-4,80)
Wein	Herberth Urschoppen, internationale Klassiker (2,00-5,50)
Sekt und Schampus	Mumm, Pommery und Moët & Chandon (Fl. 35-80)
Cocktails	Klatsch Lady, mit und ohne Alk, Blue Dream; Pisco Lemon (5,50-10,00)
Spirituosen	Jede Menge (3,00-5,50)
Alkoholfreie Getränke	Zitronensaft, Shakes, Gesundes, auch frisch (1,90-6,50)
Heißes	Heiße Milch mit Espresso, Getreidekaffee, Frankfurter Traumtee (2,50-7,00)
Essen	Exquisiter Rhabarbervollkornkuchen, Frühstück, Baguettes,

Musik	Sehr gedämpft und entspannend
Spiele	Backgammon, Schach, Spielesammlung und „Schlafmütze"!
Lektüre	FR, taz, Lesezirkel
Luft	Angenehm
Hygiene	Ebenfalls
Publikum	Normalos, Studis und Bornheimer Originale
Service	Sehr nett, die Dame
Preisniveau	Das kann sich doch jeder leisten

Frankfurt — CAFE IN DER KUNSTHALLE SCHIRN

Kunst oder nicht, das ist hier die Frage

CAFE IN DER KUNSTHALLE SCHIRN
Römerberg 6a
60311 Frankfurt
Tel. 0 69/29 17 32

So-Do 12.00 - 20.00
Fr, Sa 12.00 - 2.00

100 Plätze zum Sitzen
50 + X zum Stehen
40 draußen bis 20.00

Römer: U 4
Neue Kräme: N 2
Parken: aber wo denn?
PH gleich nebenan

Natürlich ist das nicht die Frage hier. Denn die Kunst, die ist doch nur Schablone, so klar wie 2+2=4. Genug des Dichtens. Im Klartext: Sie ist eben nur zufällig nebenan. Doch laßt mich sagen, was ich zu sagen habe. Seid willkommen, ihr Damen und Herren. Willkommen alle! Ich freue mich, Euch wohl zu sehn. Willkommen, meine guten Freunde! Ach, wie ist dein Gesicht betroddelt, seit ich dich das letzte Mal sah. Du wirst doch hoffentlich nicht in den Bart murmeln? Ei, meine schöne junge Dame! Bei unsrer lieben Fraue, Fräulein, Ihr seid dem Himmel um die Höhe eines Absatzes näher gerückt, seit ich Euch zuletzt sah. Gebe Gott, daß Eure Stimme nicht wie ein abgenutztes Goldstück den hellen Klang verloren hat! Willkommen, all ihr Damen und Herren! Wir wollen frisch daran (woran, Hamlet?), wie französische Falken auf alles loszufliegen, was uns unterkommt. Gleich etwas vorgestellt! Laßt uns eine Probe Eurer Kunst sehen. Wohlan! .... (An dieser Stelle wurde die Rede durch einen technischen Schaden leider unterbrochen. Wir bitten um Ihr Verständnis. Doch wie unser Reporter H. uns mitteilte, wurde aus der Probe nichts. Was wir hundertprozentig glauben: die Redaktion) *duc*

Bier	Pils, Weizenbier (4,00-5,00)
Wein	Erlesene Sorten mitunter, 0,1 und 0,2l (3,50-9,00)
Sekt und Schampus	Unter Moet & Chandon läuft hier gar nichts (Fl. 40-80)
Cocktails	Nun, das kennen wir schon (8,50)
Spirituosen	Das haut auch niemandem vom Hocker (4,00-9,00)
Alkoholfreie Getränke	Milch und Kunst, daß ich nicht lache (3,00-4,00)
Heißes	Nun, das ist recht fein und viel (3,20-5,00)
Essen	Frühstück, Torten und Wegglis (Hamlet: was issn'das?)

Musik	Kunst und Musik, nein, das geht nicht ...
Lektüre	Nur FAZ und FR
Luft	Wo wenig Kunst ist, ist viel Luft
Hygiene	Und absolute Hygiene
Publikum	... die irgendwie auf die Leute abfärbt
Service	... den wichtigtuerischen Damen auch wohl etwas mitgegeben hat
Preisniveau	... und den Preis in die luftige Höhe treibt

CAFE LÄUFT — Geräuschkulisse

🍺🍺🍺🍺

CAFE LÄUFT
Rohrbachstr. 26
60389 Frankfurt
Tel. 0 69/46 27 82

Mo-Sa 9.30 - 24.00
So 9.30 - 20.00
Küche bis halbe
Stunde vor
Betriebsschluß

40 Sitzplätze
20 Stehplätze
20 Freiplätze bis 23.00

Günthersburgpark:
Straba 12
N 4
Glück braucht der
Mensch zum Parken

Die Cappuccinomaschine lief auf Hochtouren; der Lärm mischte sich mit dem Dröhnen des Ventilators. Sam wischte sich den Schweiß vom Gesicht. Das war wieder so ein Tag, an dem ihn die Kunden tierisch nervten mit ihrem ständigen „Kann ich nen Cappuccino mit Milch haben?" Das ging jetzt seit Stunden so. Der einzige Vorteil daran war, daß das Geschäft wie geschmiert lief. Sam schaute nach draußen. Gerade rauschte eine Straßenbahn vorbei, die Bremsen eines Autos quietschten. Plötzlich weiteten sich Sams Augen. Von der linken Seite näherte sich eine Frau, lief am Café vorbei, kehrte um, blieb vor dem Fenster stehen und guckte direkt in sein Gesicht. Sam lief rot an. Mein Gott, war das eine Perle, so ganz das Gegenteil von den Auslaufmodellen und schrägen Typen, die bisher hereingekommen waren oder einfach blöd grinsend vorbeigelaufen waren. Sam steckte sich ein Zigarette an und ließ den Cappuccino in die Tasse laufen. Die Frau stieg die Treppen hoch, betrat den Laden und setzte sich in die Ecke an den Tisch neben der Palme, unter das neue Bild, das er am Vortag aufgehängt hatte. Und lächelte. Das Kerzenwachs tröpfelte die Flasche hinunter. Sam versuchte, ruhig zu bleiben und ging mit einem lockeren Grinsen auf die Frau zu. Innerlich bebte er. „Was darf ich Ihnen bringen?" fragte er freundlich. Sie grinste. „Kann ich bitte einen Cappuccino mit Milch haben?" *duc*

Bier	Warsteiner, Budweiser, Weizen, Alkfreies (3,20-4,00)
Wein	Außer Äppler und Cidre trinkt hier keiner sowas (2,00-2,90)
Sekt und Schampus	Hausmarke Manskopf Carte Verde und Mumm (Fl. 25-30)
Cocktails	Sozialistisches aus Cuba libre oder lieber Tequila Sunrise? (3,50-8,00)
Spirituosen	Für die harten Jungs sind Johnny Walker oder Jack Daniel's da, für andere Carlos Primero und Grappa Julia (4,00-8,00)
Alkoholfreie Getränke	Tomatensaft für Müslis, frischgepreßter O-Saft für Fitneßkranke und Ovomaltine für die ganz Ausgeflippten (3,00-5,00)
Heißes	Cappuccino, wo man hinguckt, Sachen mit Schuß (2,00-5,00)
Essen	Frühstück, Schafskäse und Knoblauchbaguette

Musik	Alles, was das Freakherz begehrt
Spiele	Vier gewinnnt – beim Schach und Backgammon auch?
Lektüre	Linkes und Linksliberales, von AZ bis TAZ
Luft	Der Ventilator läuft, wenn nötig
Hygiene	Der Putzlappen gehört dazu
Publikum	Szene und das, was auf dem besten Wege ist, dazuzugehören
Service	Männer können auch bedienen
Preisniveau	Wir sind doch keine Kapitalisten, oder?

Frankfurt — CAFE LAUMER

Nostalgie, Nostalgie

Schön war die gute alte Zeit, gemütlich und streßfrei. Kutschen rollten gemächlich über die Straßen aus Pflastersteinen, das Teegebäck brachte ein pausbackiges Bäckermädchen frei Haus, und an künstliche Farbstoffe dachte noch keiner. Schade, daß all das der Vergangenheit angehört, mag mancher denken und die weniger angenehmen Bilder von anno dazumal schleunigst in den Hintergrund drängen – Bilder, die vielleicht nicht in das noble und industriefreie Frankfurter Westend passen. Doch hier, im einstigen Renommier-Stadtteil, haben die Abbruchunternehmen inzwischen auch gutes Geld verdient: Auf der Bockenheimer Landstraße beispielsweise kann man die alten Villen mit der Lupe suchen.

Einen Lichtblick gibt es hier allerdings noch, ein Überbleibsel von damals: das *Café Laumer*. Hier liebt man noch die Tradition, das Bewährte und immer Gültige. So steht's auf der Speisekarte. Zugegeben, die alten Rezepte werden inzwischen mittels moderner Maschinen hergestellt und auch die Bedienung ist nicht von gestern, doch die ewig sonntägliche Stimmung ist geblieben. Stundenlanges Zeitungslesen bei einer einzigen Tasse Kaffee ist hier ebenso angesagt wie ausgedehnte Frühstücks- und Mittagspausen in einer rundum entspannenden Atmosphäre, die gemütlich und ein bißchen angestaubt ist. *amo*

CAFE LAUMER
Bockenheimer Landstr. 67
60325 Frankfurt
Tel. 0 69/72 79 12

Mo-Fr 7.30 - 19.00
Sa 8.30 - 19.00
So 10.00 - 18.30
Frühstück bis 11.30
Mittagessen 11.30 - 14.30

90 Sitzplätze
50 Freiplätze bis Betriebsschluß

Westend: U 6, 7
N 2
Parklizenzbereich

Bier	Binding/Römer-Pils Spezial, Clausthaler, Schöfferhofer Weizen, Berliner Weiße (3,80-5,00)
Wein	Vor allem deutscher Wein (5,70-7,80)
Sekt und Schampus	Sektfrühstück inclusive (Fl. 38,50-42,00)
Spirituosen	Für die kleine Dröhnung zwischendurch (4,00-5,50)
Alkoholfreie Getränke	Aus dem Obstgarten, O-Saft, frisch gepreßt (3,50-5,00)
Heißes	Die heiße Tasse mit und ohne Schuß (3,50-9,50)
Essen	Frühstück (für Philosophen, Literaten und Sportler), Torte satt, allerlei Snacks und Salate und drei Tagesgerichte

Musik	Plattenspieler sind zu modern, daher keine Beschallung
Lektüre	Tageszeitung (FAZ, FR), Wochenmagazine und Lesezirkel
Luft	Gute Luftverhältnisse
Hygiene	Sauberkeit 1a
Publikum	Alle Altersstufen
Service	Freundliche Damen mit Schürzchen
Preisniveau	Angemessene Preise

Frankfurt — CAFE IM LIEBIGMUSEUM

CAFE IM LIEBIGMUSEUM

Promenadenkonzert

?

CAFE IM LIEBIGMUSEUM
Schaumainkai 71
60596 Frankfurt
Tel. (Museum)
0 69/21 23 86 19

Öffnungszeiten werden nach dem Umbau erst herauszufinden sein

Wieviele hineinpassen, drinnen wie draußen, weiß Zeus allein

Gartenstraße:
Straba 15, 16, 26
Parken:
Zum Flanieren braucht man doch kein Auto

Die Damen und Herren haben sich da etwas Feines ausgedacht. Kilometerlanges (engumschlungenes?) Flanieren am Flusse, eine frische Brise von der hochgeschätzten Kultur, ob nun Post, Architektur, bildende Kunst oder Völkerkunde – und zwischendrin ein exquisites Täßchen Kaffee oder Tee. Auch im Museum, von dem hier die Rede ist, soll das beschauliche Schlemmen nach dem Umbau schöner als je zuvor sein. Musikalisch gar, hörte man die Geister flüstern. Ein Promenadenkonzert solle es geben. Sagt man im Dunstkreis der Eleven des Musentempels jedenfalls.

Auf denn, ihr sonntäglichen Wanderer zwischen den Welten, die der breite Strom seit ewigen Zeiten trennt, sucht euch in den neu gestrichenen (mindestens vier) Wänden ein gemütliches Plätzchen zum Verweilen, Schmusen und Plaudern. Schließlich will der Gang durch die Kultur, die ach so anstrengend und fruchtbare Rezeption, ihr kulinarisches oder einfach nur wärmendes Nachspiel haben. Und hofft so wie auch ich, daß es in der schönen, neuen Welt am Ufer dann auch Sahnehäubchen als Zierde auf den Leckereien gibt.

Mein unbedingter Glaube an die Dinge sagt mir jedenfalls, daß es schön werden wird dort, wo die knorrigen Palmen den Pfad am Flusse säumen. Und die Musik müßt ihr euch vielleicht dazudenken, meine Lieben. *duc*

Normalerweise stünde hier so ganz vernünftig aufgereiht, was die Kunstbeflissenen an Preziosen, Presse, Plätzen, Preisen und Preisträgern so erwartet. Aber wie soll man dies verkünden, wenn die Räumlichkeiten dem ehrenwerten Publikum noch verwehrt werden. Selbst hinschauen und sich überraschen lassen, ist meine Devise, und sie sollte auch die eurige sein. Viel Glück wünscht Harry.

Frankfurt — CAFE IM MUSEUMSPARK

Vogelperspektive

CAFE IM MUSEUMSPARK
Schaumainkai 15
60594 Frankfurt
Tel. 0 69/62 83 53

Di-Sa 11.00 - 19.00
So 10.00 - 19.00
Frühstück bis 11.30
Mittagsmenü
12.00 - 15.00
Kleine Speisen bis 18.30

60 Sitzplätze
50 Freiplätze

Schweizer Platz:
U 1, 2, 3
Parken: gute Chancen

Gar nicht so einfach, eine Familie zu ernähren. Permanentes Herumfliegen, Würmersuche und der lästige Streit mit den Artgenossen machen uns das Spatzendasein schon schwer. Es sei denn, man hat wie ich den Geheimtip ausfindig gemacht: Seitdem fliege ich nicht mehr tumb auf der Zeil oder im Stadtwald umher. Ich habe das *Café im Museumspark* entdeckt und kann mit einigen Freunden zusammen das Vogelparadies bereits auf Erden erleben – zumindest im Sommer. Zahlreiche Zweibeiner lassen hier im Garten – gewollt oder ungewollt – allerlei Eiswaffeln, Kuchenreste oder Brötchenkrumen fallen, über die wir Sperlingseltern herfallen können. Ist der Boden mal leergefegt, macht das auch nichts: Erfahrungsgemäß sind die kunstbeflissenen Tortenesser und Kaffeetrinker harmlos, so daß wir bequem auf den Tischen Platz nehmen können. Dann und wann scheucht uns eine alte Dame auf, oder eins der kleinen Menschenkinder kommt gar zu zielstrebig auf uns zu, so daß ein kurzfristiger Aufbruch angesagt ist (Vorsicht ist die Mutter des Nesthockers, wie ein altes Sprichwort sagt), doch im allgemeinen funktioniert das Sperling-Mensch-Zusammenleben prima: Keine Kämpfe mehr mit bösartigen Insekten, keine waghalsigen Aktionen in Fußgängerzonen zwischen Hunden, Fahrrädern und doofen Tauben, und für den täglichen Vogelklatsch und -tratsch ist auch gesorgt. *amo*

Bier	Binding Römer-Pils Spezial, Schöfferhofer Weizen, Clausthaler (3,60-4,60)
Wein	Bodenständige Weinkarte ohne Besonderheiten
Sekt	Wer trinkt schon Sekt im Museum? (Fl.37,40-39,60)
Spirituosen	Chininhaltiges in begrenzter Auswahl, Longdrinks (3,80-9,90)
Alkoholfreie Getränke	Keusches Wasser oder sündiger Johannisbeernektar (3,30-5,00)
Heißes	Sonntags nur Kännchen. Extra Teekarte (3,30-9,30)
Essen	Frühstück für Philosophen, Literaten und Sportler, Tageskarte, Snacks und Salate für glückliche Menschen

Musik	Klassik satt
Spiele	Kultur statt Glücksspiel
Lektüre	Tageszeitung, Lesezirkel
Luft	Hier weht ein Hauch von hoher Kunst
Hygiene	... und von Sauberkeit
Publikum	Alles, was Beine hat
Service	Komm ich heut nicht, komm ich morgen
Preisniveau	Nicht gerade billig

Frankfurt — CAFE PLAZZ

Spielplatz

CAFE PLAZZ
Kirchplatz 8
60487 Frankfurt
Tel. 0 69/77 48 27

Tägl. 10.00 - 24.00
Küche bis 23.30

70 Sitzplätze
20 Stehplätze
100 freie Plätze am
Platz bis 23.00

Kirchplatz: U6, 7
Bus 34
N 2
Wer Strafmandate
sammelt, soll sein
Auto mitbringen

Meine sehr verehrten Damen und Herren!

Nehmen Sie Platz und lassen Sie sich von unserer eigens für Sie kreierten Show verwöhnen. Ich verspreche Ihnen, daß das, was wir Ihnen bieten, kein Allgemeinplatz ist, aber zum Platzen ist hier nun auch nicht der geeignete Platz. Stellen Sie sich nur vor, Sie säßen auf einem Ehrenplatz, was nicht bedeuten soll, daß Sie den Platzhirsch spielen sollen. Wenn Ihnen aber Ihr Platz wie ein Abstiegsplatz vorkommt, lassen Sie sich nicht irritieren. Es stimmt nicht. Jeder Platz im *Plazz* ist ein Spitzenplatz. Fühlen Sie sich einfach wie zu Hause, als hockten Sie auf Ihrem angestammten Platz, draußen oder drinnen, lassen Sie sich die Speisen schmecken – aber platzen Sie nicht, auch nicht vor Lachen. Und wenn es draußen einen Platzregen gibt, nehmen Sie in unserer Wohnstube Platz. Die Show hat auch hier ihren festen Platz, für alle, selbstverständlich. Doch, sehr verehrte Damen und Herren, bevor es losgeht, machen Sie es sich auf Ihrem Tribünenplatz bequem, die Künstler werden gleich Platz nehmen. Plaudern Sie derweil ein wenig, bewundern Sie das schwarz-antike Klavier oder die Kunst an den Wänden, denn ich kann ihnen versichern: Platz ist hier für alles und jedermann. Haben Sie keine Sorgen, daß die Ofenrohre platzen, sie sind gut abgedichtet. Ach, was erzähle ich Ihnen, ich sehe schon, Sie platzen vor Ungeduld. Die Show platzt vor Ideen fast aus den Nähten und beginnt in wenigen Minuten. Viel Spaß im *Plazz*. duc

Bier	Licher, Alt vom Faß und mönchisches Hefe (2,60-5,00)
Wein	Stöffche von Matsch & Brei und Europäisches (2,20-8,50)
Sekt und Schampus	Von Pommery abwärts (Fl. 45-100)
Cocktails	Clara alkoholfrei müssen Sie probieren (6,50-10,00)
Spirituosen	Nach dem Metaxa sehen Sie fünf Sterne (2,50-12,00)
Alkoholfreie Getränke	Ein Glas Milch gefällig, oder lieber Kalte Zitrone (2,00-5,00)
Heißes	Café olé und bunte Teemischungen (2,20-6,50)
Essen	Alles, was Platz im Magen hat; große Frühstücksauswahl

Musik	Der Inhaber ist ein glühender Jazzfan
Spiele	Schach und Backgammon
Lektüre	Bringen Sie genügend Zeit mit
Luft	Sie befinden sich in einer Jazzkneipe
Hygiene	Erstaunlich
Publikum	Jazzfans und Freunde und Bockenheimer Originale
Service	Wo Michael die hübschen Mädchen herkriegt, weiß keiner so genau
Preisniveau	Aktion Sorgenkind, wenn Sie das Richtige wählen

FRANKFURT — CAFE PROVISORISCH

CAFE PROVISORISCH

Unbequeme Avantgarde

CAFE PROVISORISCH
Berger Str. 10
60316 Frankfurt
Tel. 0 69/44 66 42

Mo-Do 8.00 - 1.00
Fr 8.00 - 2.00
Sa 9.00 - 2.00
So 9.00 - 1.00
Küche bis 24.00

60 Sitzplätze
10 Stehplätze
25 Freiplätze bis 23.00

Merianplatz: U 4
Hessendenkmal:
Straba 12
Bus 30, N 4
Parken: provisorisch

Avantgarde: 1) Gruppe von Vorkämpfern für eine Idee. Avantgardisten: Vertreter künstlerischer Strömungen, die überlieferte Formen sprengen und neue Entwicklungen einleiten wollen. 2) Marxistisch-leninistische Theorie: die kommunistische Partei als der „bewußteste Teil der Arbeiterklasse", die ihrerseits als „Avantgarde der fortschrittlichen Menschheit" betrachtet wird.

So steht's in Harrys Lexikon. Er überlegt, ob er vielleicht auch noch bei dem Wort „Postmoderne" nachschlagen soll, um zu verstehen, warum Stühle nicht bequem sein dürfen, sondern architektonisch-italienisch-designed-wie-auch-immer sein müssen. Harry grübelt, sucht nach einer patenten Lösung, hat schließlich eine andere Idee: bei „Recyclingkunst" nachgucken. Er blättert. Das Stichwort „Recyclingkunst" steht aber nicht in seinem Lexikon. Nun, sagt er sich, Künstler, die aus Schrott etwas machen, müssen das ja nicht im Sinne des Verbrauchers tun. Deswegen sind sie ja Künstler. Und Harry findet es gut, daß Eisenstangen nicht auf dem Müll herumliegen, sondern zu einem Garderobenständer zusammengeschweißt wurden. So etwas muß man auf jeden Fall unterstützen.

In der Kunst, das hat sich Harry gut gemerkt, ist ohnehin alles nur vorübergehend. Provisorisch eben. So wie die illustren Gestalten, die am riesigen Café-Schaufenster vorübergehen. duc

Bier	Warsteiner v.F., Flens, Weizen, Kelts alkfrei (3,80-4,80)
Wein	Naturtrübes Stöffche, Landwein, Rioja Don Darias (2,80-6,80)
Sekt und Schampus	Prosecco, Riesling Brut, Mumm (Fl. 39-45)
Cocktails	Zombie im Swimmingpool, Kir Provisorisch (7,00-13,00)
Spirituosen	Das Wichtigste und 7-Sterne-Metaxa (4,80-7,00)
Alkoholfreie Getränke	Perrier, Schweppes, frischer O-Saft, Cola light (2,00-5,50)
Heißes	Cappuccino oder heiße Milch mit Honig (2,80-7,00)
Essen	Frühstücksintermezzi, Hungerkiller, Sachertorte mit Sahne!

Musik	Bei luftig-leisen Klängen ...
Spiele	... blättert man zu Schach und Backgammon
Lektüre	... im Szeneblättchen
Luft	... labt sich am sanften Rauschen der Ventilatoren
Hygiene	...schaut nicht auf den Boden oder kontrolliert gar die Hygieneeinrichtungen
Publikum	... sondern betrachtet in aller Ruhe die Schöne mit den gefärbten Haaren am Nebentisch
Service	... holt die flinke Bedienung nochmal an den Tisch
Preisniveau	... weil man sich auch die zweite Bestellung leisten kann

FRANKFURT — CAFE TERZ

CAFE TERZ — Herz-Sch(m)erz-Terz

CAFE TERZ
Rotlintstr. 47
60316 Frankfurt
Tel. 0 69/43 18 59

Mo-Do 10.00 - 1.00
Fr, Sa 10.00 - 2.00
So 11.00 - 1.00
Küchenzeiten:
Frühstück:
10.00 - 16.00
sonst 2.00 - 23.00

30 Sitzplätze
20 Stehplätze
16 draußen bis 23.00

Rohrbachstr./
Friedberger Landstr.:
Straba 12, N 4
Parken? Mach keinen Terz, bitte!

„Hey, mach doch nich so'n Terz!" riefen die Typen, die sich zu einem ruhigen Nachmittag unter grünen Sonnenschirmen eingefunden hatten, dem völlig ausflippenden Pianospieler zu, der sich da an den Tasten austobte. „Hast wohl Terz zu Hause oder ne Xanthippe, was?" „Nee, ne Primadonna!" (Achtung! Es könnte sich in beiden Fällen auch um eine kulinarische Köstlichkeit handeln!) „Aber das hilft mir nicht, denn die mag meine Terzen auch nicht", schrie der Pianospieler zurück.

„Mensch, echte Helden küssen Tiger, Mann. Aber sag mal, kannste nicht was Nettes spielen zum Draußen-die-Füße-gemütlich-an-die-rote-Backsteinmauer-stemmen?" Der Pianoheld stellte sich auf die Zehenspitzen und schaute in die schmale Reihe der Spiegel. „O je, wie seh ich denn aus?" Schnell richtete er sich das Haar.

„Also, der terziäre Aspekt meiner schlechten Laune sind die Bierpreise in Frankfurt." „Ach komm", beschwichtigte einer, „reg dich nicht auf, spiel einfach alles ne Terz tiefer." „Ne kleine oder ne große?" „Na die, die weniger Terz macht. Kriegst auch was Leckeres aus der Tapasvitrine." „Nur, wenn ihr dazu n Terzett singt, Jungs. Denn je größer die Terz, desto mehr verlier'n ihr Herz."

(Und dann sprach da noch das Salz- zum Pfefferfaß: „Lehn dich an mich", und machte es sich, den Duft von Baguettebrot einsaugend, im blauen Serviettenbett bequem.) *kar*

Bier	Bitburger, Paulaner Hefe v. F., Bit drive (alkfrei) (3,80-5,20)
Wein	Qualität von einfachst bis leicht gehoben (5,20-7,20)
Sekt und Schampus	Auch weniger Bekanntes (Fl. 42,50)
Cocktails	Nichts Besonderes (7,00-12,00)
Spirituosen	Obstwasser in vielen Variationen, Eierlikör und Mister Ramazzotti (3,00-6,50)
Alkoholfreie Getränke	O wie schön sind Tafelwasser, Multivitaminsaft und frischer O-Saft (2,00-6,00)
Heißes	Lecker, lecker: Schokolade mit Amaretto (2,00-6,50)
Essen	Tapas all over there und yeah: Pfannkuchen !!!

Musik	All things the nordends like
Spiele	All the nordends like
Lektüre	Everything the nordends like
Luft	Jetzt reicht's, die Luft ist gut
Hygiene	Und sauber ist es auch
Publikum	Aber: nordends, nordends ...
Service	Really pretty nice
Preisniveau	Would you like to ask the nordends, please?

Frankfurt — CAFE YPSILON

Literatur und Stadtgespräche

CAFE YPSILON

ΨΨΨΨ

CAFE YPSILON
Berger Str. 18
60316 Frankfurt
Tel. 0 69/44 79 78

Mo-Sa 9.00 - 1.00
So 10.00-1.00
warme Küche
durchgehend

35 Sitzplätze
5 Stehplätze
An der Straße zum
Schauen 20 Plätze

Merianplatz: U 4
Parken: lassen Sie es
lieber, es kostet nur
unnötig Zeit!

Ein Buchstabe nur. Was will uns dieser eine, so absonderlich klingende Buchstabe sagen? Und warum gerade dieser? Es hätte doch auch Aa, Eff, Kaa, Emm, Pee ... oder eben Zett sein können. Aber nein, es mußte dieses ominöse YPSILON sein. Versteckt sich dahinter etwas Tiefgreifendes, vielleicht sogar etwas Obskures? Ist es nur ein Signum für die (zeitungsimmante) Internationalität? Oder sogar ein Geheimcode einer weltweiten Verschwörung des Geistes? Nein, das glauben wir eigentlich nicht. Dafür sind die Leute, die hier sitzen und lesen (Zeitung), lesen (Zeitschriften), lesen (gerade im Buchladen nebenan gekaufte Bücher), quatschen (über die Lesung von vorgestern, ob denn nun die Ästhetik oder nicht ... und darüber streiten, warum Bremen Deutscher Meister geworden ist ... und die Verkehrsberuhigung ... und die politische Machbarkeit von ... disputieren), nachdenken (über die Freundin, die am letzten Abend nicht gekommen ist) und zwischendurch lesen – für andere Beschäftigungen sind diese Menschen viel zu harmlos.

Also, etwas Geheimnisvolles kann er nicht bedeuten, dieser Buchstabe. Im Buchregal, das ergaben unsere weiteren Nachforschungen, ist der Platz unter *Ypsilon* jedenfalls leer. Aber ja, jetzt haben wir die Lösung gefunden. Na klar. Es ist dieser leere Raum, den das Café mit dem Buchstaben ausfüllen will. Na, darauf hätten wir doch gleich kommen können, oder? *duc*

	Bier	Jever, Budweiser, Steinbier, Weizen, Clausthaler (3,80-5,50)
	Wein	International. DOC, AOC, DDO, DOCG ... (5,00-7,50)
	Sekt	Prosecco oder Hausmarke (nur 0,1l: 5,00)
	Cocktails	Daiquiri Natural, Planter's Punch und Spritz (5,00-10,50)
	Spirituosen	Von **A**peritif bis **W**hisk(e)y (5,00-10,00)
	Alkoholfreie Getränke	San Pellegrino, Zitrone natur ... viel Abwechslung (4,50-10,00)
	Heißes	Buntes aus aller Welt (2,00-6,00)
	Essen	Frühstück X, Y und Z, Saisonsalate X, Y, und Z (2,80-6,00)

	Musik	Kennen Sie die Sprachfuge von Ernst Toch?
	Lektüre	Dann lesen Sie Guardian, Herald Tribune, FR/SZ/FAZ/ZEIT und das türkische Blatt
	Luft	Im dicken Qualm der Zigaretten
	Hygiene	... die trotzdem nichts von der Reinheit nehmen
	Publikum	... die irgendwie auch die Leute mitbringen
	Service	... und der nette Mensch am Tresen
	Preisniveau	... und auch die fairen Preise.

Frankfurt — CASA DI CULTURA

La donna è mobile

CASA DI CULTURA
Adalbertstr. 36
60486 Frankfurt
Tel. 0 69/77 51 16

So-Fr 18.00 - 24.00
Küche bis zuletzt

80 Sitzplätze
30 Stehplätze

Adalbertstraße/
Schloßstraße:
Straba 16
Bockenheimer Warte:
U 6, 7
N 2
Parken:
Fahrradfahren ist auch schön

Hallo Katharina! Wie geht's? – „ ... !" – Na, das ist die Hauptsache. Du, ich muß dir etwas erzählen. Neulich war ich in der Frankfurter *Casa di Cultura*. Was, das kennst du nicht? Ja, jetzt hör doch mal zu. Sie gaben „Rigoletto" von Verdi. Wirklich eine bezaubernde Musik, und wenn sie italienisch gesungen wird, wie an diesem Abend, klingt alles noch viel schöner. Ein wahrer Kunstgenuß ist das dann. Tolle Kostüme hatten die Sänger und Sängerinnen an, aber das Bühnenbild erinnerte mich an Aufführungen der moderneren Art, ganz schlicht und bescheiden sah es aus, die einzigen Farbtupfer waren die blauweiß gestrichenen Wände. Aber Bühnenbilder finde ich eh nicht so wichtig. Hauptsache, die Sänger sind gut. Und das kann ich beschwören, die waren große Klasse. Vor allem der Herzog. Meine Güte, war der gut. Kennst du die 13. Szene im dritten Akt, diese Arie über die Frauen? Nein? Himmlisch, sage ich dir! „La donna è mobile/ qual piama al vento/ Mute d'accento/ e di pensiero" – das vibriert nur so vor Inbrunst. Über den Inhalt kann man ja streiten, aber gesungen war es einfach großartig. Und stell dir vor, im Orchestergraben sind einige Musiker aufgestanden und haben kräftig mitgesungen. Wie? Nein, ich erzähle keine Scherze. Es war ein toller Abend. Wenn sie es noch einmal geben, gehen wir zusammen hin, ja? *duc*

Bier	Export, Warsteiner, Hefe (3,00-4,50)
Wein	Si, chiaro! Nur wohlklingende Namen: Chianti, Bardolino, Chiaretto, Orvieto, Verdicchio (Gl. 5,00-9,00; Fl. 20-22)
Sekt und Schampus	Prosecco (Gl. 3,50; Fl. 20)
Cocktails	In der Oper? Da gibt es nur Aperitivi (3,50-5,50)
Spirituosen	Nur sanfte Liquori, Grappa und Sambuca und Vecchia Romagna (4,00)
Alkoholfreie Getränke	Bibite, si (1,50-3,00)
Heißes	Cappuccino, Espresso, avanti! (2,00-3,50)
Essen	Leckere Antipasti, Zuppi, Insalate, Primi Piatti, Secondi Piatti, Dolci

Musik	Arien, Arien, Arien
Spiele	Karten kann man bekommen
Lektüre	Corriere della Sera, Frankfurter Geflüster di cultura
Luft	Auch in der Oper wird geschwitzt, wenn es voll ist
Hygiene	Akzeptabel
Publikum	Cultura und politica und artisti
Service	Molto presto con appassionato
Preisniveau	Moderato

Frankfurt — CELSIUS

CELSIUS | Antriebskräfte gesucht

CELSIUS
Leipziger Str. 69 h
60487 Frankfurt
Tel. 0 69/7 07 28 90

Tägl. 19.00 - 1.00
Küche: bis 23.00 alles,
was die Karte hergibt,
dann je ein warmes
und ein kaltes Gericht

45 Sitzplätze
15 Stehplätze
40 Freiplätze bis 22.45

Leipziger Straße:
U 6, 7
Falkstraße:
N 2
Parken:
Wer Bockenheim
kennenlernen will, der
kommt auf vier Rädern

Was so viele Leute immer wieder dazu bringt, von der Straße abzukommen und durch den Hofeingang über die Treppe in den Keller mit dem viel zu grellen Licht zu finden, bleibt mir – wie so vieles – verborgen. Die Gäste arrangieren ihre Körper doch nicht zum Vergnügen so ansehnlich auf den schaukelnden, barhockerähnlichen Sitzgelegenheiten an den dreieckigen Tischen. Unmöglich, daß sie nur gekommen sind, um die Gerichte mit ihren wohlklingenden Namen an einfachen Holztischen mit Flüssigkeiten aller Art hinunterzuspülen. Sollte die Herausforderung, am Tresen eine gute Figur zu machen, der Grund für das Verlassen des Weges sein? Oder gar die Liebe zur Kunst? Schönere Bilder bei wechselnden Ausstellungen gibt es inzwischen sogar in einem Bockenheimer Taxibetrieb! Die offen liegenden Heizungsrohre an der Decke reißen's auch nicht raus. Man kann sogar draußen sitzen! Bloß – heutzutage bieten fast alle Lokalitäten die Gelegenheit, die Zeit im Freien totzuschlagen. Aber in einem mauerumgebenen Innenhof? Weder Piazza noch Piazzetta! Stillos! Und: von Gemütlichkeit keine Spur. Trotzdem – alle kommen wieder!? Täglich! Die Atmosphäre? Sehen und gesehen werden? Langeweile zu Hause? Kaputter Fernseher? Schlechtes Kinoprogramm? Analphabeten? Schon alle Theateraufführungen gesehen? Keine bessere Kneipe in der Nähe? Vielleicht kann ein erneuter Besuch die quälende Frage nach der Motivation der Leute lösen. Ich komm wieder und find's raus. Bestimmt! *ara*

Bier	Bitburger v.F., Henninger Ex, Diebels Alt, Jever light, Schneider Weizen, Kelts alkfrei (3,80-5,00)
Wein	Franken, Rheingau, Italien, Spanien, Frankreich (4,20-6,50)
Sekt und Schampus	Cavalier Brut, Graeger (Fl.30-96)
Cocktails	Von Sunrise bis Margharita (9,00) und alkoholfreie (7,00)
Spirituosen	Zum Genießen oder Lichterausschießen (4,00-10,00)
Alkoholfreie Getränke	Von B- bis T-Saft und Sprudelndes (2,00-4,00)
Heißes	Ital., französ., russ. und mexikan. heißer Bohnensaft (2,50-7,00)
Essen	Wahrhaft keine Standards: Kaninchenmedaillons ...

Musik	Unterschiedlichste Musik in angenehmer Lautstärke
Lektüre	Wer noch nicht dazu kam
Luft	Wo viele Menschen sind, entsteht viel heiße Luft
Hygiene	Hier bin ich Mensch, hier darf ich's sein
Publikum	Vorwiegend einheimische Stadtteilianer, einige Fremde
Service	Immer nur lächeln ...
Preisniveau	Besonderes Essen gibt's nicht umsonst

Frankfurt CENTRAL

Ungeschminkt

CENTRAL
Elefantengasse 13
60313 Frankfurt
Tel. 0 69/29 29 26

So-Do 19.00 - 1.00
Fr, Sa 19.00 - 2.00
Bei internationalen
Messen bis 4.00
Küche, was ist das?

30 Sitzplätze
40-50 Stehplätze, je
nach Technik

Alte Gasse: Bus 36
N 1
Hessendenkmal:
Straba 12
Bus 30
N 4
Das Parkhaus ist nicht
weit

Ihre Tarnnasen, die sie tagsüber immer trugen und sie vor den Entblößungsblicken der anderen schützen sollten, waren ihnen schon lange lästig geworden. Den Abend wollten sie ganz unbeschwert gemeinsam verbringen. Nicht in irgendeiner langweiligen Kneipe, in eine zugige Ecke gedrückt, wo man sich nur traurige Blicke zuwerfen konnte. Nein, sie wollten sich einfach bei den Händen halten. Dabei die großen und kleinen Nöte des Lebens in der großen Stadt besprechen. Diese hinter sich lassen, um immer fröhlicher und ausgelassner um die Wette zu schnattern. Oder nur, um festzustellen, wie sehr sie das Leben zwischen den anderen bisweilen erschöpfen konnte.

Die Suche nach einem wohligen Platz hatte sie tief hinein ins Zentrum geführt. Sie waren schon müde vom langen Weg, da entdeckten sie ein kleines Licht. Es leuchtete in die Nacht aus einer Gasse, in der sich eine kleine Bar versteckte. Durch ein Lamellenrollo drangen lebhafte Stimmen nach außen. Drinnen tauchten taubenblaue Wände und eine schwarze Decke alles in ein behagliches Halbdunkel. Auf der Theke standen Lichtsäulen, durch die Zigarettenrauch waberte. Schlichte Sitzgelegenheiten luden zum Platznehmen ein. Sie tauchten sogleich in die angenehm gedämpfte Geräuschkulisse der zurückhaltender Musik und lebendiger Wortwechsel ein und wußten, daß sich der weite Weg gelohnt hatte.

Und wenn sie nicht ertrunken sind, dann sitzen sie noch heute. *fat*

Bier	Jever, Warsteiner v. F., Hefeweizen, Gatzweilers Alt, Kelts alkoholfrei (3,50-5,00)
Wein	Kleine, aber feine Auswahl (5,00-8,00)
Sekt und Schampus	Prosecco, Mumm, Veuve Clicquot, Roederer Cristal (Fl. 32-160)
Cocktails	Der Hit: Lufthansa Cocktail (6,00-9,00)
Spirituosen	Eine Riesenpalette (5,00-10,00)
Alkoholfreie Getränke	San Pellegrino, Bananen„saft" (3,00-4,00)
Heißes	Manchmal braucht man heiße Milch mit Honig (2,50-5,00)
Essen	Silberzwiebeln, grüne Oliven und Cornichons

Musik	Oldies und eine bunte Mischung
Lektüre	Das hält doch nur auf
Luft	Wenn es eng wird, naja
Hygiene	Es ist so schön dunkel
Publikum	Männerfreundschaften
Service	Ist das wichtig?
Preisniveau	Ein bißchen was kostet das Leben und die Liebe

Frankfurt — CHARIVARI

Die Entdeckung der Langsamkeit

CHARIVARI
Berger Str. 99
60316 Frankfurt
Tel. 0 69/49 22 85

So-Do 17.00 - 1.00
Fr, Sa 17.00 - 2.00
Küchenzeiten:
So-Do 17.00 - 23.00
Fr, Sa 17.00 - 23.30

60 Sitzplätze
30 Stehplätze
40 Freiplätze bis 23.00

Höhenstraße: U 4
Wittelsb. Allee: N 3
Parken: für Geduldige

Nicht jede Kneipe ist eine Kneipe. Wie? Das kann nicht sein? Doch. Es kann. Weil nämlich eine holzgetäfelte Wohnstube, aus der die Zeitgeister mit dem Zauberbesen vertrieben wurden (oder waren sie nie da?), keine Kneipe mehr ist. Moment, es gibt eine Ausnahme: jene diffusen Quadrate an der Wand; echter Stilbruch, grauselig. Aber sonst gelten an diesem Ort, wie nicht anders zu erwarten ist, andere Regeln, herrschen andere Sitten und Gebräuche. Urgemütlichkeit in des Wortes ursprünglicher Bedeutung (was, die kennen Sie nicht? – ich auch nicht.) geht einher mit charmanter Betulichkeit der servierenden Geschöpfe (dazu später mehr). Das Prinzip heißt: ein Polterabend darf auch ohne Scherben über die Bühne gehen, zu deutsch: wer Hektik macht, fliegt – selbstverständlich im übertragenen Sinne – raus. Jawoll. Nichts für ungut. Eben. Das Besondere ist – lachen Sie nicht, verehrtes Publikum – das Nichtbesondere. Und damit sind wir bereits wieder bei den aparten Geschöpfen. Die schwingen ohne Charivari, ohne Lamentoso, einfach nur lächelnd und mit der Gewißheit, bei den saufenden Herren anzukommen, das Zepter. Verstehen Sie jetzt, warum nicht jede Kneipe eine Kneipe ist? Nein? Ich auch nicht. *duc*

Bier	Jever, Warsteiner (auch alkfrei), Paulaner Hefe v. F. (3,80-5,50)
Wein	Edles und Erlesenes, Goldmedaillen-Rioja und Müller-Thurgau, im Eichenfaß gereifter Crianza (Gl. 5,50-8,00; Fl.18-26)
Sekt und Schampus	Glitzernd, sprudelnd: Steiner Rieslingsekt, Kriter, Herbert Beaufort (Fl. 38-95)
Cocktails	Klassisches (6,50-8,00)
Spirituosen	Schnapsfreunde aller Nationen, vereinigt euch (3,50-6,00)
Alkoholfreie Getränke	Kennen Sie Jet Set Flip? Probieren Sie ihn. (2,00-4,00)
Heißes	Oh, Mamma mia, der Carajillo hatte es ihr angetan (2,80-7,00)
Essen	Oder kennen Sie vielleicht Pollo al ajillo oder Albondigas oder Salat Verdi? Da ist Musik drin, munkelt man

Musik	Apropos Musik, die ist ganz nett
Lektüre	... weil man dabei mitgebrachte Zeitungen lesen kann
Luft	... wenn einen die dicke Luft nicht stört
Hygiene	... auf blankgeputzten Tischen die Artikel ausbreiten
Publikum	... und dem neuesten Bornheimtratsch lauschen
Service	... und sich von den überaus charmanten Katzen betören lassen
Preisniveau	... und das nächste Bier bestellen, weil noch Geld da ist

Frankfurt — CLUB VOLTAIRE

CLUB VOLTAIRE — Von der Freiheit

🍺🍺🍺🍺

CLUB VOLTAIRE
Kleine Hochstr. 5
60313 Frankfurt
Tel. 0 69/29 24 08

So-Do 18.00 - 1.00
Fr, Sa 18.00 -2.00
Küche 18.00 - 23.30

60 Sitz-, 30 Stehpl.
15 nette Plätze plus
Mauerschauen bis
23.00

Alte Oper:
U 6, 7
Taunusanlage:
S 1-6, 14
N 2
Parken: sehr
strafmandatsträchtig

Wegen politisch verdächtiger Umtriebe wird ein Mann gesucht, der sich im Raum Freßgasse, Alte Oper, Hauptwache und Taunusanlage aufhalten soll. Sein Name lautet François-Marie Arouet. Meistens benutzt der Gesuchte jedoch den Decknamen Voltaire. Er ist etwa einen Meter achtzig groß, bevorzugt altbarocke Kleidung mit einem weißen Halstuch, ist leicht geschminkt, hat braune, verschlagene Augen, eine weit geschwungene Nase, rotgefärbte Lippen und trägt von Zeit zu Zeit eine graumelierte Perücke.

Im einzelnen wird dem Gesuchten vorgeworfen, daß er libertäre Parolen an die Wände schmiert, in denen er jeden dazu auffordert, mit aller Macht dafür zu kämpfen, daß jeder die eigene Meinung vertreten kann, so sehr sie auch immer irgendwem mißfalle. Den politischen Zündstoff, der in dieser verwirrenden Aufforderung steckt, halten Experten für höchst gefährlich. Arouet oder Voltaire gilt als verbal sehr beschlagen und ist wahrscheinlich mit antirassistischen Flugblättern, einem Gedichtband von Erich Fried und einem oder mehreren Gläsern Bier bewaffnet. Ein auffälliges Merkmal ist seine Gelassenheit, hinter der sich vermutlich eine griechische Philosophenhaltung verbirgt, die ebenfalls mit Vorsicht zu genießen ist. Wer diesen Mann gesehen hat oder sachdienliche Hinweise zur genannten Person abgeben will, soll sich an der Theke melden. *duc*

Bier	Römer Pils, McCaul's Stout v.F., Schöfferhofer Kristall- und Hefeweizen, Clausthaler (2,80-5,60)
Wein	Ausgesuchtes aus Europa, besonders Frankreich (2,00-6,50)
Sekt und Schampus	Graeger solo (Fl.35)
Cocktails	Natürlich: Cuba Libre und mehr (5,50-9,50)
Spirituosen	Die Herren Veterano, Fundador und Bobadilla sind zu Gast (3,00-11,00)
Alkoholfreie Getränke	Zwischen Tonic, Maracuja und Selters (1,50-2,70)
Heißes	Hagebutten, Kamille und ein heißer Apfelwein (2,00-4,50)
Essen	Charmante Kleinigkeiten wie Oliven und Sauerkrautsuppe
Musik	Was zum Reden und Lesen paßt
Spiele	Avalon und Kniffel, yeah!
Lektüre	FR, FAZ, SZ; das unweigerlich-unübertreffliche Strandgut
Luft	Nun ja, beim Diskutieren ist die Luft eben manchmal dick
Hygiene	Ordentlich
Publikum	Diskutanten, Künstler und 68er Veteranen
Service	Manchmal ist Geduld vonnöten, aber Charme haben die Damen und Herren
Preisniveau	Konsequent preiswert

Frankfurt — COOKY'S

Frankfurter Institution

COOKY'S
Am Salzhaus 4
60311 Frankfurt
Tel. 069/28 76 62

So-Do 23.00 - 4.00
Fr, Sa 23.00 - 7.00
Küche bis halbe
Stunde vor
Betriebsschluß

100 Sitzplätze
350 Stehplätze

Hauptwache:
U 1, 2, 3, 6, 7
S 1 - 6, 14
N 2
Parken: Mit etwas
Glück gibt's um die
Uhrzeit wieder
Parkplätze, ansonsten
Parkhaus Hauptwache

Es gibt in Frankfurt ein paar Dinge, die lassen sich nur als Institution bezeichnen. Ob das die Volksschauspielerin Liesel Christ ist oder Heinz Schenk, der wilde Bembelreiter auf blauem Bock, oder – in jüngerer Zeit – Johnny Klinke, der Herr, der die Tiger palastfähig gemacht hat. Wenn es in der Mainhattaner Tanzbodenbranche etwas Vergleichbares gibt, dann kann es nur das *Cooky's* sein. „Nomen est omen" möchte maN fast sagen, hat doch der gute Cooky (an seinen bürgerlichen Namen erinnert sich kaum einer mehr) seinen Ruf zum Markenzeichen gemacht. Und Cooky hat sie fast alle gekannt, die Größen der Musik. Die liefen nach ihren Konzerten scharenweise ein und jamten in dem ausgebauten Kellergewölbe noch ne Nummer hinterher. Was an dem Laden Besonderes dran ist? Keiner weiß es. Eine 70er-Jahre-Disco wie viele andere: Schwarz, Spiegel und Neonlicht - Atmosphäre ist eben ein Geheimnis. Vielleicht liegt's am Publikum: Das reicht von Kids (wenn sie reinkommen) über das „Milljöh" bis hin zu Ausgeflippten und Bankern. Sieben Tage die Woche laufen die Plattenteller rund, und Altmeister Heinz Felber ist immer noch der unterhaltsamste DJ von allen. Gab es früher regelmäßig montags Konzerte, so ist das *Cooky's* heute zwar auf keinen Tag, dafür aber auf die Stilrichtungen Indie, HipHop und Jazz festgelegt. Tip für Anreisende: Knackevoll ist's beim „Supreme Club" am Dienstag: Jazz Dancefloor bis zum Abwinken.
PS: Auf'm Klo läuft Klassik. *ask*

Bier	König Pilsener, Beck's, Corona, Hannen Alt (7,00-9,00)
Wein	Von jeder Farbe einen plus Chablis (8,00-14,00)
Sekt und Schampus	Man spricht Deutsch, Italienisch, Französisch (Fl. 65-260)
Cocktails	Wollen Sie süffeln oder dancen? Drei Drinks (14,00-16,00)
Spirituosen	Harter Stoff für harte Lebern (10,00-28,00)
Alkoholfreies	Auch da das Günstigste im Angebot (6,00-7,00)
Heißes	Kaffee oder Tee im Kännchen (8,00)
Essen	Disco! – Ne Handvoll Speisen, aber die dafür lecker

Musik	HipHop, Indie, Soul, Funk, Disco, Latin, Jazz, Avantgarde
Lektüre	Lies in den Gesichtern
Luft	Viel Arbeit für den „Entdampfer"
Hygiene	Ordentlich (soweit es sich sehen läßt), Klo mit Historie
Publikum	Leute wie Du und ich (?), einige Halbweltler, Studis, Kids, einige Kulturschaffende (-erschlaffende?)
Service	Geh zur Bar; wenn's voll ist, dräng dich durch
Preisniveau	Dem Publikum und dem Anlaß angemessen (Verzehrbon für 6,00; bei Veranstaltung 10,00-20,00)

Frankfurt — DER BLINDE KÖNIG

D.B.K.
DER BLINDE KÖNIG

Ode an den Königssohn/ Der Skalden Preis

(Ludwig Uhland/Dora Diamant)

DER BLINDE KÖNIG
Uhlandstraße 21
60314 Frankfurt
Tel. 0 69/498 08 11

Mo-Do 20.00 - 1.00
Fr, Sa 20.00 - 2.00
Während der Messen
bis 4.00

25 Sitzplätze
70 Stehplätze

Ostendstraße:
S 1-6, 14
Parken: Geht so

Gib, Räuber, aus dem Felsverlies
meine Ruhe mir zurück!
Was du versprochen, war so süß,
war meines Alters ganzes Glück.
Doch wie der Dichter hast du nur versprochen,
die heil'gen Hallen hast Du mir geraubt.
Zur ew'gen Schande hast Du Deinen Schwur gebrochen,
mir beugt's das graue Haupt.

Gehörnt mit primitivem Hirschgeweih
schaut der blinde Greis hinab:
„O Sohn! Wenn dies mein letzter Wunsch auch sei,
bring sie in ihr verdientes Grab!
Und trink drum keinen Schluck mehr hier,
so wird mein Alter wonnig sein,
Laß steh'n nur gleich das schale Bier,
wir geh'n woanders hin und bleiben nicht allein.
Du legst mir, Sohn, zur Seite
ein gefülltes Glas mit gutem Klang.
Oh, meine Kneipe, du Befreite,
so sing mir bitte noch den Grabgesang." *dd*

	Bier	Reicht für Dröhnung (4,00-5,00)
	Wein	Wenig Auswahl (5,00-6,00)
	Sekt und Schampus	Kriter, Prosecco, Kir (4,50-,50)
	Cocktails	Die Standards. Alkoholfreie vorhanden, aber nicht genannt (8,00-12,00)
	Spirituosen	8 Sorten Tequila und Jägermeister (3,00-9,00)
	Alkoholfreies	Vornehm schweigt die Karte
	Heißes	S. o.
	Essen	Nüsse, Nüsse, Nüsse

	Musik	Rockig
	Spiele	Skat, Backgammon
	Lektüre	Stadtzeitungen
	Hygiene	Kellermäßig
	Luft	S.o.
	Publikum	Kellerkinder
	Service	Selbständig, auch nach dem zehnten Pils
	Preisniveau	Durchschnittlich

Frankfurt — DIE LEITER

Bistrorant Die Leiter

„Leiter gut"

DIE LEITER
Kaiserhofstr. 11
60313 Frankfurt
Tel. 0 69/29 21 21

Mo-Sa 12.00 - 1.00
Feiertags geschlossen
Küche bis halbe
Stunde vor Schluß

50 Sitzplätze
20 Stehplätze
50 Freiluftplätze
bis 23.00

Alte Oper: U 6, 7
Ein Parkplatz auf der
Straße? Wie ordinär!
PH Kaiserhofstr.

Irgendwann kommt einmal der Moment, in dem du dir sagst: Bis hierher und nicht weiter. Wer soundsoviele Punk-, Szene- oder sonstige „In"-Kneipen durchgemacht hat, braucht einfach mal etwas anderes. Und da kommt *Die Leiter* als Aufstieg gerade recht. Es sind bestimmt nicht die beschlipsten Bessertreter, deretwegen es interessant ist, sich in die Kaiserhofstraße zu begeben. Vielmehr ist da einfach alles so, wie du es dir eh und schon immer und überhaupt gewünscht hast. Da braucht es keine hektischen Winkereien oder gar die Fußangel, um die Aufmerksamkeit des Personals zu erregen – im Gegenteil: Aschenbecher schweben wie von Geisterhand auf den Tisch, das Besteck liegt richtig, die Beratung stimmt. Völlig eingenommen darfst du von der Küche sein (so schnell wie hier eine Lende schaffen dir anderswo die Hackfleischbrater keinen Burger auf den Tisch), ebenso vom Weinkeller. Die Musik versäuselt sich an ungenannten Orten in der elegant-distinguierten Kulisse der Selbstdarstellung. Aber wenn dir ein Kleingläubiger (das hat was mit Schulden zu tun, wir sind hier Nähe Bankenviertel und nicht Harheimer Dorfkirche) von Frankfurts größtem ehemaligen Autohaus über seine Beziehungen zum ehemals berühmtesten deutschen Busen (Steeger) erzählt und später seiner Begleiterin weismacht: „Sie sehen ihr ähnlich", um dann mit Zoten über einen abgehalfterten Bubi Scholz fortzufahren, dann grenzt das schon an Körperverletzung. *ask*

Bier	Binding, Schöfferhofer, Berliner Weiße (4,50-5,00)
Wein	Ausgesuchtes über vier Seiten für ausgesuchte Brieftaschen (Gl. 5,50-8,00; Fl. 36-440)
Sekt und Schampus	Schloß Vaux, sonst: was es an Champagner gibt (Gl. 6,00-16,00; Fl. 39-599)
Spirituosen	Die ganze Latte runter, ausnahmsweise normal (11,00-26,00)
Alkoholfreie Getränke	Es bitzelt süß und sauer und frisch gepreßt (4,00-8,00)
Heißes	Kaffee, Schoko, Tee, alles auch mit Schuß (4,00-15,00)
Essen	Eher schon in Richtung Restaurant mit Serviettchen oder Sternchen

Musik	Leises Lala im Hintergrund
Lektüre	Dahinter steckt nur ein Kopf
Luft	Ein frisches Lüftlein umweht das Näslein
Hygiene	Alles reinweiß und blütensauber
Publikum	Den Preisen angemessen, man darf auch ohne Binder rein
Service	Wie für den Job geboren
Preisniveau	Sie nehmen's von den Lebenden (die darüber schweigen wie die Toten)

Frankfurt — **DIESSEITS**

Das Helle, der Rauch, der (moderne) Mensch

DIESSEITS

DIESSEITS
Konrad-Broßwitz-Straße 1
60487 Frankfurt
Tel. 0 69/70 43 64

Tägl. 10.00 - 1.00
Küche bis 23.30

100 Sitzplätze
15 Stehplätze
30 Freipl. bis 23.00

Kirchplatz: U 6, 7
Bus 34
N 2
Parken: gegen Protest der Bedienung vor dem Lokal, PH bis 20.00 in der Nähe

Wenn es draußen warm ist, wird beim Frühstücken mit den viel zu nah vorbeifahrenden oder parkenden Autos und mit irgendwelchen Verordnungen um jeden Zentimeter Trottoir gekämpft. Wenn es draußen kalt ist, wird beim Abendessen mit den viel zu nah vorbeihuschenden oder stehenden Menschen und mit ungeschriebenen Verhaltensregeln um jeden Millimeter Platz gerungen. Es hat eben alles seinen Preis.

Und wer neben Speis und Trank auch noch Gemütlichkeit haben will, kann ja zu Hause bleiben oder sich in der Umgebung nach einer Alternative umschauen. Wer allerdings ins Leben will, muß auch in diesem L-förmigen, hellen Restaurant mitunter mit zwei Stunden Tresensitzen zahlen. Für das leibliche Wohl ist gesorgt, gute Laune ist mitzubringen (sonst auf Bestellung bei der Bedienung), und den blauen Dunst gibt es in Hülle und Fülle gratis. Der homo sapiens ist – wie fast überall – auch hier in allen Ausführungen anwesend.

Kurz: Wer sucht, der findet alles, was der moderne Mensch im Hier und Jetzt für sein Wohlbefinden benötigt: Rauchschwaden, schweißige, eng beieinander stehende oder sitzende große, dicke, schlanke, kleine Leiber, Essen, Trinken und Gesprächsthemen aller Art. Wer was anderes möchte, der kann sich ja in Gottes Namen in der Nähe nach etwas Besserem umschauen. *ara*

Bier	Bitburger, Guinness, Richmodis Kölsch, Hefeweizen Thurn u. Taxis v.F.; Gatzweilers Alt, Königsbacher Malz, Jever light, Thurn u. Taxis Kristall, Clausthaler (2,60-5,50)
Wein	Farblos (Rheingau, Rheinpfalz, Österr., Ital., Frankr.), Hellrot (Rheinpfalz und Frankr.), Rot (Rheinhessen, Ital., Frankr.)
Sekt und Schampus	Den edleren Wein mit Kohlensäure: HM, Riesling Winzersekt, Moët & Chandon, Brut Imperial (Fl. 34-110)
Cocktails	Aus vielen Teilen der Welt (9,00-12,00)
Spirituosen	Hochprozentiges (4,50-10,00)
Alkoholfreie Getränke	Flüssige Früchte, Kohlensäure mit oder ohne Geschmack
Heißes	Bohnensäfte mit allerlei Zutaten und das Getränk der Briten
Essen	Für kleinen und großen Hunger, auch vegetarisch
Musik	Je nach eigener Stimmung die falsche/richtige, immer zu laut/leise
Lektüre	Geistige Nahrung ist auch vorhanden
Luft	Gute Mischung (light)
Hygiene	Zu Hause ist es besser – meistens
Publikum	Gute Mischung
Service	Die Bedienung kommt, sie kommt nicht, sie ist schon da!
Preisniveau	Der Gast muß nicht reich sein, sollte aber Kohle mitbringen

Frankfurt — DISCORDIA

DISCORDIA — Unter Wasser

DISCORDIA
Finkenhofstr. 17
60322 Frankfurt
Tel. 0 69/55 41 08

So-Do 18.00 - 1.00
Fr, Sa 18.00 - 2.00

15 Sitzplätze
30 Stehplätze

Eschenheimer Tor:
U 1, 2, 3
Bornwiesenweg:
Bus 36
N 1
Parken heißt Anlegen
bei Knöllchensturm

Wahrheiten sind nie absolut. Regeln gelten nur so lange, bis die Ausnahme sie bestätigt. Die „Titanic" galt als unsinkbar; die Geschichte ihrer Jungfernfahrt ist hinreichend bekannt. So hätte auch keiner vermutet, daß die *Discordia* dermaßen heftig Schiffbruch erleiden würde. Hätte man sie vielleicht lieber *Concordia* taufen sollen. Nein, mal ganz ehrlich, das hätte die U-Boot-Karriere auch nicht verhindert. Namen, was sind schon Namen. Dabei hatten sich die Konstrukteure so viel Mühe gegeben. Leuchtend lilagelb (beinahe gülden) war die Innenausstattung ausgefallen. An nichts hatten die Ideengeber gespart. Der falsche Kapitän? Nein. An ihm hat es nicht gelegen. Die Konstruktion war einfach unüberlegt, obwohl solch intensive Gedanken daran verschwendet wurden. Ja, verschwendet, man muß es so hart sagen. Das Traurige ist, daß die Schätze, die im Bauch der *Discordia* lagern, von ihrem Glanz eingebüßt haben, weil kaum jemand sich für sie interessiert. Die ersten Rostflecken zeugen davon. Wenigstens einige kleine Fische kurven um den Bootsleib herum. Schade, daß eine Meeressaga (ein mittelmäßiger Poet hatte sie ja sprichwörtlich herbeigeschrieben) so betrüblich verlaufen mußte. Tja, mit den Wahrheiten ist es so eine Sache. *duc*

Bier	Budweiser, Licher v. F., Hefe- und Kristallweizen, Diebels Alt (3,00-4,50)
Wein	Vini della Casa (5,00-6,00)
Sekt und Schampus	Erlesenes wie Dom Pérignon (Fl. 80-185)
Cocktails	So manch Fürstliches wie Kir Royal (5,00-11,00)
Spirituosen	Nur Wodka und Whisky (6,00-7,50)
Alkoholfreie Getränke	Succo di Pomodoro, Succo di Mele (3,00-4,50)
Heißes	Cappuccino und Espresso (2,50-3,50)
Essen	Zehn Meter weiter im *Fürstenhof*

Musik	Unzählige Cassetten mit wechselnder Musik
Luft	Ja, das ist so eine Sache ...
Hygiene	Exquisit, möchte man meinen
Publikum	Ja, wo bleiben sie denn?
Service	Oh, wie apart
Preisniveau	Damit kann jeder leben

Frankfurt — **DOMINIQUE CAFE MOUSON**

Besichtigung

DOMINIQUE CAFE MOUSON
Waldschmidtstr. 4
60316 Frankfurt
Tel. 0 69/4 96 05 06

So-Do 10.00 - 1.00
Fr, Sa 10.00 - 2.00
Frühstück bis 17.00
Speisen bis 24.00

100 Sitzplätze
40 Freiplätze

Merianplatz:
U 4
Wittelsbacherallee:
N 3
Parken: Wer suchet, der findet

Besuch von Freunden ist schön, aber auch anstrengend. Denn das Motto „Zeige ihm deine Stadt" durchzieht unweigerlich den Tag, der sonst gemütlich im Schwimmbad oder auf dem Balkon verlaufen könnte. Neulich hatte ich so einen Freund zu Besuch, der Sightseeing-Trips besonders gern mag, und so zogen wir also los. Römer, Paulskirche, Uni, Nordend, Bornheim – alles stand auf dem Programm. Und plötzlich fanden wir uns in der Waldschmidtstraße wieder, mit der ehemaligen Seifenfabrik Mousonturm als kulturelle Attraktion. Eine alte Fabrik als Theaterbühne, das fand mein Freund interessant. Also setzten wir uns erst einmal ins *Dominique Café Mouson*, wo Kunstverständige ihren Theater- oder Ballettgenuß steigern, indem sie vor oder nach der Veranstaltung noch schnell auf ein Bier einkehren. Hier erfahren sie dann alles, was wissenswert ist in puncto Kultur. Wenn er nicht um die Geschichte des alten Gebäudes wüßte, so meinte mein Freund, hätte er dies für ein piepnormales Bistro gehalten, schick eingerichtet und ohne besonderen Flair. Bis auf das Essen, versteht sich. Da käme wohl manch einer auch ohne Interesse an Veranstaltungen auf eine Putenbrust rein. Recht hat er. Nach einigen Bierchen beschlossen wir dann, das Theater Theater sein zu lassen und traten den Heimweg an nach diesem recht anstrengenden Tag. Warum wir allerdings in das *Dominique Café Mouson* gegangen waren, blieb meinem Freund weiterhin ein Rätsel. Mir eigentlich auch. *amo*

Bier	Warsteiner, Römer Pilsener Spezial, Schöfferhofer Weizen, Clausthaler (3,50-5,10)
Wein	Vieles, was man aus Trauben machen kann: Côtes du Rhône, St. Emilion Grand Cru, Pinot Noir (5,50-8,50)
Sekt	Sekt oder Champagner nobel: Dom Pérignon? (Fl. 42-180)
Cocktails	Auf daß die Sonne aufgehe, auch ohne Alkohol (10,00-5,00)
Spirituosen	Bekanntes und Außergewöhnliches (6,00-7,00)
Alkoholfreie Getränke	Von Cola bis Schweppes und gute Saftauswahl (3,60-6,00)
Heißes	Für die kalten Tage: viele Kaffeevarianten (3,20-8,00)
Essen	Frühstück, Tagesmenü und andere Häppchen

Musik	Auch mal HR 3
Spiele	Backgammon
Lektüre	Alles, was das Herz begehrt
Luft	Luft vorhanden
Hygiene	Hier putzt der Chef
Publikum	Wir gehen ins Theater
Service	Es bleibt noch Hoffnung
Preisniveau	Nicht allzu unverschämt

Frankfurt — DOKTOR FLOTTE

DOKTOR FLOTTE — Der flotte Doktor

DOKTOR FLOTTE
Gräfstr. 87
60487 Frankfurt
Tel. 0 69/70 45 95

Tägl. 6.00 - 1.00
Küche bis 24.00

60 Sitzplätze,
40 Stehplätze
35 Freiplätze bis 23.00

Bockenheimer Warte:
U 6, 7
Straba 16
Bus 33, 50
N 2
Gegenüber darf man fürs Parken bezahlen

Gesehen hatte ihn eigentlich niemand, zu keiner Zeit. Die Legenden rankten sich um den berühmten Mann, dessen Porträt wie eine Mahnung an der Wand hing, neben dem Aufruf „Proletarier aller Länder, vereinigt euch" und den Bildern der anderen Familienmitglieder, der Piraten, Klassenkämpfer und Sozialisten, die sich früher hier getroffen und heiße Diskussionen geführt hatten. Doch diese Helden waren längst tot. Vom „Doktor" (woher der Name stammte, konnte ebenfalls niemand sagen) wußten die meisten nur, daß er ab und zu vorbeikam, sich an die hölzerne, geschwungene Theke setzte, zwei bis drei Liter Bier in sich hineinschüttete, ohne auch nur die Miene zu verziehen oder ein Wort zu sagen, und exakt nach zwei Stunden das Lokal wieder verließ. Das Komische daran war, daß niemand dabeigewesen war, aber alle es beschwören wollten, daß sie ihm in der Schwingtür begegnet seien. Es blieb ein Geheimnis, und es wurden bereits Stimmen laut, die behaupteten, der „Doktor" sei eine Erfindung der Leute, die nach Jahren der Seefahrt ihren Heimathafen in der Kneipe gefunden hatten. „Die spinnen hier ihr Seemannsgarn", hieß es. Manchmal kam es dann zu heftigen Streitereien, die selbst das Geräusch der vorbeifahrenden Trambahn übertönten, aber nach einer Runde Pils beruhigten sich die Gemüter wieder, und alle waren sich einig, daß der „Doktor" eben eine Legende bleiben müsse. *duc*

Bier	Römer Pils v. F., Kutscher Alt, Schöfferhofer Weizen (3,30-4,70)
Wein	Der Doktor mag keinen bourgeoisen Wein
Sekt und Schampus	Und Sekt, monarchistisch-feudalen Sekt, sowieso nicht
Cocktails	Von den kapitalistischen Cocktails ganz zu schweigen
Spirituosen	Das gibt es für die Härtesten unter den Harten: 73 Prozent Lemon hard und für die Seemänner Genever (2,00-5,50)
Alkoholfreie Getränke	Wo sonst noch kann man Bluna trinken? (2,00-4,00)
Heißes	Und einen starken Grog zum Kaffee? (2,50-5,00)
Essen	Was das Herz an Deftigem begehrt. Vegetarier aller Varianten, verduftet!

Musik	Schlager sind doch immer noch das Schönste
Spiele	Selbstverständlich fliegen hier die Karten
Lektüre	Lesen? Wenn, dann dichten oder zumindest diskutieren
Luft	Ja, wenn nicht nur die Köpfe rauchen
Hygiene	... und die Fetzen fliegen
Publikum	... können Dichter und Proletarier
Service	... bei der netten Else (oder wie sie heißen mag)
Preisniveau	... eines billigen Besäufnisses sicher sein

Frankfurt — **DREIKÖNIGSKELLER**

DREIKÖNIGSKELLER — Wie es euch gefällt

♀♀♀♀

DREIKÖNIGSKELLER
Färberstr. 71
60594 Frankfurt
Tel. 0 69/62 92 73

So-Do 20.00 - 1.00
Fr, Sa 20.00 - 2.00
Mo, Fr: Burrito pur

50 Sitzplätze
30 Stehplätze
25 Freiplätze bis 23.00

Eiserner Steg: Bus 46
Parkplatz wegen Überfüllung geschlossen.PH Walter-Kolb-Straße

Fremder, willst Du deinen Ohren einmal ein denkwürdiges und nachwirkendes Erlebnis verschaffen, dann gehe in den *Dreikönigskeller*. Der Raum ist klein, Gäste und Musiker (im Idealzustand) voll, und vorne auf der Zehn-Quadratmeter-Bühne tobt der Punk. Gnadenlos. Fremder, willst Du deine Ohren von nostalgischem Swing umsäuseln lassen, dann gehe in den *Dreikönigskeller*. Der Raum ist immer noch klein, das Publikum ist zu Zeiten aufgewachsen, da der Swing noch kaum geboren war und – ja, es ist eben alles ganz anders. Du siehst, Fremder, es liegt eigentlich nur an Dir und an dem, was Du willst: sonntags Punk, mittwochs Swing, am Montag können sich die Jazzer auf Ausgefallenes einstellen und ... warum, Fremder, rufst Du in drei Teufels Namen nicht an oder gehst gleich hin und holst Dir das Programm oder läßt Dich überraschen? Selbst wenn Dir ein Akkordeon-Orchester oder ein Waldhorn-Quintett in einem uralten Sachsenhäuser Keller vielleicht aufs Gemüt schlägt. Dazu wird – falls gewünscht – warmes Bier in Plastikbechern serviert. Das ist aber nur für die, die eh nichts mehr merken. Ansonsten wird anständig bedient, und montags und freitags gibt's im *Dreikönigskeller* Frankfurts besten mexikanischen Burrito – sagt man. Noch Fragen? Dann geh hin und schau selbst. *ask*

🍺	Bier	Königsbacher, Hefeweizen, Guinness (3,50-5,00)
	Wein	Schon, aber das ist ja kein Weinlokal (3,00-5,50)
	Sekt und Schampus	Ebenso, aber ein bißchen Schaum schon (9,00-70,00)
	Cocktails	Wozu das Gerühre? Das Übliche gibt's schon (5,00-8,00)
	Spirituosen	Aufs Wesentliche beschränkt (3,00-5,00)
	Alkoholfreie Getränke	Bißchen Wasser, bißchen Cola, bißchen Saft (2,00-2,50)
🍽	Heißes	Bißchen Kaff, bißchen Tee (2,50)
	Essen	Burrito, sonst Häppchen (1,50-5,00)
🎵	Musik	Querbeet nach Laune. Kleiner Raum – alles gut hörbar
	Spiele	Backgammon und Würfel
	Lektüre	AZ und Journal
	Luft	Für einen Keller bemerkenswert gut
	Hygiene	Dem schummrigen Licht angepaßt, Klo: je nach Publikum
	Publikum	Je nach Musik, bunte Vögel bis graue Mäuse
❗	Service	Je nach Publikum
	Preisniveau	Da nehmen sogar Kneipen ohne Musik mehr

Frankfurt — DROSSELBART

DROSSELBART — Gute, alte Zeiten

🍺🍺🍺🍺

DROSSELBART
Eschersheimer
Landstr. 607
60433 Frankfurt
Tel. 0 69/53 43 93

Tägl. 18.00 - 1.00
Küche 12.00 - 22.30

40 Sitzplätze
40 Stehplätze
500 Freiplätze von
12.00 - 23.00

Bahnhof Eschersheim:
S 6
Weißer Stein:
U 1, 2, 3
N 1
Parkplätze:
Die gibt es hier noch
in der Nähe

Es war einmal ein König, der war sehr sanft und milde. Das Volk liebte ihn aber nicht nur wegen dieser Charaktereigenschaft, sondern rühmte ihn vor allem wegen seines schönen Gartens, in den er alle, vom Erzbischof über den königlichen Kämmerer bis hin zum einfachen Bauern einlud, um sich an den gekelterten Säften aus braunen Holzfässern und dem lustigen Geschwätz seines Hofnarren zu delektieren. Immer, wenn die Sonne sich über dem Hügel senkte, begaben sich Männer, Frauen, Mäuse und überhaupt alles, was gehen konnte (man munkelt, daß sogar die Hausschweine mitdurften) in den Garten und feierten und tranken, bis die Mägen und Kehlen gesättigt und die Teufel aus den Fässern vertrieben waren. (Denn der König war ein abergläubischer Mensch.) Das dauerte zumeist bis tief in die Nacht. Erst in dem Augenblick, wenn der König müde war, läutete die Kirchenglocke in der herrschaftlichen Kapelle zum Aufbruch. Die Kerzen waren abgebrannt, in den Bäumen sangen schon die Vögel, und fröhlich trunken marschierten der Erzbischof, seine Mätresse und all die anderen nach Hause. (Was sie dort taten, ist nicht überliefert.) Vom König wird erzählt, daß er, allein auf einem Stuhl sitzend, noch einige Gedichte schrieb, die er dann am nächsten Tag seinem Volk vorlas. Im Winter, wenn es im Garten zu kühl war, gingen alle in die Gartenlaube des Königs. Und niemand mußte verdursten oder verhungern. „Eine Stulle kriegt ihr, das ist sicher", soll der König dann gesagt haben. Und wenn er nicht gestorben ist, sitzt er wohl heute noch unter der großen Eiche und dichtet. *duc*

Bier	Brinkhoff's Pils v. F., Kurfürsten Kölsch, Valentins (3,80-5,00)
Wein	Apfelwein in rauhen Mengen, pur, süß, gespritzt selbstredend (2,20; Bembel 12,60-29,40)
Sekt und Schampus	Der König ist bürgernah und Sekt macht schwermütig
Spirituosen	Schnäpse gibt es nur, wenn man ihn höflich bittet
Alkoholfreie Getränke	Spezi und Apfelsaft und Coca Cola für die Kinder (2,50-5,00)
Heißes	Den Preis für den Kaffee bestimmt der König
Essen	Echte Frankfurter Grüne Soße und Putenbrust, eben deftig
Musik	Die Rolling Stones wurden hier gehört
Spiele	Die Doppelkopfrunde tagt hier öfter
Lektüre	Frankfurter Magazine
Luft	Draußen herrlich, drinnen gemischt
Hygiene	Sauber, denn der König legt Wert auf Ordnung
Publikum	Die ganze lustfreudige Prominenz, die der König geladen hat
Service	Königlich
Preisniveau	Der König hat ein Herz für seine Untertanen

Frankfurt — ECKHAUS

Lokal-Termin

ECKHAUS
Bornheimer
Landstr. 45
60316 Frankfurt
Tel. 0 69/49 11 97

Mo-So 17.00 - 1.00
Küche: 18.00 - 23.30

75 Sitzplätze
20 Stehplätze
50 Plätze im Garten
bis 23.00

Merianplatz: U 4
Friedberger Platz:
Straba 12
Bus 30
N 4
Zweiräder finden
immer einen Parkplatz

Es war Freitag. Verena P. Rost betrat das *Eckhaus*, setzte sich und begann, nachdem sie einen Wein bestellt hatte, eifrig zu schreiben: „Im Grenzgebiet zwischen Nordend und Bornheim ..." Hier hielt die Schreibende inne, da der Kellner den Weißwein brachte. Trinkend überflog sie die ersten Worte, korrigierte dann: „Dort, wo die Grenze zwischen Nordend und Bernem verläuft, ..." Die Schreibende zündete sich eine Zigarette an, trank Wein, goß nach und startete erneut: „Zwischen Nordend und Bornheim liegt das *Eckhaus*." Hier unterbrach sich die Schreibende, bestellte ein weiteres Viertel und einen Tequila, trank und fuhr fort: „Seine Architektur ..." Sie pausierte, da eine lärmende Gruppe sich am Nachbartisch niederließ; dann, nachdem sie den Tequila getrunken hatte, fuhr sie fort: „hat ihm den Namen gegeben." Die Schreibende unterbrach sich, trank hastig von dem nachgelieferten Wein und bedeutete dem Kellner, sie wolle noch einen Tequila. „Das erste, was dem Gast ins Auge ..." da der Kellner den Tequila brachte. Auge, Auge, Auge, dachte sie und setzte von neuem an: „Die verschiedenen Harley Davidson Dinger sind ..." Die Schreibende griff hilfesuchend nach dem Wein. „Sind, sind, sind," skandierte sie halblaut, „das erste, was dem Gast aufhört." Die Schreibende unterbrach sich, da der Wein schon wieder alle war, bestellte Nachschub, fuhr dann fort: „Dennoch ist das *Eckhaus* kein Laden ..." Die Schreibende unterbrach sich, verwarf den Gedanken an einen weiteren Tequila, bestellte statt dessen einen Wodka, stürzte ihn hinunter und fuhr fort: „Kein Laden, was man nicht auch speichern könnte." *rea*

Bier	Römer Pils, Kutscher Alt und Clausthaler (3,50-5,00)
Wein	Kleine, aber feine Auswahl (5,00-6,50)
Cocktails	Verschiedene Longdrinks (8,00), Cocktails auf Anfrage
Spirituosen	Macht jede konzenrtation umnöglich (3,50-6,50)
Alkoholfreie Getränke	Farblos, braun, gelb, grün, rot (2,50-3,50)
Heißes	Honigmilch, Ovomaltine, Kaffee- und Teeauswahl (2,50-7,00)
Essen	Leckere, auch vegetarische Küche

Musik	Wer nicht bewußt hinhört, merkt's nicht
Spiele	Sind verpönt
Lektüre	Journal liegt zum Verkauf aus
Luft	Ventilator und Absauger sorgen für gute Luft
Hygiene	Sauber, sauber
Publikum	Normalos, Studenten, linke Szene, Nordendler, Bornheimer
Service	Jau!
Preisniveau	Fair ist fair

Wohin, wohin?

Stefanie Kirsten, *Schauspielerin*
Im *Café Läuft,* da wirst du satt / für einen Tag, ich schwör's dir glatt. / Dem Vollkornfrühstück um halb zehn, / dem kann selbst ich nicht widerstehn.

Und darf's mal etwas nobler sein, / die Auswahl erlesen, der Preis nicht klein, / dann zieht's mich ins *Wacker's* direkt aus dem Bett. / Man sitzt dort so schön, und es riecht auch so nett.

Auswärts am Abend? Zum Bier? Zum Wein? / Mit der Mutter? Dem Liebsten? Oder allein? / Will sich die Seele nicht quälen: / Der *Hinterhof* ist nur zu empfehlen.

Clemens Löhr, *Schauspieler*
Wohin nur – ach, wohin? Leidige Frage, ew'ges Müh'n! Frühstück: *Café Läuft* oder *Wacker's* – Warum nicht gar? Mittags: *Hertie* Salatbar ebenso. Und abends – Wenn schon, denn schon – *Rotlint-Café*. In Frankfurt tanzt der Bär. Nur wo – ach, wo?

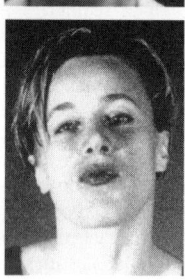

Karolina, *Performance-Künstlerin*
Ich wünsche mir eine Bar, wie Buñuel sie beschreibt: Sie muß vor allem ruhig sein, möglichst düster und sehr bequem. Jede Musik, auch noch die entfernteste, ist verpönt. Höchstens ein Dutzend Tische, möglichst nur Stammgäste, und zwar wenig gesprächige.
Meine Favoriten in Frankfurt:
Das *Café Karin* (na klar), und das nicht nur, weil ich selbst dort arbeite (immer wieder gerne) und mir jedes Wochenende das „goldene Rührei" verdiene. Sie haben rote Gauloises im Automaten!
Die *Intim-Bar* (obwohl ich das *Romantica* lieber mochte) – natürlich wegen Hans ...

Ute Vetter, *Redakteurin*
Ich umarme nichts, wenn's Nacht ist – schon gar keinen Doppelkorn! Wenn mich der Großstadtdschungel dann doch mal reizt, muß ich mich entscheiden: Hab ich Hunger oder will ich mit Freu(n)den quatschen und einen heben? Ein dritter möglicher Faktor namens „Baggern" entfällt bei mir – ich hab' einen „Lebensabschnittsendzeitgefährten".

Wenn ich nicht gerade meinem Bedürfnis nach leichter, scharfer Thai-Küche fröne, gehe ich ins *Café Karin* zwecks Café au lait, zum *Aufschwung* für ein Essen oder ins *Churrasco* am Dom, wo ich dem knurrenden Ruf der nichtvegetarischen Wildnis willenlos erliege. Mahlzeit!

Frankfurt — ECKSTEIN

ECKSTEIN — Eckig

ECKSTEIN
An der
Stauffenmauer 7
60311 Frankfurt
Tel. 0 69/28 75 20

Mo-Do 11.00 - 1.00
Fr, Sa 11.00 - 2.00
So 18.00 - 1.00
Küchenzeiten:
12.00 - 15.00
18.00 - 22.30

70 Sitzplätze plus 40
im Keller (Do-Sa)
300 Stehpl. im Keller

Konstablerwache:
U 4 - 7
S 1 - 6, 14
Bus 30, 36, 40
Nachtbusse (Fr, Sa)
Wenn Sie Sightseeing
nicht lieben: PH
Konrad-Adenauer-Str.

Die einen schauen heraus, die anderen herein. So ist das beim Aquarium, und so ist das auch beim *Eckstein*. Vor sieben Jahren aufgemacht, war das *Eckstein* erst einmal ein Stolperstein – jeder mußte in seiner Kneipenkarriere zumindest einmal da reingestolpert sein. Mittlerweile hat sich die Stolperei in der Ecke, in der so ziemlich die ältesten Steine Frankfurts in Noch-Mauerform zu bewundern sind (der Straßenname ist wörtlich zu verstehen), reguliert, will sagen: Heute kommen Stammgäste, die wissen, was sie hier zu suchen haben. Genau wie die „Nachtfalken" von Edward Hopper, die haben sich ja auch nicht des Ruhmes wegen an die Theke gehängt, sondern weil sie zur Kneipe passen. Die Betreiber ziehen es im übrigen vor, über Kunstwerke– oder was einige dafür halten – nicht zu diskutieren, sondern sie auszustellen. So ist im Keller unter anderem zu bewundern, was „noch namenlose Künstler" (O-Ton von Mitbetreiber Pitjes) zu Papier gebracht haben (manche vielleicht auch nie hätten bringen sollen) – Fußnote: von einem Kneipenführer verkannt, haben dennoch schon einige Talente Karrieren gestartet, bei denen ich mich nur über das Verhältnis von Aufwand und Ertrag wundern konnte. Wer sich sattgesehen hat, darf donnerstags die Ohren strapazieren und die Erzeugnisse der Küche genießen, die sich trotz der knapp gehaltenen Speisekarte nicht zu verstecken braucht. Bleiben als letzte Stolpersteine übrig: die harten, eckigen Sitzmöbel an der Theke und die genauso geratene Innenverteidigung am Kicker. Seit Jahren ist beides für die Gegner bei den Turnieren der Schoppenmannschaften eine echte Prüfung. *ask*

Bier	Beck's, König, Weizen, Jever Light, Hannen Alt (4,00-5,00)
Wein	Muscadet, La Estrella, Pinot Noir (7,00-8,00)
Sekt und Schampus	Kriter, L. Vernier und was man so kennt (Fl. 35-160)
Cocktails	Bestens abgeguckt, dazu eigene Kreationen (8,00-20,00)
Spirituosen	Die Bar ist eröffnet und bietet Standards (4,00-11,00)
Alkoholfreie Getränke	Grundausstattung plus Frischgepreßtes (3,00-6,00)
Heißes	Alles Kaffee, oder was? dazu Schoko, Tee, Alk (2,00-9,00)
Essen	Breakfast, Lunch, Teatime, Dinner, Tageskarte

Musik	Querbeet bis auf harte oder sülzige Ausreißer, Ragamuffin
Lektüre	FR und FAZ, Spiegel, Stern, Focus, Geo, Journal und Prinz
Luft	Ersticken kann da keiner
Hygiene	An der Konstabler sind sie clean
Publikum	Menschen zum Reden und verirrte Messetouristen
Service	Was das Land vor Jahren als „cool" kennengelernt hat
Preisniveau	Stadtmitte ist halt ein bißchen teurer

Frankfurt — EINS ZWEI

Never again, Sam

EINS ZWEI
Hochstraße 48
60313 Frankfurt
Tel. 0 69/28 51 66

So-Do 8.30 - 3.00
Fr, Sa 8.30 - 2.00

180 Sitzplätze
200 Stehplätze

Alte Oper:
U 6, 7
Parkhaus Börse

Eigentlich sollte wohl alles so wie früher sein – play it again, Sam –, wie damals und ein wenig wie im Film. Der Klavierpianist klimpert unterhaltsam bis ergreifend, manchmal gar sehnsuchtsvoll oder auch erhaben vor sich hin. Laszive Dekadenz, korrekte Keeper. Schon am Gesichtsaudruck ist zu erkennen, was der Gast bestellen wird, ob er mehr zu den stilvollen Besuchern à la Bogart zählt, zu den heruntergekommenen Trinkern wie Malcolm Lowry oder zu den indifferenten Durchschnittsbürgern wie Wolf Wondratschek – verkappte Spießer, die auch so gerne ziemlich verrucht und ein wenig verkommen sein möchten.

Doch von der Vergangenheit kann man offenbar nicht mehr eingeholt werden. The Piano has been drinking? Das zwar nicht, aber das Rhythmusgerät verleiht nur noch dem Pianisten Stimmung und ruiniert, was einstens war so schön. Und auf der Getränkeliste verwüsten Fitneßdrinks das ganze Flair. Die Bar verkommt zum Erholungsraum für Sportskanonen. Bald gibt's Müsli und Salatblätter (natürlich knackig) zum Stippen. Die Bohemiens von heute sind figurbetont und sitzen morgens ab halb neun Uhr ganz brav schon im Büro. Am Wochenende dann Exzeß: Rein in den Florian Obst (nicht, was Sie schon wieder denken, das ist die Schneidermarke – günstig im Ausverkauf erstanden) und nach null Uhr noch einen Cocktail light. So ist das, was man heute Leben nennt!?
dd

Bier	Henninger, Tuborg, Gerstel alkfrei (7,00-8,00)
Wein	Spärlich (rot/rosé) bis nett (weiß) (10,00-12,00)
Sekt und Schampus	Schon besser (Fl. 70-260)
Cocktails	Screaming orgasm, Zombie, Tropicals, Alkfreie (14,00-34,00)
Spirituosen	Was man in einer Bar erwarten darf (8,00-10,00)
Alkoholfreie Getränke	Ausreichend (7,00-8,00)
Heißes	Weniger ist mehr? (6,00-7,00)
Essen	2 Süppchen, Quiche, Zwiebelkuchen

Musik	Piano live, Disco, Pop
Spiele	Braucht's hier nicht
Lektüre	Die auch nicht
Luft	Staubarme Zone
Hygiene	Geruchsarme Zone
Publikum	Wer sich für etwas hält
Service	Nett
Preisniveau	Geld wird hier gern in größeren Mengen gesehen

Frankfurt — **ERDBEERMUND**

Durch den Kußmund ins Nirwana

ERDBEERMUND
Schützenstraße 10
60311 Frankfurt
Tel. 0 69/28 39 77

Mo-Sa 22.00 - 4.00
Koch mischt sich eine
Stunde vor Ende
unters Publikum

80 Sitzplätze
100 Stehplätze

Konstablerwache:
etliche S- und U-
Bahnen
Börneplatz: Linie 11
Parken: das Auto rollt
und sucht und sucht
und rollt ...

Ein Kellergewölbe ist in dieser Stadt in den späten Nachtstunden die einzige Zufluchtsstätte für Langhaarige in Jeans oder Leder. Die Eingangstür aufgestoßen, die Treppe hinab und eintauchen in Metallica, Nirvana, Judas Priest, Iron Maiden, Guns 'n' Roses, louder, faster harder.

Auf dem Weg zur Bar mit einem Lächeln all die Bekannten begrüßt – schließlich sind wir hier alle eine Familie – und dann ein Getränk bestellt. Schon nach wenigen Schlucken ist die Standardstehposition am Tresen gefunden. Nun kannst du bequem auf den unausweichlichen nächsten Morgen warten. Doch bis dahin gilt es noch, die ein oder andere Entscheidung zu treffen. Lieber nach links gehen, in den Teil, wo ein Gespräch über die Eintracht, das letzte Konzert, die neueste LP/CD/MC oder die neueste Eroberung möglich ist? Lieber nach rechts durch diesen überdimensionierten Kußmund ins Reich von Baß und Watt, den Gefühlen, Frustrationen und Sehnsüchten nachhängen? Oder stehenbleiben und die sich wenig verändernden Ansichten mit louder, faster, harder untermalen lassen?

Hier kannst du die Zeit überbrücken, bis das Dröhnen des Tages aus dem Hirn weicht – und mit ihm all die unerquicklichen Situationen ... louder, harder, faster. Wenn es dann so weit ist, tritt von ganz allein der Satz „Hier bin ich Mensch, hier darf ich's sein" vors Auge. Louder, harder, faster! *ara*

	Bier	Warsteiner, Bitburger, Hacker, alles auch Weizen, Flens, Gatzweiler, Corona (5,50-9,00)
	Wein	Rot und weiß gibt rosé (7,00)
	Sekt und Schampus	Für die besonderen Stunden (Fl. 39-115)
	Cocktails	Wir trinken bis Sunrise! (14,00-16,00)
	Spirituosen	Von süß über bitter bis hart in ganz kleinen Gläsern (6,00-12,00)
	Alkoholfreie Getränke	Gesunde Flüssigkeiten in unterschiedlichen Farben und Geschmacksrichtungen (4,00-5,00)
	Heißes	Zum Aufwärmen das Gebräu aus Blättern oder Bohnen (4,00)
	Essen	Bis spät in die Nacht wird tapfer gegen den Hunger gekämpft
	Musik	Harder, louder, faster
	Lektüre	Nichts zum Lesen
	Luft	Zum Atmen gibt es gelegentlich ein etwas abgestandenes Gasgemisch
	Hygiene	Zum Glück ist es nicht so hell hier
	Publikum	Harder, louder, faster
	Service	Selbst wenn es voll ist: freundlich
	Preisniveau	Normal

Frankfurt — ERGO BIBAMUS

ERGO BIBAMUS

Unterirdisch – oberirdisch

ERGO BIBAMUS
Eschersheimer
Landstr. 401
60320 Frankfurt
Tel. 0 69/56 15 48

Mo-Sa 19.00 - 1.00
So 20.00 - 1.00
Küche bis 0.00

90 Sitzplätze
60 Stehplätze
Draußen ist schon die Straße
Hügelstr.: U 1 - 3
Bus 39
N 1
Parken: wenn es unbedingt sein muß!

Dear Caesar!
Longum est altius repetere nec refert, quemadmodum acciderit, ut homo maxime familiaris cenarem apud quendam, ut sibi videbatur, lautum et diligentem, ut mihi, sumptuosum. (Salud!) Nam sibi et paucis opima quaedam, ceteris vilia et minuta ponebat. (Skol!) Vinum etiam parvolis lagunculis in tria genera discripserat, bonum, bonum et magnificum, ut potetestas eligendi, et ius esset recusandi, aliud sibi und nobis, aliud mejoribus amicis (nam gradatim amicos non habet, aliud sui nostrique libertis. (Santé!) Animadverit, qui mihi proximus recumbebat, et an probarem, interrogavit. Negavi. „Tu ergo", inquit, „quam consuetudinem sequeris?" „Eadem omnibus pono; ad cenam enim invito cunctis rebus exaequo, quos mensa et toro aequavi." (Prost!) „Etiam libertos?", inquit. „Etiam convictores enim tunc, et libertos", resondit. Et ille: „Magno tibi constat." (Salute!) Et hercule, si gulae temperes, non est onerosum, quo utaris, ipse communicare cum pluribus. Illa ergo reprimenda, illa quasi in ordinem redigenda est, si sumptibus parcas, quibus aliquanto rectius tua continentia quam aliena contumelia consulas. (Cheers!) Quorsus haec? Ne tibi, optimae indolis iuveni, quorundam in mensa luxuria specie frugalitatis imponat. Convenit autem amori in te meo, quotiens tale aliquid inciderit, sub exemplo praemonere, quid debeas fugere. (Na Sderowie!) Igitur memento nihil magis esse vitandum quam istam luxuriae et sordium novam societatem; quae cum sint turpissima discreta ac separata, turpius iunguntur. Vale. (Ergo bibamus!) Plinius Magnus (Übersetzung in der nächsten Ausgabe.) *duc*

Bier	Dortmunder Union, Brinkhoff's v. F., Schlösser ... (2,40-4,90)
Wein	Deutsche Weißweine, viele aus den Jahren '88 und '89
Sekt und Schampus	Frankfurter Spitzensekt, hergest. v. Fam. Manskopf (Fl. 30)
Cocktails	Hier besingt man Southern Comfort u. Batida Kirsch (8-9,00)
Spirituosen	Wer es sich geben will, bitteschön (3,50-6,00)
Alkoholfreie Getränke	Schweppes und anderes wie Granini Banane (2,20-3,00)
Heißes	Kaffee soll man gefälligst anderswo trinken
Essen	Derbes, Deftiges, üppige Salatschale und Überraschungen

Musik	Bunte Mischung
Spiele	Würfel rollen bisweilen übern Tisch
Luft	Kellerdüfte
Hygiene	... die sich ausbreiten
Publikum	... aber genauso harmlos sind wie diese Menschen
Service	Mit allen Wassern gewaschen
Preisniveau	Echt fair

Frankfurt — FAR OUT

FAR OUT — Duett komplett

FAR OUT
Klappergasse 16
60594 Frankfurt
Tel. 0 69/62 26 47

Mi, So, So 21.00 - 1.00
Fr, Sa 21.00 - 2.00

20 Sitzplätze
200 Stehplätze

Lokalbahnhof:
Bus 30, 36
S 1 - 6, 14
N 1
Chaotische
Parkplatzsuche

What will you do when you are lonely? No one waiting by your side? So lonely! Ich hab so Herzschmerzen. I still haven't found what I'm looking for. Who's gonna drive you home tonight? I wanna know what love is ... Send me an angel! Suddenly – I saw her standing there! Here comes the sun. Every little thing she does is magic. She's all I ever wanted! Found, found, found! I'm on fire, I can't fight this feeling.
„Küß die Hand, schöne Frau, Ihre Augen sind so blau!"
„Hello, is it me you're looking for?"
„Deine blauen Augen machen mich so sentimental! I've been waiting for a girl like you, lady of the dawn!"
„You must be crazy for me!"
„I wanna kiss you all over, true love. Dein ist mein ganzes Herz! Du bist mein Reim auf Schmerz."
„I need a hero ..."
„Let me be your man! Stand by me!"
„I want you, babe. I am a woman in love!"
„You're my baby! Hold me tight, lady in black!"
„I love your smile."
„I want your sex!"
„Let's make love ..."
amo

Bier	Pump ab das Bier: Henninger Pilsener, Hefe-, Kristallweizen, Clausthaler (4,00-6,00)
Wein	Red, red wine ... und die beiden anderen Farben (6,00)
Sekt und Schampus	Freixenet, Moët & Chandon, Mumm (Fl. 40-96)
Cocktails	Cocktails werden nach Wunsch gemixt, um die 12,00
Spirituosen	Für Mexican girls und Asbach-Uralte (4,50-7,00)
Alkoholfreie Getränke	Softdrinks gibt's zur Genüge (3,00-5,00)
Heißes	One more cup of coffee (3,00-5,00)
Essen	Dies ist eine Disco und kein Restaurant

Musik	Alles, worauf sich tanzen läßt
Spiele	Oben im *Café Pinsel* kann man auch zocken
Lektüre	Stadtmagazine im Café
Luft	Wohlauf, die Taunusluft weht nicht immer frisch rein
Hygiene	Ist erträglich
Publikum	Tagträumer und Nachteulen
Service	She works hard for the money (und mit guten Nerven)
Preisniveau	Money for nothing? Hier nicht!

Frankfurt — FOX.

Ums Eck gedacht

FOX.
Koselstr. 2
60318 Frankfurt
Tel. 069/55 40 38

Mo-Do 18.00 - 1.00
Fr, Sa 18.00 - 2.00
So 10.00 - 1.00
Küche bis zum Schluß

60 Sitzplätze
15 Stehplätze
40 Freiplätze im
umzäunten Garten an
der Straße bis 23.00

Friedberger Platz:
Straba 12
Bus 30
N 4
Parken:
eine der schlimmsten
Ecken, was das angeht

„Fox Punkt" war nur sein Künstlername. Mit bürgerlichem Namen hieß er Franz Oxenhuber, aber nachdem die Jury eines Architektenwettbewerbes ihm einen hochdotierten Preis verliehen hatte (übrigens für die Innenausstattung einer Sauna!), hatte er beschlossen, sich von nun an Fox Punkt zu nennen. Jedenfalls war der Laden die Verwirklichung seines Lebenstraumes. Alles mußte vom Feinsten sein. Schließlich wollte er seiner Innung alle Ehre machen, und knickrig war Fox Punkt nie gewesen. Die anthrazitfarbene Theke aus Marmor, metallbeschlagene Barhocker, modernste Regale und so fort ... Fox Punkt hatte dabei im wahrsten Sinne des Wortes um die Ecke gedacht und konstruiert. Und an einer dieser Ecken hatte er eine knallrote Säule errichten lassen. (Politisch dachte Fox Punkt allerdings in ganz anderen Farbtönen.) Da er früher einmal Kreismeister im Schach gewesen war, konnte Fox Punkt nicht umhin, seiner alten Liebe in Form von kleinen, viereckigen Tischen ein Denkmal zu setzen. (Kurioserweise aber spielte niemand Schach darauf.) Bilder mochte er dagegen überhaupt nicht. „Die Wahrheit liegt in der ursprünglichen Leere", pflegte Fox Punkt zu sagen. Er war eben ein echter Minimalist. Auf ein Erinnerungsstück aus seiner Zeit in den Staaten war er besonders stolz. Es war ein Hut, den angeblich Al Capone einmal getragen hatte. Den konnten die Gäste als im Regal ausgestelltes Einzelstück bewundern. Doch die meisten saßen lieber am Tresen, ließen sich von einer charmanten Dame bedienen und bewunderten etwas ganz anderes. *duc*

Bier	Tuborg, Henninger Kaiser v.F., Hefeweizen (4,00-5,00)
Wein	Edle Tropfen wie 86er Saint Emilion (Gl. 2,50-8,0; Fl. 20-75)
Sekt und Schampus	Taittinger und Kessler Hochgewächs (Fl. 38-120)
Cocktails	Kennen Sie die Gebrüder Prosecco & Aperol? Dann tanzen Sie einen Foxtrott (7,50-15,00)
Spirituosen	Vorweg aber nehmen Sie einen Pastis mit Marc de Bourgogne (5,00-10,00)
Alkoholfreie Getränke	Seven up, Almdudler oder lieber Bananen„saft"? (3,00-5,50)
Heißes	Ich trinke dort am liebsten heiße Schokolade (2,50-4,00)
Essen	Die Karte gestaltet der gute Fox Punkt jeden Tag neu

Musik	Sanfte Sphärenklänge bevorzugt
Luft	Fox Punkt steht auf Frischluft
Hygiene	Er achtet stets penibel auf blanke Tische und Bodenbelag
Publikum	Freunde von Fox Punkt und solche, die es werden wollen
Service	Wenn die charmante Dame in Schwarz da ist ...
Preisniveau	... dann greift man doch freiwillig tiefer in die Tasche

Frankfurt — FUNKADELIC

Vor der Tür

"Die einzige Abkühlung holst du dir hier unten beim Blick die Augen der Bedienung", schrie Alan in das schweißüberströmte, dunkelhäutige Gesicht seines Freundes Andrew. Der grinste nur breit. "Die Hitze", sagte Andrew, ein waschechter US-Boy aus dem legendären tiefen Süden, "die Hitze und die Musik bringen dein Blut in Wallung. Wozu willst du dich abkühlen?" Andrew löste sich von der Bar und ging tanzen. Alan wußte, was nun kommen würde. Wie oft hatte er versucht, den groß gewachsenen Weggefährten zu imitieren: die weichen Bewegungen aus der Hüfte zu den treibenden Rhythmen von Funk, Soul oder was auch immer. Diese traumwandlerische Körperbeherrschung bewunderte er auch jetzt wieder. Die kleine Tanzfläche beherrschte er allein. Alan trank aus, ging an den Frauen vorbei, die scheinbar alle nur den Tanzzauber seines Kumpels verfolgten, über die Treppe nach oben ins Freie. Dort traf er ein paar Freunde und plauderte mit ihnen über die News. Klatsch und Tratsch, das war sein Metier. Informationen aller Art benötigte er für seinen Job. Manchmal flüchtete er davor, doch es ließ ihn nicht los. Seine krankhafte Neugierde, anfangs gut zum Broterwerb, war heute seine Geißel. Den Journalisten in sich konnte er nur vergessen, wenn er mit Andrew zusammen war. Dann war alles anders. Die Uhr tickte langsamer, andere Dinge waren plötzlich wichtig. Ihr „Männerabend", wie sie im Scherz ihr wöchentliches Treffen nannten, endete nach ein, zwei Bier in unterschiedlichen Kneipen oft hier – mitten in der Stadt. Für Andrew immer auf der Tanzfläche und für Alan vor der Tür.
ara

FUNKADELIC
Brönnerstr. 11
60313 Frankfurt
Tel. 0 69/28 38 08

So-Do 22.00 - 4.00
Fr, Sa 22.00 - 6.00

50 Sitzplätze
200 Stehplätze

Hauptwache oder Konstablerwache:
U- und S-Bahnen
Parken: Die vier Räder finden im PH Arabella einen Platz, auf der Straße nur mit Fortunas Hilfe

Bier	Löwenbräu in allen Sorten (6,00-8,00)
Wein	Dt. und französische Traubensäfte mit Alkohol (7,00-8,00)
Sekt und Schampus	Alkoholischen Weinsaft mit Kohlensäure (Fl. 40-240)
Cocktails	Wer den Blue Devil mit dem Paradise trinkt, schüttet einen Zombie hinterher (16,00-20,00)
Spirituosen	Zum Lichterausschießen oder Genießen (7,00-9,00)
Alkoholfreie Getränke	Granini-Programm, Dittmeyer's, Schweppes (6,00-8,00)
Heißes	Zum Aufwärmen geht man tanzen und nicht an die Bar
Essen	Zum Essen ist kein Platz, weshalb es auch nichts gibt

Musik	Funk, Soul, Rap, Groove, HipHop und Reggae
Luft	Wenn's voll ist – verbraucht
Hygiene	Im Dunkeln sieht man nicht so genau hin
Publikum	Multikulturelle Funkies
Service	An den Blicken der Bedienung können Sie sich abkühlen
Preisniveau	Sie nehmen's von den Lebenden

Frankfurt   **GAGGIA**

GAGGIA   Grüne Oase

ΨΨΨΨ

GAGGIA
Schwanthaler Str. 16
60528 Frankfurt
Tel. 0 69/62 62 20

Mo, Mi, Do, So
10.00 - 1.00
Fr, Sa 10.00 - 2.00
Küche 10.00 - 23.00

35 Sitzplätze
40 Stehplätze
35 gemütliche Plätze
im Vorgarten bis 23.00

Schweizer Platz:
U1, 2, 3
Brücken/Textorstr.:
Straba 14, 15, 16
Parken: Wunder gibt
es immer wieder

Hätte der edle Puccini das gewußt! Oder der großartige Kaurismäki! Oder sonst irgendwer, der auf den Wegen durch die schnöde, schläfrige Bürgerlichkeit, ohne es freilich zu ahnen, in diese formidable, wenngleich etwas ältlich gewordene *Oase* gelangt wäre. Sie alle, ob Puccini, Kaurismäki oder der unbekannte Fremde, hätten gemeinsam und lautstark gerufen: „La vie de la Bohème!" Jawoll. Nichts anderes. Es lebe die Andersartigkeit, es lebe das feine Flirren der alternativen Kultur und der Graffiti, es lebe die Leichtigkeit des Seins! Unerträglich – nein, das ist sie nicht. Eher inspirierend, erfrischend, mit anderen Worten: einfach schön. Nicht nur üppige Salate (in einer Oase selbstverständlich) kann der Wüstenwanderer während seines Aufenthaltes verschlingen; er kann auch wieder Mut schöpfen, sein individuelles Anti-Zeitgeistgefühl bestärken, es aufleben lassen. Liberté! (und irgendwie auch Fraternité und Schwester Anita. Egal. Easy rider fährt nun Taxi. Sie auch? Dann nichts wie hinein ins pralle Lebenschaos (meinetwegen auch mit einem Kamel, denn erlaubt ist in der *Oase* alles), wo Leben auch noch leben lassen bedeutet und Anderssein nicht gleich bestraft wird. Und mal ehrlich: Wer würde, dem Verdursten nahe, denn nicht gerne unter einem bunten Bild auf dem freien *Oasen*sofa zu dröhnendem Reggae mit seiner Liebsten schmusen? Sie etwa nicht? Also. *duc*

Bier	Warsteiner v. F., Schneider Hefe, Pinkus Ökobier (3,50-5,00)
Wein	Was jeder irgendwann einmal getrunken hat (5,50-8,50)
Sekt und Schampus	Gibt's denn sowas: französisch-biologischer Sekt! (Fl.35-85)
Cocktails	Rote Liebe, wir sitzen alle im selben Boot und die Welt ist eine große Familie. Toll. (9,00-12,00)
Spirituosen	Der wilde Truthahn und Mister Glenfiddich geben sich die Ehre (4,50-12,00)
Alkoholfreie Getränke	Voll ist die Milch, ökologisch das Malzbier, hurra! (2,00-5,00)
Heißes	Viel alkoholisierter Kaffee (2,00-6,00)
Essen	Kollektiv frühstücken – oder gar ein Sektfrühstück für zwei?

Musik	Es bebt der Independentrockheavyhiphoprap
Spiele	Backgammon zur Beruhigung
Lektüre	TAZ und sonst gar nichts
Luft	Biologisch abbaubar?
Hygiene	Wen interessiert das schon
Publikum	Buntes aus aller Welt
Service	Großartig, diese Schnoddrigkeit
Preisniveau	Geld spielt keine Rolle, damit das mal klar ist

Frankfurt — GASTSTÄTTE RINK

GASTSTÄTTE RINK — Es war einmal ...

GASTSTÄTTE RINK
Sandweg 68
60316 Frankfurt
Tel. 0 69/4 90 91 62

Sitz- und Stehplätze:
Schwer zu schätzen –
Gnadenlos voll,
besonders draußen bei
gutem Wetter

Merianplatz: U-Bahn
Parken: Fast so
schwierig wie das
Finden der Kneipe

... eine Kneipe im Nordend. Die führte den Namen eines Münchener Bieres im Wappen, und sie war sehr beliebt. Lauter nette Leute saßen da den ganzen Abend lang und tranken ihr Bier. Aber wie es immer so ist, wenn etwas gut ist: Eines Tages waren diese Zeiten vorbei. Ein jeder wollte in dieser Kneipe sein Bier trinken, und das konnte natürlich nicht gutgehen. Als dann auch noch der „Herr der Zapfhähne" den Bettel hinwarf und einem anderen Platz machte, wußten all die netten jungen Leute nicht mehr, wohin. Doch zwei der verwegensten machten sich auf, um ein neues Quartier zu suchen. Und siehe: Sie wurden fündig. Im allertiefsten Nordend, in einem Gäßchen, das kaum zu finden ist. Dort lebte einsam im versteckten Haus eine alte, alte Frau. Die hatte jahrzehntelang ihre Apfelweinkneipe geführt, bis sie eines Tages von ein paar Strolchen überfallen wurde. Da traute sie sich nicht mehr vor die Tür. Doch die jungen Leute gingen noch einmal hin und sprachen mit ihr, und eines Tages war es soweit: Die Pforten öffneten sich, und all die Heimatlosen wußten nun wieder, wo hinzugehen sich lohnt. Denn zum Glück hatten die jungen Wirtsleute nichts an der alten Wirtschaft geändert. Nicht die tabakgelben Tapeten, nicht die hölzernen Dielen und nicht die gemütlichen Ecken. Auch der kiesbestreute, kastanienbestandene Hof ist noch wie ehedem. Dort sitzen die jungen Leute von heute zusammen mit den alten Stammgästen und trinken den Ebbler wie zu Urväters Zeiten. Und wenn sie nicht gestorben sind ... *ask*

Wer hier ein paar präzise Angaben zur *Gaststätte Rink* erwartet, der muß leider enttäuscht werden. Die beiden Pächter, Regina Fischer und Klaus Brunner, sind der Meinung, daß sie eh schon genügend Gäste haben. Außerdem: Gebranntes Kind scheut das Feuer. Der Erfolg, den ihnen ein jüngst erschienener Kneipenführer gebracht habe, habe ihr Verlangen nach noch mehr Publicity ein für allemal gestillt: lieber gute alte Stammgäste als kohortenweise seltsame Leute. Wer sich wie wir dennoch aufmachen will, um den kiesbestreuten Hinterhof zu finden, der muß sich allerhand einfallen lassen und echt detektivischen Spürsinn beweisen – denn im Telefonbuch oder in den Gelben Seiten wird er auch nicht fündig. Aber: Sie kennen meine Methoden, Watson ...

Frankfurt — GEGENWART

Zeitlos

GEGENWART
Berger Straße 6
60316 Frankfurt
Tel. 0 69/4 97 05 44

Mo-Do 9.00 - 1.00
Fr 9.00 - 2.00
Sa 10.00 - 2.00
So 10.00 - 1.00
Warme Küche
12.00 - 15.00
und 18.00 - 22.30
Fr, Sa bis 23.30
Frühstück bis 15.30

150 Sitzplätze
60 Stehplätze
56 Freiluftplätze bis 23.00

Merianplatz: U 4
Hofeinfahrten sind tabu! PH Konrad-Adenauer-Straße

Die Gegenwart, das ist genau betrachtet nur jenes Nichtsigstel zwischen der Vergangenheit und dem, was uns noch bevorsteht. Dazu bemerkt Schopenhauer sehr treffend ... ach, der interessiert Sie nicht? Wie wär's dann mit Kant, Hegel, Herder? Die sind zwar auch schon seit einiger Zeit tot, dafür liegen nach ihnen benannte Straßen ganz in der Nähe. Nun gut, Ihr Bedarf an Philosophen ist offensichtlich gedeckt; kommen wir also zurück zum Hier und Jetzt. Tja, was also könnten Sie alles unternehmen in diesem Fitzelchen Nichts zwischen gestern und morgen? Vielleicht ein bißchen an dem blonden Junggemüse rumbaggern? Oder lieber frisches Gemüse essen – Letzteres mit Genußgarantie? Sie können sich auch an den wechselnden Ausstellungen delektieren. Oder – so Sie denn dafür ein Gegenüber finden – in philosophischen Gesprächen herausfinden, ob andere Gäste auch so hingerissen sind von der Vorstellung, ihr Dasein an einem Ort zu fristen, den es gar nicht geben kann. Wohlgemerkt: Für das „Restaurant am Ende des Universums" reicht's nicht ganz. Keine Fords, keine Dents, keine schwarzen Untertassen und bestimmt nichts, was an den Donnergurgler erinnert. Aber wer das am Ende der Berger Straße, schräg gegenüber von einem der schönsten chinesischen Gärten auf diesem (noch nicht gesprengten) Globus erwartet, der hat den Moment zwischen Historie und Zukunft eh verpennt. Deshalb: Das *Gegenwart* ist die Gegenwart ist das *Gegenwart* ist die Gegenwart, und das merke ich daran, daß die Gäste offenbar nie älter werden. *ask*

Bier	Altenmünster, Rauchenfels, Mexiko-Bier (3,50-7,50)
Wein	Edles aus Rheingau, Frankreich und Italien (5,50-7,50)
Sekt und Schampus	Mumm, Appel Brut, Veuve Clicquot (Fl. 39-110)
Cocktails	Die Karte ist noch longer als die Drinks (9,00-15,50)
Spirituosen	Nur Mut, Leber, die Nacht ist lang (5,00-9,00)
Alkoholfreie Getränke	Alles da (3,00-3,50)
Heißes	Wie es beliebt (3,00-6,00)
Essen	Sa, So, feiertags Frühstücksbuffet. Auch sonst alles lecker

Musik	Dancefloor, an der Theke für Aktivhörer
Spiele	Gespielt wird woanders
Lektüre	FAZ, FR, taz, Stadtmagazine und Infobroschüren
Luft	Luftig
Hygiene	Alles hell erleuchtet und sauber
Publikum	Querbeet mit Joschka und Jutta, Krawatte und Müsli
Service	Jung und dynamisch
Preisniveau	Angenehm für Innenstadtnähe

Frankfurt — GERBERMÜHLE

Merr hawwe Dorscht!

GERBERMÜHLE
Deutschherrnufer 105
60594 Frankfurt
Tel. 0 69/65 50 91/2

Sommer:
Tägl. 16.00 - 24.00
So ab 12.00
Winter:
Sonntag Ruhetag
Küche bis 22.30

100 Sitzplätze
20 Stehplätze
700 Freiplätze bis 24.00

Gerbermühle:
Bus 46
Parken:
Wer früh kommt, mahlt zuerst

Vun morjens Sechs bis awends Vier
kaan Troppe Eppelwei un Bier,
kaan Troppe Bier un Eppelwei,
da soll der Deiwel Berjer sei.
Wo stieht derr deß geschriwwe dann,
daß dorschte muß der Berjerschmann,
un dorschte muß bis in die Nacht,
un Gott hat doch den Dorscht gemacht!
Der Schöpper setzte Mann un Weib
e richdig Lewwer in de Leib
un owe druff e Gorjelrohr:
merr hawwe Dorscht, wer kann derfor?
Hie stiehn marr, un im volle Zorn,
un gucke nach dem Kerchetorm.
Noch zwaa Minute! Krieh de Schlag!
Ich glaab, des Steuwe-Oos gieht nach.
Deß is jo noch e Ewigkeit!
Wos treibt marr norzt in dare Zeit?
marr halte's aach barrduh net aus,
Mach uff! sonst sterme marr des Haus!
Horch! ewe hat derr'sch Vier gekloppt!
jetz gleich en Schoppe druff geroppt!
Jetz, gottverdamm mich, gleich enei!
Die *Gebbermiehl* soll gelobet sei!

(Frei nach Friedrich Stoltze)
amo

	Bier	Henninger Pils, Gerstel alkoholfrei, Prinzregent Luitpold Weißbier, Hefe, Kristall, Dunkel (3,50-5,00)
	Wein	Ganz lapidar: Rot- und Weißwein (7,00-7,50)
	Sekt und Schampus	Äppler statt Sekt und Cocktails
	Spirituosen	Eine kleine Auswahl (4,00-6,00)
	Alkoholfreie Getränke	Von Wasser bis O-Saft (2,50-3,50)
	Heißes	Heiß wird's einem auch ohne Kaffee
	Essen	Einmal quer durch den Schweine- und Rinderstall, auch Ausgefallenes
	Musik	Stört die Unterhaltung nicht
	Lektüre	Weder Spiele noch Lektüre
	Luft	Drinnen wird's manchmal stickig
	Hygiene	In Ordnung
	Publikum	Net nur Frankfodder
	Service	Auch im Streß noch recht freundlich
	Preisniveau	Äppler trinken schont das Portemonnaie

Frankfurt — GRÖSSENWAHN

GRÖSSENWAHN
Verschmust

ΨΨΨΨΨ

GRÖSSENWAHN
Lenaustr. 97
60318 Frankfurt
Tel. 0 69/59 93 56

So-Do 16.00 - 1.00
Fr, Sa 16.00 - 2.00
Küche 18.00 - 23.00

80 Sitzplätze
50 Stehplätze
40 Freiluftplätze
bis 23.30

Glauburgstraße:
U 5
N 2
Parken? Dies ist das Nordend!

„Ist es so schwer, ein kleines Lächeln, wenn du fühlst, ein Boy gefällt dir sehr? Dann ist am Abend, wenn du nach Haus gehst, dein Zimmer nicht so kalt und leer", intoniert Freazy mit einer Stimme, die Marianne Rosenberg neidisch machen würde. Boy sucht Boy, Girl sucht Girl, Boy sucht Girl, Girl sucht Boy – wer auch immer wen oder was sucht, hier wird er/sie fündig. Wer will, kann sich auch ungestört mit Kaffee und Zeitschrift in eine Ecke verziehen, doch die meisten kommen her, weil es so schön menschelt.

Das ist der Ort in Frankfurt, wo es wärmer und weiblicher zugeht als anderswo, wo alles knufft und pufft, knuddelt und schmust, Zärtlichkeiten und Adressen austauscht. Und das verschämte Lächeln, wenn Mann/Frau sich am Abend danach hier wieder begegnen, wird in dieser Atmosphäre rasch entspannter; der Blick schweift umher, die Augen suchen erneut Kontakt.

Oder anders ausgedrückt: „Dies ist eine ambulante Irrenanstalt", sagt Werni, und der muß es wissen, denn schließlich ist er schon seit neun Jahren dabei. Freazy zeigt sich von derlei Sprüchen wenig beeindruckt, nimmt Werni zärtlich in den Arm und singt weiter sein Liedchen: „Wer Liebe sucht, der muß auch Liebe geben, muß manchmal viel verzeih'n und auch so viel versteh'n." *rea*

	Bier Wein	Henninger, Prinzregent Luitpold Weizen, Gerstel (4,70-5,30) Einer der Wirte ist unabstreitbar ein Weinliebhaber: Kurzbeschreibungen für Chardonnay, Château Haut-Musset, Gigondas ... (Gl. 5,30-7,80; Fl. 27-82,50)
	Sekt und Schampus Cocktails Spirituosen Alkoholfreie Getränke Heißes	Von Rieslingsekt bis Veuve Clicquot (Fl.29,50-100) Das Publikum ist bunt genug Jaah, schon (4,50-7,50) Das Übliche (2,00-4,00) Kaffee, heiße Milch mit Honig oder Amaretto und eine konkurrenzlos gute Schokolade (3,00-6,00)
	Essen	Es gibt tatsächlich Leute, die hier „nur" zum Essen herkommen
	Musik Spiele Lektüre Luft Hygiene Publikum Service Preisniveau	Wave bis Klassik, Indie bis Jazz, natürlich Frau Rosenberg Treffpunkt Flipper Gay-Express, AHF-Intern, Lust, Aktuelles Im Winter ist's oft verraucht Ein sauberer Ort mit blitzblanken Toiletten Homos, Heteros und andere schmusige Wesen Immer gut drauf, selbst, wenn's stressig wird Gutes muß nicht teuer sein

Frankfurt — **HARVEYS**

HARVEYS — Komme sofort

HARVEYS
Bornheimer Landstr. 64
60316 Frankfurt
Tel. 0 69/49 73 03

So-Do 9.00 - 1.00
Fr, Sa 9.00 - 2.00
Frühstück
9.00 - 16.00
Küche 18.00 - 22.30

90 Sitzplätze
Noch mehr Stehplätze
50 Freiplätze bis 22.30

Friedberger Platz:
Straba 12, Bus 30, N4
Radler ausdrücklich
erwünscht. FVV-
Fahrschein wird
verrechnet

Vor der Kneipe. An der Straße stehen Tische und Stühle, fast alle Plätze sind besetzt. Zahlreiche Stühle sind so hingerückt, daß man den Mittelgang im Auge hat. Typisches Kneipengeschnatter, dazu das Geräusch vorbeifahrender Autos. „Tschuldigung, denkst du noch an unsere Bestellung?" „Komme sofort." Schnitt. Durch den Mittelgang kommt eine Frau, die Haare halbseitig kurzgeschoren, die andere Hälfte fällt neonrot bis auf die Hüften; komplett schwarze Kleidung. Blicke wandern ihr hinterher, aus dem Getuschel hört man Worte wie „schrill", „ ... toll aus!" und „tomatenstark" heraus. Schnitt. „Hier ist der Äppler, und was hattet ihr noch bestellt?" „Es fehlen noch ein Bier, ein Kaffee und zwei Averna." „Okay, kommt sofort." Schnitt. „He, hier sind noch zwei Plätze frei", ruft jemand einem Pärchen zu, das lange vergeblich nach einem Platz gesucht hatte. Schnitt. „So, ein Bier, zwei Averna." „Und der Kaffee?" „Ach ja. Sofort." Die Kamera folgt der Bedienung in die Kneipe. Der Raum ist L-förmig geschnitten. An den hohen Wänden eine auffällige Wandmalerei mit onanierenden und kopulierenden Puttenengelchen. Ein Gast trommelt unruhig mit den Fingern auf der Tischplatte. „Müssen meine Nudeln erst noch geschlachtet werden?" „Kommen sofort." Schnitt. Draußen promeniert ein weiteres Pärchen langsam durch die Reihen. Ein Mann deutet mit einem Kopfnicken auf die beiden und flüstert seiner Tischnachbarin zu: „Guck mal, sieht doch einfach süß aus!" „Was, diese Frau ist dein Typ?" „Quatsch, doch nicht sie. Er!" Schnitt. „'Tschuldigung, aber der Kaffee, der war doch für euch?" *rea*

Bier — Warsteiner, Kölsch vom Faß, Sol, Dos Equis Dark (2,50-7,00)
Wein — Internationale Auswahl rassiger Weine (5,50-8,80)
Sekt und Schampus — Die bekannten Marken für alle Anlässe (Fl. 35-95)
Cocktails — Echte Sundowner (alle 13,00)
Spirituosen — Von feurig bis süß. Talisker! (5,00-16,00)
Alkoholfreie Getränke — Das Wasser heißt hier Spa und ist teurer als Bier (3,00-6,00)
Heißes — Leckerer Kaffee – wenn er erstmal kommt (2,50-5,50)
Essen — Hier gibt's das beste Frühstück der Stadt

Musik — Leiser Rock-Pop
Spiele — Gedankenspiele beim Betrachten der Engelchen an der Wand
Lektüre — Schwulen- und Lesbenzeitungen, aktuelle Tagespresse
Luft — Ausgezeichnet
Hygiene — Sauber ist's
Publikum — Leute, die gern sehen und gesehen werden
Service — Lahm; durch nichts aus der freundlichen Ruhe zu bringen
Preisniveau — Nicht gerade billig

Frankfurt — HECK-MECK

Heck-Meck

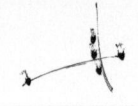

Vielleicht

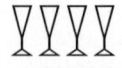

HECK-MECK
Friesengasse 19
60487 Frankfurt
0 69/77 25 86

So-Do 18.00 - 1.00
Fr, Sa 18.00 - 2.00
Küche 18.00 - 22.00

52 Sitzplätze
20 Stehplätze
55 Freiplätze bis 23.00

Kirchplatz: U 6, 7 oder Bus 34
Parken: munter weitersuchen - es lohnt sich

„Du kennst das *Heck-Meck* nicht?", hatte Michael gefragt, und in seiner Stimme schwang eine Art von Entsetzen mit, die mich kleinlaut werden ließ. „Na, dann aber los", bestimmte mein Gegenüber und führte mich in eine verwinkelte Gegend Bockenheims, aus der ich alleine nie wieder herausgefunden hätte. Wir tranken viel an diesem Abend, und nach einer Weile verstand ich seine Vorliebe für diese Kneipe – auch wenn ich nicht dazu in der Lage gewesen wäre, sie jemandem zu erklären. Das ist drei Jahre her. Heute sitze ich noch immer regelmäßig im *Heck-Meck*, schaue alle Freunde entgeistert an, die behaupten, den Laden nicht zu kennen und versuche weiterhin, dem Geheimnis dieses Ortes auf die Spur zu kommen. Vielleicht ist es die ungezwungene Art, in der drinnen alles zusammenrückt, wenn draußen um elf die Tische zusammengeklappt werden. Vielleicht ist es die konsequent-schlichte Einrichtung, die so ist, wie sie ist und nicht versucht, durch protzige Accessoires was herzumachen. Vielleicht ist es die *Heck-Meck*-Pfanne oder die Brottasche *Heck-Meck*, die unglaublich verlockend aussieht, die ich aber noch nie probiert habe, weil Knoblauchmayonnaise dabei ist. Oder vielleicht ist es einfach nur der herrlich blödsinnige Klospruch überm mittleren Urinalbecken im Herrenklo: „Naja, was soll's, Hauptsache ich bin gesund und meine Frau hat Arbeit." Möglich, daß es all das zusammen ist. Wer weiß das schon? *jö*

Bier	Kutscher Alt, Grenadier Kölsch v.F., Flaschenbier (2,30-4,80)
Wein	Bockenheimer Grafenstück, Bockenheimer Vogelsang und der ganze Rest (4,60-6,00)
Sekt und Schampus	Kallstädter Kobnert, G.F. Cavalier (24,00-28,00)
Cocktails	Cocktail-Schnickschnack ist nicht
Spirituosen	Quer durch die Prärie (2,00-8,00)
Alkoholfreie Getränke	Säfte, Bitter Lemon, Coke (1,50-3,50)
Heißes	Kaffee und Tee (2,00)
Essen	Viel Salat, viele Baguettes, *Heck-Meck*-Pfanne (auch vegetarisch), Pasta, täglich wechselnde Gerichte

Musik	„Verdamp lang her" und andere Erinnerungsstückchen
Spiele	Schach, Backgammon, Karten, Würfel
Lektüre	FR, Journal Frankfurt
Luft	Keine Erstickungsgefahr
Hygiene	Wie bei mir zu Hause
Publikum	Studis, latent linke Normalos, keine Maskenballfetischisten
Service	Immer freundlich, obwohl ne Menge zu tun ist
Preisniveau	Schreckt mich nicht ab

Frankfurt | HELIUM

Designer Blues:
Ein Bühnenstück
HELIUM

HELIUM
Bleidenstr. 7
60311 Frankfurt
Tel. 0 69/28 70 35

So-Do 11.00 - 1.00
Fr, Sa 11.00 -2.00
Küche bis zum Schluß
offen für alle Wünsche

60 Sitzplätze
50 Stehplätze
40 Freiplätze
bis 23.00

Hauptwache:
S 1 - 6, 14
U 1, 2, 3, 6, 7
N 2
Parken:
die Cleveren finden
sogar hier einen Platz

Bühne I: ein designermäßig aufbereitetes, weiträumiges Wohnzimmer in ehemaligem Bahnhofscafé.
Bühne II: Straße mit großem Platz, Fassaden.
Permanente Geräuschkulisse: Bluesmusik und gelegentlich der röhrende, dröhnende Sound einer Harley Davidson. (Alle Personen des Stückes bewegen sich auf beiden Bühnen. Die Entscheidung, auf welcher Bühne die Personen spielen wollen, wird durch eine großzügige, schaufensterartige Verglasung erleichtert. Ein Wechsel ist jederzeit möglich.)
Szene: Eine der Hauptfiguren kommt durch die Tür vom Platz in das Wohnzimmer, ein Bild von Coolness und Männlichkeit. Er stolpert leider geradewegs über die kleine Bodenwelle, ganz unheldenhaft. (Miese Rolle, schlechte Ouvertüre, neuer Darsteller). Der Zweite macht es etwas besser. Die weiblichen Hauptfiguren, die Tabletts zwischen den Bühnen hin- und hertragen, bewegen sich leicht und locker, dramawandlerisch sicher. Weitere Schauspieler strömen herein und heraus. Ordnen sich paarweise, schieben die Kommunikation auf die lange (Leder-)bank. Ihr Gesichtsausdruck besagt: „Sitzen jetzt wir in der Auslage oder die anderen?" Der Kostümbildner hat den Sieg des Accessoires eingeläutet: Strandkleidchen samt Rucksack, Lederlatzhose, Robin-Hood-Sandalen, selbst Lang- und Kurzhaar sind designed. Die Schauspieler beherrschen ihre Rolle und bewegen sich erstaunlich unverkrampft. Wer spürt, daß er noch nicht ganz zur darstellerischen Reife gelangt ist, geht erst noch woanders üben. *kar*

	Bier	Römer Pils, Schöfferhofer Weizen, Clausthaler alkfrei (4,50-6,00)
	Wein	Wenige feine Weine und der unvermeidliche Äppler (4,00-9,00)
	Sekt und Schampus	Der edle Fürst von Metternich und Dom Pérignon (Fl. 60-280)
	Cocktails	Erlesenes aus aller Welt (7,00-19,00)
	Spirituosen	Zahlreiche Whisk(e)ys und andere Leckereien (10,00-19,00)
	Alkoholfreie Getränke	Dr. Koch's Säfte und Schweppes (4,50-8,00)
	Heißes	Diverse Teesorten, Schokolade (4,50-7,00)
	Essen	Kleinigkeiten
	Musik	Neuzeitmusik
	Lektüre	In der Neuzeit gibt es keine Zeitungen
	Luft	Die kommt recht frisch von draußen rein
	Hygiene	Die kann man noch nicht designen
	Publikum	Neuzeitler, Designeropfer und Modern-Freaks
	Service	Fesche Amazonen zumeist
	Preisniveau	Die Neuzeit hat ihren Preis

Frankfurt — **HORIZONT**

Da lach' ich mir ins Fäustchen

♀♀♀

HORIZONT
Egenolffstr. 39
60316 Frankfurt
Tel. 0 69/43 25 23

So-Do 18.00 - 1.00
Fr, Sa 18.00 - 2.00
Küche mittags
11.00 - 14.00
abends: 18.00 - 23.00

45 Sitzplätze
20 Stehplätze
Kein Plätzchen im
Freien

Friedberger Platz:
Straba 12, 22
Nachtbus 4
Parken: man sollte die
Hoffnung nie verlieren

(In einem hochgewölbten, engen, ganz und gar nicht gotischen Zimmer ein angetrunkener Faust-Nachfahre unruhig auf seinem Hocker am Tresen)

Habe nun, ach! Gastronomie,
Austernpilze und Cous-Cous,
und, leider! auch DUB-Pils
durchaus studiert, mit heißem Bemühn.
Zwar bin ich gescheiter als alle die Laffen,
Doktoren, Magister, Schreiber und Pfaffen.
Dafür ist mir auch Freund Freud entlaufen;
bilde mir nicht ein, was Rechts zu saufen.
Bilde mir nicht ein, ich könnte was leeren,
die Menschen zu bessern und Trunksucht zu mehren.
Auch hab ich weder Rum noch Geld,
noch Bier und Herrlichkeit der Welt.
Es möcht kein Hund so länger leben!
Drum hab ich mich nicht übergeben,
ob mir ohne hochprozentgen Geistes Kraft,
eine Lücke im Gedächtnis klafft.
Daß ich nicht mehr, mit saurem Schweiß,
zu sagen brauche, was ich nicht weiß.
Da steh ich nun, ich armer Tor!
Und bin so nüchtern wie zuvor. *jö*

Bier	DUB-Pils, Schlösser Alt, Kölsch, Weizen (2,60-4,80)
Wein	Alfer Hölle, Neefer Frauenberg, nur dt. Weine (5,00-7,00)
Sekt und Schampus	Steiner Riesling Brut (30,00)
Cocktails	Keine Cocktails, nur Longdrinks (5,50-8,00)
Spirituosen	Nix Besonderes (4,00-6,50)
Alkoholfreie Getränke	Alles ganz normal (2,00-3,50)
Heißes	Kaffee und Tee (2,50-5,00)
Essen	Krebsrahmsuppe, Entenbruststreifen auf Blattsalat, Austernpilzragout, Kartoffelgnocchi, Calamares und Cous-Cous

Musik	Mainstream-Rock und Oldies
Spiele	Schach, Backgammon, Karten, Mühle
Lektüre	FR, taz, Szenekram
Luft	Seit die Decke höher ist: alles prima
Hygiene	Kann man nicht meckern
Publikum	Cous-Cous-Jünger, Studenten und ältere Semester
Service	Korrekt, aber kein Freundlichkeitsbonus
Preisniveau	Hält sich im Rahmen

Frankfurt — IM HINTERHOF

Verlängertes Wohnzimmer

IM HINTERHOF
Egenolffstr. 17
Frankfurt
Tel. 0 69/43 50 44

Sommer:
18.00 - 1.00
Winter:
19.00 - 1.00
Küche 19.00 - 23.15

60 Sitzplätze
80 Freiluftplätze bis
23.00

Rohrbachstraße:
Straba 12
Glauburgstraße: U 5
N 2
Parken: forget it!

Ach ja, der *Hinterhof.* Das ist eine dieser Kneipen, in die ich immer wieder gerne gehe, ohne recht sagen zu können, was nun eigentlich das Anziehende an diesem Laden ist. Fest steht lediglich, daß das Essen ein wahrer Genuß ist. Auf großen Tellern werden große Portionen serviert, die ebenso appetitlich angerichtet sind, wie sie schmecken. Also komme ich nur eben mal zum Schlemmen her und ziehe dann weiter? Eben nicht. Wer sich einmal niedergelassen hat, der bleibt für den Rest des Abends sitzen. Einzige Ausnahme: Punkt 23 Uhr werden die Gäste gnadenlos aus dem Garten nach drinnen gescheucht.

Aber was ist denn nun des Pudels Kern? Da ist dieser Hinterhof, in dem die Tische unter hohen Bäumen stehen und die Mauern von Efeu bedeckt sind – sehr hübsch, aber das gibt's auch anderswo. Und innen? Zusammen mit den massiven dunkelgebeizten Möbeln sorgen leicht angestaubte Lämpchen aus Omas Zeiten und anderer verspielter Schnickschnack für eine Atmosphäre, die an längst vergangene Zeiten voller Schaukelstuhl-Gemütlichkeit erinnert. Es kommen fast nur ebenso gemütliche, nette Leute; sie sitzen in großen und in kleinen Runden zusammen und lassen den Abend langsam vorbeiplätschern. Das alles könnte auch im eigenen Garten, im eigenen Wohnzimmer stattfinden. Tut es aber nicht. Deswegen ziehe ich in den *Hinterhof* an gewissen Tagen so mancher schicken Szenekneipe vor. *rea*

Bier	Ja, gibt's (2,50-5,00)
Wein	Die Kätzchen rollen schmeichelnd bis spritzig über den Gaumen und kommen aus Rheinpfalz, Baden, Franken und von unseren europäischen Nachbarn (4,50-6,80)
Sekt und Schampus	Mumm Dry (Piccolo 11; Fl.38)
Cocktails	Hier wird nicht gemischt
Spirituosen	Alles, was man aus der Werbung kennt (4,00-6,00)
Alkoholfreie Getränke	Saftiges, Schweppiges und Wässriges (2,00-3,80)
Heißes	Espresso, Kaffee, Tee (2,50-3,00)
Essen	Mnjamm; und alles frisch

Musik	Kaum wahrnehmbares Popgedudel
Spiele	Außer Schach sind Spiele nicht gern gesehen
Lektüre	FR, FAZ, Stadtmagazine und Spiegel
Luft	Ich ziehe den Garten vor, aber um elf …
Hygiene	Wer fegt schon gerne stündlich?
Publikum	Nette Leute
Service	Entschuldigen sich lieb, wenn's mal etwas länger dauert
Preisniveau	Tut dem Portemonnaie gut

Frankfurt — INTIM BAR

Never ending story
(life's a gas)

INTIM BAR
Kaiserstraße 56
60329 Frankfurt
Tel. 0 69/23 25 27

Tägl. 21.00 - 2.00

100 intime Plätze und eine ziemlich große Warteschlange

Hauptbahnhof:
S 1 - 15
U 4
Parken: selten so gelacht

Irgendwann wurde es offensichtlich, daß wir (das sind mein Herr Verleger und ich) über das romantische Stadium hinauswachsen würden. Konsequenterweise schloß die *Romantica Bar*, mit der ich ihn in der letzten Ausgabe von „Frankfurt zwischen Sekt und Selters" ungemein beeindruckt hatte, und wir saßen gewissermaßen auf der Straße. Nicht, daß wir nicht auch woanders hätten hingehen können; unser inniges Beisammensein dürstete jedoch nach mehr. Und Herr Romanow, der (mittlerweile ehemalige) Betreiber der *Romantica Bar*, ist entweder mit dem Satan oder mit meinem Herrn Verleger im Bunde. Er tat für uns genau das Richtige und eröffnete die *Intim Bar*. „Unser loses Beziehungsnetzwerk soll enger verknüpft werden", sprach mein angebeteter Verleger, als er mich in ein geheimnisvolles Etablissement zu geleiten versprach. Die freizügige Skulptur am Eingang und die sinnlichen Plastiklippen, die sich über der Bar wölbten, haben mir sein Ansinnen natürlich sofort verraten. Und die roten Vorhänge, die früher die Séparées begierigen Blicken entzogen, verhinderten glücklicherweise, daß er meines schüchternen Errötens gewahr wurde.

Rot beleuchtet wie die Liebe und Rock&Roll, wie nirgendwo so hart, machten Deine Haut und Seele zart. Und in diesem Augenblick wußten wir, daß wir eine neue, erregende Stufe erklommen hatten auf der (*Intim-Bar-*) Treppe zum ewigen (Trinker-)Glück. *dd*

Bier	Bit & Beck's (4,00)
Wein	Rot & Weiß (5,00)
Sekt und Schampus	Glas & Piccolo (5,00 & 12,00)
Spirituosen	Longdrinks & mehr braucht es nicht (9,00)
Alkoholfreie Getränke	Mineral & Saft/Limos (2,50-3,00)
Heißes	Kaffee & mehr (2,50-3,50)
Essen	Braucht es nicht

Musik	Was gefällt und immer wieder live
Spiele	Schon wieder so ein Schwein
Lektüre	Schau mir in die Augen, Kleiner ...
Luft	Gibt es nicht
Hygiene	Sieht man nicht
Publikum	Seien Sie doch nicht so indiskret
Service	Mach's Dir selbst
Preisniveau	Absolut okay, bei Konzerten 5 Mark Eintritt

Frankfurt — JAZZKELLER

jazzkeller — Von Mythen und Musik

ΥΥΥΥΥ

JAZZKELLER
Kleine Bockenheimer
Str. 18a
60313 Frankfurt
Tel. 0 69/28 85 37

Mi 21.00 - 3.00
Do-So 22.00 - 3.00
Bei Programm kann es
zu Änderungen kommen

80 Sitzplätze
80 Stehplätze

Alte Oper:
U 6, 7, N 2
Wenig Parkplätze;
Parkhaus Börse hat die
ganze Nacht geöffnet

1952 erschien Sartres „Das Sein und das Nichts". Mag es nun Zufall sein oder nicht, daß Karl Bohländer im selben Jahr den *Jazzkeller* eröffnete; auch hier gilt seit jeher: Unten im Keller ist das Sein, alles andere ist das Nichts. Die 40 Jahre scheinen sich irgendwo zwischen den Mauern dieses heimeligen Gewölbes festgesetzt zu haben, und wenn man in der richtigen Stimmung ist und genau hinhört, erzählt der Keller eine Geschichte voller Mythen und Musik. Dizzy war da, Duke auch, Chet blieb beinahe unerkannt und Ella stellte unter Beweis, daß man eine wunderbare Stimme auch durch Alkohol nicht ruinieren kann. Die Gewölbe lauschten Heinz Sauer, beobachteten den Aufstieg der Brüder Mangelsdorff, und noch immer hallen in ihrem Innern die unglaublichen Töne nach, die Gustl Mayer erzeugte, als er auf der Bühne das tiefe A probte – der tiefste Ton, den man auf dem Tenorsaxophon erzeugen kann – indem er den Saxophontrichter mit dem Knie halb verschloß. Doch wer glaubt, im Keller sei die Zeit stehengeblieben und alles eingestaubt, der irrt: Jazz ist zeitlos, er steht modernen Strömungen nicht im Wege, sondern gibt ihnen Schwung und Leben – das wird hier deutlich wie kaum an einem anderen Ort. Im *Jazzkeller* sind Paarungen wie Swing und Bebop, Latin und Jazz, Konzerte und Disco, Schwarz und Weiß nicht das Außergewöhnliche, sondern das Selbstverständliche. *rea*

	Bier	Licher vom Faß (5,00)
	Wein	Fünf Standards (6,00)
	Sekt und Schampus	Blanc de Blancs (Fl. 30)
	Cocktails	Gibt's auch (10,00)
	Spirituosen	Musiker sind angeblich alle Alkoholiker (6,00-8,00)
	Alkoholfreie Getränke	Cola, Wasser, Saft (2,50-3,00)
	Heißes	Sollte die Kaffeemaschine mal funktionieren (2,50)

𝄞	Musik	Jazz, Bebop, Jazz, Latin, Jazz, Soul, Jazz – mittwochs und freitags von CD, sonst live
	Spiele	Wer Klavier spielen kann, ist zur Session willkommen
	Lektüre	Bitte?!?
	Luft	Von der Bar aus erkennt man, daß auf der Bühne ein Flügel steht
	Hygiene	Eugen ist stolz: „Det ham wer ja wohl inn Griff jericht."
	Publikum	Black and White
	Service	Berliner muß man einfach mögen
	Preisniveau	Für das, was geboten wird, völlig angemessen

Frankfurt — **JUDITH'S PLACE**

Pretty women

JUDITH'S PLACE
Kaiserstr. 52
60329 Frankfurt
Tel. 0 69/23 99 03

Di-So 12.00 - 24.00
Mo 12.00 - 19.00
Küche durchgehend

50 Sitzplätze
30 Stehplätze
40 draußen bis 23.00

Hbf.: S 1 - 15, U 4
Parken: schwierig

Welcome to the nicest place in town where you can see und hear the most important things and happenings of Frankfurt! Judith and her pretty women are waiting for you. After some serious business in the bank or somewhere else, or if you need some holidays from your everyday life, or are in a bad mood today – or after (before?) a visit to the sex shop in the neighbourhood: Please come to this place for drinking and eating. It is really wonderful.

Inside there is modern style furniture, beautiful lamps, nice pictures of performances of the English Theatre and green and red walls. And if you want to look what happens on the great street in front of the café, and, sitting under the great sunshade, you can see a lot of interesting persons outside: artists, businesspeople, students, strollers. You can hear many languages and dialects: the whole crazy scene of the quarter. It's like theatre in theatre, if you understand. .. We are sure that you have a great pleasure if you come to this place, and we hope to see you next time. *duc*

Bier	Henninger vom Faß, Hannen Alt, Luitpold Weizen, Gerstel alkfrei (3,60-5,30)
Wein	Für Genießer edler Getränke ist so manches dabei (5,90-6,20)
Sekt und Schampus	Nur das Feinste vom Feinen ist hier gut genug (Fl.22-98)
Spirituosen	Judith's Welcome Special und Ehrengast Tom Collins (12,00)
Alkoholfreie Getränke	It's Granini time! (3,30-6,20)
Heißes	Das Übliche (3,30-7,50)
Essen	Wir empfehlen den imposanten Theaterteller

Musik	Hintergrundmusik mögen wir, doch mehr noch Piano live
Lektüre	Lesen? Das verbittet sich Judith
Luft	Die ist im Bahnhofsviertel auch nicht schlechter als anderswo
Hygiene	Englische Moral spielt auch in diesem Punkt eine große Rolle
Publikum	Sie sind im Rotlicht- und Bankenviertel, meine Damen und Herren
Service	Three pretty women
Preisniveau	Wissen Sie immer noch nicht, wo Sie sind?

Frankfurt — **KÜNSTLERKELLER**

KÜNSTLERKELLER — Eine schöne Gesellschaft

KÜNSTLERKELLER
Seckbächer Gasse 4
60311 Frankfurt
Tel. 0 69/29 22 42

So, Mo, Mi, Do
19.30 - 1.00
Fr, Sa 19.30 - 2.00
Im Sommer ab 21.00
Küche bis 24.00

200 Sitzplätze
70 Stehplätze

Theaterplatz:
U 1-4
Straba 11
N 2
Insider wissen, wo sie parken können

Es war ein Leben in einem widerstandslosen Raum, ohne zurückgeworfenen Hall. An den Dingen, den Menschen war nichts, wenn man es sich nicht einbildete. Doch es verband diese Menschen ein Wort – Kunst. Durch die Kunst kann man sich verständigen, so verschieden man auch sein mag, sagten sie sich und fuhren fort, sich über die Kunst zu unterhalten. Denn sie glaubten, daß die Gegebenheiten des Lebens für den Künstler nicht zählten, daß sie für ihn nur eine Gelegenheit seien, sein Genie ungehemmt zu entfalten. Um ganz und gar in der Wahrheit des geistigen Seins aufgehen zu können, forderten sie (ohne zu wissen, was das bedeutete), daß der Künstler (innerlich) allein bleiben müsse und nicht das Geringste von sich an andere verschwenden dürfe. Da aber die Kunst genau das Leben nachbildet, hatten sie die exorbitante Erkenntnis, daß um die Wahrheiten, zu denen man gelangt ist, immer ein Hauch von Poesie, die Süße eines Geheimnisses schweben würde, die nichts anderes als die Spur jenes Halbdunkels sei, das der Künstler auf dem Weg zur Vollendung durchwallen müsse. Und so schwafelten sie weiter.

Doras Freund C. drückt es in etwa so aus: Das Interessanteste an diesem Musenkeller sind die auffallenden Rohre. Die Kunst, die liegt darin, zu verstehen, warum ein einziges Wort derart zum Totdiskutieren einlädt. *duc*

Bier	Römer Pils Spezial v. F., Weizen, Clausthaler (4,20-5,80)
Wein	Gediegenes: Chianti Classico, Müller-Thurgau, Rieslinge aus Rheingau und Pfalz (4,50-6,50)
Sekt und Schampus	Champagne Extra Brut alias José Michel & Fils (Fl. 38,50-88)
Cocktails	Kir, fürs Volk und für den König (5,50-12,00)
Spirituosen	Gute Whiskyauswahl, Marillenlikör und der unbekannte Barac Palinka (3,00-6,50)
Alkoholfreie Getränke	Johannisbeernektar und Stilles Wasser (2,50-3,00)
Heißes	Verschiedene Sorten Tee, Kaffee, Grog (2,50-6,00)
Essen	Wechselnde Küche, Vegetarier sollten im Sommer zu Hause bleiben

Musik	Die Gesprächskulisse ist mitunter lauter
Lektüre	Journal, az, Programmhefte
Luft	Für einen Keller geht's
Hygiene	Auch damit
Publikum	Künstler, deren Anhänger und solche, die gern dabei sind
Service	Wechselhaft
Preisniveau	Die Kunst hat ihren Preis

Frankfurt   **LESECAFE**

Stille Tage in Sachsenhausen

LESECAFE
Diesterwegstr. 7
60594 Frankfurt
Tel. 0 69/62 25 23

Mo-Fr 8.30 - 18.30
Sa, So 10.00 - 18.00

45 Sitzplätze
20 Freiluftplätze

Schweizer Platz:
U 1, 2, 3
Straba 16, 26
Besser gleich ins
Parkhaus Walter-Kolb-
Straße!

Frankfurt, wir kriegen es in jedem Herbst aufs neue gepredigt, ist die Stadt der Bücher. Punkt. Da ist es eigentlich verwunderlich, warum das Buch oder das sonstwie gedruckte Erzeugnis noch nicht Gegenstand eines interkulturellen Crossovers Reisch'scher Prägung geworden ist. Eine Funktionsanalyse des soziokulturellen Umfeldes müßte evident einen positiven Konnex der Memorabilität des visuell Erfaßten mit dem virtuell Geschmeckten ergeben. Das entspricht dem Happening, das jeder ordentliche Student morgens beim Frühstück im Bett mit in der Schlafstatt verteilter Lektüre veranstaltet. Warum, wenn denn die Effektivität dieser Kombination auf der Hand zu liegen scheint, sollten nicht auch Sie gleichzeitig zweien der (sonst meist ungestillten) stillen Vergnügen in aller Öffentlichkeit frönen? In aller Ruhe ein gutes Buch lesen und dazu mit viel Muße ein Täßchen Kaffee, Schokolade oder was sonst dem Gaumen schmeichelt, in sich hineinzuschlürfen – ist das zuviel verlangt? Wohl nicht. Deshalb dürfen Sie getrost Ihre Schritte durch den kleinen Torbogen in der Diesterwegstraße lenken, den Lärm der Straße hinter sich lassen und sich im Hinterhof oder Wintergarten niederlassen. Eine Einschränkung indes muß gemacht werden: Wer meint, die im selben Hause betriebene Buchhandlung versorge einen jeden mit jeglichem Lesestoff, sieht sich getäuscht. Wenn dieses Bändchen dem Leser in die Hände fällt, dann dürfte das „anarchisch geführte Regal" bereits einer Dreiteilung in Kinderbücher, Lyrik und ausgefallene Belletristik gewichen sein. *ask*

Bier	Warsteiner, Weizen (3,80-4,50)
Wein	Nichts, was zum Weinkenner macht (4,00-7,00)
Sekt und Schampus	Nur Mumm, in allen Ausschankgrößen (5,50-55,00)
Cocktails	Geklimper beim Schütteln und Rühren stört die Leseruhe
Spirituosen	Kleine frühabendliche Lektürehilfe (3,50-5,00)
Alkoholfreie Getränke	Es sprudelt ganz fröhlich in allen Farben (günstig: Wasser), auch Milchshakes (1,20-6,00)
Heißes	Das Übliche für ein Café (2,60-7,20)
Essen	Frühstück, Müslis, Baguettes und Salat

Musik	Dudelt nur in der Küche
Lektüre	Alle Tageszeitungen u. Magazine aus Kunst, Kultur u. Politik
Luft	Immer schön luftig
Hygiene	Schon mal einen Bücherwurm rumschmuddeln gesehen?
Publikum	Aus dem Stadtteil, gehobenere Gesellschaft jeden Alters
Service	Ab und zu vergeistigt, aber sonst ganz munter
Preisniveau	Für Kaffee werden keine Leihgebüren erhoben

Frankfurt — **LILIPUT**

Gleich und gleich gesellt sich gern

ΫΫΫΫ

LILIPUT
Neue Kräme 29/
Sandhofpassage
60311 Frankfurt
Tel. 0 69/28 57 27

Mo-Fr 10.00 - 24.00
So, Feiertags
14.00 - 24.00

60 können sitzen,
70 Plätze im Garten
bis zum Schluß

Hauptwache:
U 1, 2, 3
S 1-15, N 1
Parkhaus Hauptwache

Nicht gänzlich kalt, nicht tot und auch nicht vollkommen geschmacklos, sondern bloß von schlechtem, genaugenommen sogar von ziemlich schlechtem Geschmack ge(kenn)zeichnet: so sieht der Weg zur Oase im Einkaufsglück aus. Wer den Trendramschladen (gleich nach dem Passagen-Entré) überwunden hat, findet sich ein im Hort der Stille, dem Ruhepunkt derer, die lieber unter sich bleiben. Durch die Tristesse der Sandhof-Passage werden uneingeweihte Besucher vorbeigeleitet, so daß vielen der helle, freundliche Lichthof – ein Lichtblick im wahrsten Sinne des Wortes – verborgen bleibt. Das schadet diesem oftmals wunderbar belebten Ort der Ruhe und der Stille, der Zufrieden- und Geborgenheit durchaus nicht. Abgeschottet von den Anfeindungen und verächtlichen Blicken der intoleranten Außenwelt, treffen sich Gleiche mit Gleichen und sorgen mit Hilfe wunderbarer Toleranz dafür, daß auch Besucher mit fremden Vorlieben gut aufgehoben sind. Durch nichts besser beschrieben als unter Zuhilfenahme der nun wirklich nicht mehr originellen Oasen-Metapher leuchtet der Stern der schlichten Bescheidenheit kontinuierlich und zum Trotz der verzweifelten Bemühungen der grellen Nachbarschaft sanft und beständig über der Kneipensteppe dieser Stadt. dd

Bier	Bit, Beck's, Flens, Kulmbacher, Hannen, Kelts (4,20-4,50)
Wein	Wenig aus I und D ist genug (4,80-6,80)
Sekt und Schampus	Von Hausmarke bis Veuve Clicquot (Fl. 32-110)
Spirituosen	Dröhnt gut (3,50-9,50)
Alkoholfreie Getränke	Absolut ausreichend (2,70-3,80)
Heißes	Von Kaffee bis Grog (2,80-3,50)
Essen	Frühstück und Kuchen

Musik	Dröhnt nicht bis in den Garten
Spiele	„Gesellschaftsspiele"
Lektüre	Spiegel, Stern, Tempo, Brigitte, Focus
Luft	In Ordnung
Hygiene	Geht auch gut
Publikum	Gleichgesinnte
Service	Die sind aber nett hier
Preisniveau	Nichts dagegen einzuwenden

Frankfurt — LITERATURCAFE

LITERATURCAFE: Stätte der Entspannung

LITERATURCAFE
Bockenheimer
Landstr. 102
60325 Frankfurt
Tel. 0 69/74 55 50

So-Fr 10.00 - 24.00
Sonntags Frühstück
10.00 - 14.00
Küchenzeiten:
12.00 - 15.00
18.00 - 23.00

60 Sitzplätze
15 Stehplätze
40 Plätze im Freien
bis 23.00

Bockenheimer Warte:
U 6, U 7, N 2
Parken: ohne Fleiß
kein Preis

Der Verkehr tobt vor dem Haus mit der Nummer 102, nebenan jagt das Personal einer Werbeagentur Ideen hinterher. Hinter dem Haus aus der Gründerzeit warten die Autos auf ihren Parkplätzen darauf, sich wieder ins brodelnde Stadtleben stürzen zu dürfen. Nicht weit von den Stahlkarossen entfernt läßt der Gast des *Literaturcafés* die Zeit verstreichen. Er sitzt in aller Ruhe auf der von Grün umgebenen Terrasse in Plastikstühlen, auf dem Plastiktisch eine Erfrischung. Bei Hitze schützt der schöne, große, hohe, kühle, verzierte Gastraum auch noch vor Lärm und anderen Unannehmlichkeiten. Das Kuchenbuffett lädt nach dem Mittagsmahl zum Bleiben ein. Am Abend sprengt des öfteren ein Vortrag die Enge des Alltags, entführt in andere Sphären und macht Appetit aufs geschriebene Wort, regt zu geistiger Arbeit an. Zur Nachbereitung des Gehörten steht das Publikum dann im hölzernen Treppenhaus zwischen Café und Ausgang oder geht auf ein Gespräch mit Freunden zum Tresen, wo die Zunge im Laufe der Zeit unter Einfluß des Alkohols immer schwerer wird. Hin und wieder beteiligt sich bei der Aufarbeitung die intellektuelle Prominenz aus der nahe gelegenen Universität. An ruhigeren Tagen kommen die Bücherwürmer, die zum Geschriebenen nur einen Kaffee benötigen. Erst wenn auf der Bockenheimer nur noch wenige Autos entlangrollen, verlassen die letzten Ruhebedürftigen die Stätte der Entspannung. *ara*

Bier	Pils, Weizen, Alt, Guinness, Gerstel alkoholfrei (3,00-5,00)
Wein	Rot und Weiß aus D, F, I, Beaujolais Impérieur z. B. (5,00-9,00)
Sekt und Schampus	Nobel geht die Welt zugrunde (Fl. 55-210)
Cocktails	Auf Anfrage
Spirituosen	Hochprozentiges aller Art (4,00-12,00)
Alkoholfreie Getränke	Gesunde Säfte, Kohlensäure mit oder ohne Geschmack (3,00-5,00)
Heißes	Anregendes oder Magenfreundliches (2,50-7,50)
Essen	Einmal pro Woche wird die Tageskarte durch das Frühstück ergänzt

Musik	Würde nur stören
Lektüre	FR, FAZ, SZ, FNP und Englischsprachiges verkürzen die Stunden
Luft	Angenehm
Hygiene	Läßt nichts zu wünschen übrig
Publikum	So wie beim Doppelkopf – bunt gemischt
Service	Alle Kellner sind schon da, alle ...
Preisniveau	Nicht so anspruchsvoll

Frankfurt **LOBSTER**

C'est la vie

ΥΥΥΥΥ

LOBSTER
Wallstr. 21
60594 Frankfurt
Tel. 0 69/61 29 20

Tägl. 18.00 - 1.00
Küche 18.00 - 23.00

40 Sitzplätze
20 Stehplätze
Kein open air, leider

Lokalbahnhof:
Alle S-Bahnen
Bus 36
Parken:
Wechseln wir das
Thema

Wir waren weit gekommen an diesem Tag. Die Lichter der Großstadt lagen hinter uns und mit ihnen all die Seidenschlipse in ihren bordeauxfarbenen Karossen und die Aktenkoffer mit ihren hektisch piepsenden Mobil-Telefonen. Die Normandie rückte immer näher, und mit jedem Zentimeter verblaßte die Erinnerung mehr an turmhohe Spiegelfassaden und die grauen Schluchten dazwischen. Wir hatten gerade einen Fluß überquert und beschlossen, eine Rast einzulegen, als wir fast gleichzeitig das kleine Bistro vor uns am Wegesrand entdeckten. *Lobster* stand schlicht über dem Eingang, und ebenso schlicht präsentierten sich die beiden winzigen Räume dahinter: An einfachen, einladenden Holztischen tummelten sich leise diskutierend die Gäste, von einer Wand grüßten stumm Beckett und Picasso, und nur hin und wieder schallte der freundliche Ruf nach einem Chablis bis hinter den Tresen, wo der Wirt gelangweilt in einer Zeitung blätterte. Wir wählten aus dem reichen Angebot auf der Schiefertafel und ignorierten dabei, daß die Preise unser Salär bei weitem überstiegen. Dieses eine Mal wollten wir es uns gönnen: Zu wohltuend erschien uns die Aussicht auf einen Abend ohne nervenaufreibendes Kneipengekreische. In einer gemütlichen Ecke, direkt unter einer uralten Karte dieses Landes, nahmen wir Platz und beschlossen, unsere Reise schon hier zu beenden. *jö*

	Bier	Flens und Kelts alkoholfrei (3,50)
	Wein	Das Ding heißt ja nicht umsonst Weinbistro: Chablis, St. Emilion Grand (2,50-6,00)
	Sekt und Schampus	Crémant de Bourgogne, Champagner (Fl. 28-90)
	Cocktails	Kir Royal, Kir de Pèche usw. (7,00-9,00)
	Spirituosen	Kleine, feine Auswahl (5,00-7,00)
	Alkoholfreie Getränke	Apollinaris, O-Saft, Coke (2,50-3,00)
	Essen	Babysteinbutt, Crevetten in Hummersauce, Lauch mit Gorgonzola, viele Lammgerichte, Salatteller, alles täglich wechselnd

	Musik	Kein Geräusch stört die Ruhe
	Spiele	Nicht mal das Klackern von Würfeln
	Lektüre	Wenn's leise geht: FR, FAZ, Journal Ffm
	Luft	Alles gediegen, keiner transpiriert, Luft okay
	Hygiene	Ordentlich, aber nicht übertrieben
	Publikum	Matthias Beltz, Linda Reisch und kunstangehauchtes Fußvolk
	Service	Korrekt, wenn auch ein wenig distanziert
	Preisniveau	Sollte man sich dennoch hin und wieder gönnen

Frankfurt — LUX

Auf der Durchreise

LUX
Kornmarkt 11
60311 Frankfurt
Tel. 0 69/28 15 29

Mo-Do 11.30 - 1.00
Fr, Sa 11.30 - 2.00
So 11.00 - 1.00
Küche durchgehend
So bis 15.00

100 Sitzplätze
35 Stehplätze
100 Freiluftplätze bis 23.00

Hauptwache:
S 1-14, U 1-3, 6, 7, N 2
Parken: Hochkant ...?
PH Hauptwache

Mitten in der City, am westlichen Ende der Zeil, eingeklemmt zwischen Parkhäusern, Kino- und Konsumtempeln, liegt das *Lux*. Endlich ein Lichtblick in einer Gegend, in der es sonst nach Ladenschluß zappenduster wird?

Leider ist der Plan, die in puncto Kneipenkultur tote Innenstadt zu beleben, nur teilweise aufgegangen. Das Lux ist kein Ort zum Verweilen, kein Platz für diese gewissen Stunden seligen Nichtstuns, keine Kneipe, in der man einfach versackt. Daß es der Bar nicht gelungen ist, sich der hektischen Geschäftigkeit rund um „Deutschlands umsatzstärkste Einkaufsmeile" zu entziehen, liegt nicht zuletzt am Interieur: Designermöbel strahlen eine kühle Wartehallenatmosphäre aus; draußen ist auf winzigen Bistrotischen gerade mal Platz für den schnellen Drink. Das Ganze hat den Charakter eines Meeting-Points: Es treffen sich Normalos, die anschließend ins Kino gehen, gestylte Menschen kehren vor der Disco auf einen Schluck ein, Einkäufer ruhen sich nach dem Zeilbummel kurz aus und Banker bringen beim Essen vielleicht einen Abschluß unter Dach und Fach.

Apropos Essen – das ist nun wirklich ein Lichtblick. Sowohl für das ungewöhnliche Angebot an Speisen (angelehnt an die Nouvelle Cuisine) als auch für die Zubereitung und Präsentation der Köstlichkeiten hat die Küche Michelin-Sterne verdient. *rea*

Bier	McCaul's Stout v.F., Erbacher, Schöfferhofer (4,50-6,00)
Wein	Feines für Genießer: Médoc, Entre-deux-mers (7,00-9,00)
Sekt und Schampus	Von Mumm bis Metternich (Fl.178-128)
Cocktails	Statt Cocktails Aperitifs, Digestifs und Bitters (6,00-14,00)
Spirituosen	Für Fans von schottischem und irischem Malt-Whisk(e)y (5.00-9.00)
Alkoholfreie Getränke	Für Schweppesgesichtige und Graninisäftler (3,50-,.00)
Heißes	Man unterscheidet zwischen Cappuccino und Kapputtschino; alkoholische Kaffeevariationen (3,50-7,50)
Essen	Frühstück, wechselnde Mittagskarte, sonntags Brunch - alles sterneverdächtig

Musik	Pop-Gedudel, zum Glück sehr leise
Lektüre	FAZ, FNP, FR und Süddeutsche Zeitung
Luft	An bestimmten Plätzen zieht's
Hygiene	So wünschen sich Eltern die Zimmer ihrer Kinder
Publikum	Alle Menschen, die man auch auf dem Bahnhof treffen könnte
Service	Generell freundlich; wenn die Sonne scheint, kommt auch ein Kellner ins Träumen
Preisniveau	Nix für schmale Börsen, aber man bekommt was fürs Geld

Frankfurt — MAMPF

MAMPF — Im Jazzmuseum

MAMPF
Sandweg 64
60316 Frankfurt
Tel. 0 69/44 86 74

So-Do 20.00 - 1.00
Fr, Sa 20.00 - 2.00
Kleine Happen bis zum Schluß

24 Sitzplätze
15 Stehplätze

Merianplatz:
U 4
Zoo:
U 6, 7, Straba 14
Bus 31
Jazzfreunde kommen zu Fuß

Der Typ, der schon seit Stunden an der Theke hockte, drehte sich herum und wankte zum Klavier. „Hey Sam, spiel das nochmal, das war echt geil", rief er so laut, daß mir fast die Ohren platzten. Sam schlürfte erstmal an seinem Bier und ließ ein Lächeln los. „Okay, aber nur, weil du es bist, Mann." Der Typ wankte wieder zurück zu seinem Platz, wo er wieder auf die etwas ältere, leicht angeheiterte Blonde einredete. „Na, Mädel, willste noch'n Bier?" Die Blonde nickte stumm und wandte sich ab. Denn Sam hatte inzwischen das Glas auf dem Klavier abgestellt und griff nun vehement in die Tasten. Einfach wunderbar, wie er „As time goes by" spielte. Das konnte hier niemand so gut wie er. Die meisten Gäste hatten zu dieser Stunde bereits rosige Wangen und glasige Augen, obwohl es erst kurz vor Mitternacht war, aber bei diesen sanften Klängen hoben sie alle wie auf Kommando die Köpfe. Bis auf einen, der eingeschlafen war und leise schnarchte. Die Luft war vom Zigarettenqualm so dick, daß einige husteten. Mir machte das nichts aus, ich war es schließlich gewohnt, an diesem Ort, den manche liebevoll-spöttisch das „Jazzmuseum" nannten, zu sitzen und mein Bier zu trinken, bis Jenny den Laden dichtmachte. Und wie die anderen war ich auch heute wieder gekommen, um den blöden Alltag zu vergessen, einfach nur dazusitzen und Sam zuzuhören. Der Typ an der Theke rülpste laut, als Sam die letzten Takte spielte. „Hey, Sam, das war einsame Spitze", grölte er. Daß die Blonde von ihrem Hocker gerutscht war und gerade augenzwinkernd die Kneipe verließ, das bekam er gar nicht mehr mit. *duc*

Bier	Tucher, Jever Pils v.F., Tucher Kristallklar Weizen (2,25-4,20)
Wein	Normales und das billigste Apfelwein im Nordend (1,75-5,50)
Sekt und Schampus	Manskopf (Fl. 30)
Cocktails	Räubercocktail und Clara, Gemixtes (5,00-10,00)
Spirituosen	Braune Brände, Ouzo, Korn als Verstärkerturbos (1,30-6,00)
Alkoholfreie Getränke	Bio-Pflaumen, Apfelkirsch, Matsch & Brei (1,50-3,50)
Heißes	Glühwein und starker Kaffee (2,20-4,50)
Essen	Deftige Kleinigkeiten und Frankfurter Würstchen

Musik	Jazz, Jazz, Jazz – und Blues
Lektüre	Würfel, aber wer würfelt heutzutage noch
Spiele	Da flattert viel herum, aber nichts Genaues weiß man nicht
Luft	Für starke Nerven und gute Bronchien
Hygiene	Interessiert das einen Jazzfreund?
Publikum	Jazzfreunde eben und Alleingelassene
Service	Bedenklich, wenn's voll wird, aber jeder kriegt'n Bier
Preisniveau	So billig kann man selten betrunken werden

Frankfurt   MAXIMS

MAXIMS | Schauen und schweigen

MAXIMS
Karlstr. 17
60329 Frankfurt
Tel. 0 69/25 25 32

Di, Do 0.00 - 4.00
Fr, Sa 0.00 - 7.00

80 Sitzplätze
80 Stehplätze

Hauptbahnhof:
S- und U-Bahnen
Parken:
Gleich ins Parkhaus
Hauptbahnhof

Alan und Peter lehnten an der Bar. Jetzt war, wie so oft, die Zeit des coolen Schweigens und lässigen Schauens. Was gab es schon noch zu sagen? In ihrer Stammkneipe hatten sie sich schon gegenseitig ihr Leid geklagt. Alans Flamme hatte ihn kürzlich verlassen, weshalb er wieder mal schlecht auf Frauen zu sprechen war. Peter war vom Job genervt. Und das nicht erst seit kurzem. Nach dem zweiten Bier sah alles nicht mehr ganz so schlimm aus. Hier an der Bar genügte jetzt ein verstehendes Lächeln. Unterhaltung gab es schließlich auf und um die kleine Tanzfläche herum genug. Die beiden mußten nur hinschauen: Die einen bewegten sich angestrengt, die anderen locker; wenige hatten die Musik wirklich im Blut, dafür aber hatten alle ein gemeinsames Ziel: sich amüsieren, das schöne Leben. Oder was sie dafür hielten. Als Alan noch ein Bier orderte, sah er aus dem Augenwinkel, wie sein Freund betont lässig auf die Tanzfläche schlenderte. Alan war im Zugzwang. Er bestellte gleich noch ein Bier. Noch weitere zwei dieser Gerstensaftkaltschalen, einige Nettigkeiten vom DJ, und auch er würde in die Menge eintauchen, um mit den anderen das Gestern und Morgen vergessen. Sich einfach wohlfühlen. Und sicher würde der eine oder andere Bekannte noch aufkreuzen und die Zeit mit Neuigkeiten verkürzen. Bis dann der Morgen Alan und Peter wieder bleischwer in die Arme schließen würde, war es nicht mehr lang. Die Zeit mußte reichen, um das Gefühl zu kriegen, daß es nicht nur den grauen Alltag gab. *ara*

Bier	Flüssiges Brot: Tuborg, Kelts (7,00)
Wein	Alkoholischer Traubensaft (7,00)
Sekt und Schampus	Alkoholischer Traubensaft mit Kohlensäure (Fl. 40 - weiß niemand so genau)
Spirituosen	Für lange und schlanke Gläser (14,00-15,00)
Alkoholfreie Getränke	Für kleine und breite Gläser (15,00)
Heißes	Zum Wachwerden den Espresso (3,00-5,00)
Essen	Früher gab es mal kleine Häppchen

Musik	Es wird alles gespielt
Spiele	Wir wollen uns im Dunkeln doch nicht die Augen verderben
Luft	Überraschend gut
Hygiene	Je später der Abend, desto ... aber deshalb sind ja wir nicht hier
Publikum	So verschieden wie die Musik
Service	Extrem cool, aber das Bestellte kommt – wenn auch etwas später
Preisniveau	Darüber spricht man nicht

Frankfurt — MEDIUS-KELLER

MEDIUS-KELLER
In den Katakomben

♀♀♀

MEDIUS-KELLER
Neue Mainzer Str. 24
60311 Frankfurt
Tel. 0 69/25 37 90

So-Fr 17.00 - 1.00
Fr, Sa 16.00 - 2.00
Küche:
Mo-Fr 11.30 - 14.30
Fr, Sa 17.00 - 1.30
So 17.00 - 0.30

100 Sitzplätze
plus 60 (Nebenraum)
25 Stehplätze

Theaterplatz:
U 1 - 4
Straba 11, N 2
Parken: unglaublich schlecht in dieser Ecke

Der kalte Wind pfiff durch die engen Straßenschluchten und peitschte ihm direkt ins Gesicht. Er schlug schützend den Mantelkragen hoch und stellte sich in einen Hauseingang. Da sah er gleich gegenüber plötzlich ein Schild, das auf einen sicheren Ort unterhalb der Stadt hinwies. Er rannte hinüber. Gespannt stieß er die braune Holztür auf. Eine schmale Treppe führte steil hinab. Er stieg entschlossen hinunter, denn das hier war immerhin besser, als draußen jämmerlich zu erfrieren. Unten angekommen, mußte er erst mit der Dunkelheit kämpfen, nur Schemen lösten sich aus dem finsteren Keller heraus. Es war, das erkannte er, sobald er sich an die Lichtverhältnisse gewöhnt hatte, ein unüberschaubarer Komplex aus kleinen Räumen und düsteren Gängen. An der tiefen Decke hingen die Stümpfe von Stalaktiten. Jetzt erst begriff er, daß er in die berühmten Katakomben geraten war, von denen ein Freund ihm berichtet hatte. Angeblich schwebten dort Geister umher, die sich aber nie den Menschen zeigten. An den Tischen, auf denen Flaschenkerzen flackerten, saßen miteinander flüsternde Typen, die er nicht kannte. Sie beachteten ihn aber kaum. In einer Nische war ein Platz frei. Er ließ sich nieder und atmete tief durch. Langsam wich das Gefühl der Bedrohung von ihm, das er auf den dunklen Straßen empfunden hatte. Er lehnte sich zurück und saugte genüßlich an der Zigarette, die er sich beim Eintreten angesteckt hatte. Jetzt konnte er über alles, was an diesem Tag geschehen war, in aller Ruhe nachdenken. *duc*

Bier	Altenmünster Brauer Bier, Rauchenfels Steinbier v. F., alkoholfreies Weizen! (4,00-6,00)
Wein	Edle Hausweine, Riesling und Johannisberger Erntebringer, alles mit Kurzkommentar (Gl. 5,00-8,00 Fl. 23-60)
Sekt und Schampus	Handgerüttelte Flaschengärung, wie wunderbar (Fl. 48-110)
Cocktails	Diverses (5,00-10,50)
Spirituosen	Für sanfte Jungens und harte Mädels (4,50-15,50)
Alkoholfreie Getränke	Kennen Sie den heiligen Pellegrino? (3,00-6,00)
Heißes	Nichts Außergewöhnliches (3,00-4,00)
Essen	Lieben sie Kräuterbutter und Krautsalat?

Musik	Gedämpfter Katakombensound
Lektüre	Außer der FR nichts
Luft	Kellerdüfte
Hygiene	Es ist so schön düster
Publikum	Gediegen bis anschmiegsam und suchend
Service	Wie es halt geht
Preisniveau	Gehobene Mittelklasse

Frankfurt — MEPHISTO KELLER

MEPHISTO KELLER: Faustisch

MEPHISTO KELLER
Meisengasse 9
60313 Frankfurt
Tel. 0 69/29 11 44

So-Do 18.00 - 1.00
Fr, Sa 18.00 - 2.00
Küche dito

160 Sitzplätze
100 Stehplätze

Eschenheimer Tor:
U 1 - 3
Hauptwache:
S 1 -14, N 2
Parken: Wenn's mit dem Teufel zugeht ...
PH Börse um die Ecke

„Ich bin der Geist, der stets verneint! Und das mit Recht; denn alles, was entsteht, ist wert, daß es zugrunde geht". Nun, nun, Herr Mephistopheles, aber bei der Kneipe, die nach Ihnen benannt ist, könnten Sie doch sicher eine Ausnahme machen. „Ich bin ein Teil von jener Kraft, die stets das Böse will und stets das Gute schafft." Das klingt doch schon besser. „So gefällst du mir. Wir werden, hoff' ich, uns vertragen! Denn dir die Grillen zu verjagen, bin ich als edler Junker hier, in rotem, goldverbrämtem Kleide, das Mäntelchen von starrer Seide, die Hahnenfeder auf dem Hut, mit einem langen, spitzen Degen, und rate dir, kurz und gut, dergleichen gleichfalls anzulegen, damit du, losgebunden, frei, erfahrest, was das Leben sei." Vergiß es, in so affige Klamotten werf ich mich bestimmt nicht. Aber auf einen edlen Tropfen komm ich gerne mit – bin, wie schon Faust, von des hohen Geistes Kraft entzückt, entseelt dahingesunken. „Und doch hat jemand einen braunen Saft in jener Nacht nicht ausgetrunken." Also, das ist eine glatte Lüge! Und überhaupt: Dieses Paktspielchen kannst du mit mir auch nicht treiben. Denn in den heimeligen Gewölben dieses Kellers kann es immer wieder vorkommen, daß man zum Augenblicke sagt: „Verweile doch! du bist so schön." *rea*

	Bier	Warsteiner oder Jever vom Faß, Altenmünster (4,00-5,00)
	Wein	Teuflisch gute Weine aus Rheinhessen und Frankreich: Blauer Portugieser, Spätburgunder ... (4,50-6,00)
	Sekt	Für Singles und Geburtstagsfeiern: MM, Asti Cinzano, Mumm Dry (Fl. 28-50)
	Cocktails	Von Sunrise bis Sunset (alle 9)
	Spirituosen	Lauter gute Freunde (3,50-6,50)
	Alkoholfreie Getränke	Cola, Schweppes und reichlich Säfte (3,50-5,00)
	Heißes	Cappuccino wird mit Sahne serviert, aber die Schokolade ist lecker (3,00-6,50)
	Essen	Kleinigkeiten für zwischendurch

	Musik	Irgendwie dudelt immer dieselbe Cassette
	Spiele	Wie gesagt: keine Spielchen
	Lektüre	Lesen kann man die Getränkekarte
	Luft	Auch Nichtraucher können atmen
	Hygiene	Sauber wie in Teufels Küche (Feuer desinfiziert bekanntlich)
	Publikum	Leute, die vorher im Kino waren
	Service	Am Wochenende sollte man zwei Bier auf einmal bestellen
	Preisniveau	Für (fast) jedes Portemonnaie

Frankfurt — **MOSEBACH**

MOSEBACH
Gaststätte

Spielkinder

MOSEBACH
Sandweg 29
60316 Frankfurt
Tel: 0 69/4 93 03 96

Tägl. 17.00 - 1.00
Küche bis 23.00

60 Sitzplätze
10 Stehplätze
130 Freiplätze bis 23.00

Merianplatz:
U 4
Parken: Wer viel Zeit mitbringt, findet vielleicht einen Parkplatz
PH Waldschmidtstr.

Drei, fünf, eins: Mist, ich bleibe drin. Fünf, vier, zwei: Du hast auch keine Chance. Eins, sechs: typisch, der hat immer Glück. Und noch eine sechs, auch das war klar: allen meilenweit voraus. Da hilft dann nur gnadenloses Umnieten. Vorausgesetzt, man kommt endlich aus dem Haus. Und ist dann schnell genug, um dem Roten hinterherzuhecheln. Ohne vom Gelben geschlagen zu werden. Aber Grün ist die Hoffnung, und nach einer weiteren Runde habe auch ich Glück. Gleich zweimal. Also los, Rache ist süß und das Leben kurz. Und tatsächlich schaffe ich es: Rot fliegt. Jetzt nichts wie weg hier und ab ins Loch, die Verfolger ruhen nicht. Und das Glück ist leider inzwischen mit ihnen. Pech gehabt: unter lautem Hallo (ist das eine Verschwörung gegen mich?) werfen sie mich einfach raus. Doch ich habe noch eine Figur draußen, wartet's nur ab, ich komme jetzt ganz groß raus. Denke ich noch, als der Würfel mit Schwung unter den Tisch fliegt. Alle Köpfe nach unten, und sogar der Nebentisch beteiligt sich an der Suche. Hier im *Mosebach* hat man eben viel Verständnis für Spielkinder. Fünf Minuten später ist der Würfel gefunden, und wir gönnen uns erstmal einen Äppler auf den Schreck. Und beteuern einander, daß wir trotz etlicher Rauswürfe noch Freunde sind. Mensch ärgere Dich nicht, heißt es schließlich. *amo*

Bier	KöPi und andere Gerstengetränke (3,50-5,50)
Wein	Jede Menge deutscher Wein und immer neue Angebote; Rieslinge, Spätburgunder (5,00-7,50)
Sekt	Prickelndes aus der Flasche (Fl. 45-60)
Cocktails	Vielleicht, wenn Sie Herrn Mosebach fragen, wie die Karte es empfiehlt?
Spirituosen	Öfter mal im Angebot: Tresterschnäpse (4,00-8,50)
Alkoholfreie Getränke	Für alle Äppler-Gegner (2,50-3,00)
Heißes	Gibt's auch (2,50)
Essen	Viel Ausgefallenes

Musik	Darauf achtet hier keiner
Spiele	Karten, Würfel, Schach, Backgammon
Lektüre	Tageszeitungen (FAZ, FR, FNP), jede Menge Zeitschriften
Luft	Gibt's genug
Hygiene	Große Kinder machen wenig Dreck
Publikum	Alles, was Beine hat, Banker und Studenten wurden gesichtet
Service	Freundlichkeit ist hier noch eine hochgeschätzte Tugend
Preisniveau	Angemessen – für Erwachsene

Frankfurt — MUSIC-HALL

Ein gelungener Abend

MUSIC-HALL
Voltastr. 74-80
60486 Frankfurt
Tel. 0 69/77 90 41-2

So-Mi Konzerte
Do Salsa-Disco
21.00 - 2.00
Fr, Sa 22.00 - 12.00
Fast Food
24.00 - 5.00

300 Sitzplätze
2000 Stehplätze
120 Freiplätze in zwei
Gärten 22.00 - 11.00

Westbahnhof: S 3-6
Auto findet in der
Umgebung immer einen
Platz

Sybille und Lane waren gut gelaunt: Endlich hatten sie den Schulstreß hinter sich. Sie mußten nur noch das Zeugnis über die Reifeprüfung abholen. Eltern, Verwandte und Freunde hatten schon gratuliert. Das neue Auto fuhr Sybille mit besonderem Stolz. Gerne holte die frischgebackene Abiturientin ihre Freundinnen ab, um mit ihnen „was loszumachen", wie sie zu sagen pflegte. An Wochenenden statteten sie dem *Hall* in Frankfurt einen Besuch ab. Dort, wo zwar nicht die Schallmauer bricht, dafür aber das Trommelfell platzt, wie Lane zu scherzen beliebte. Ein Parkplatz war schnell gefunden, und die vier durften sich in den Pulk der Wartenden einreihen. „Das dauert heute wieder", beschwerte sich Sybille. „Du weißt doch, seit der Schießerei letzten Monat ist die Türpolitik strenger geworden", erhielt sie zur Antwort. Ihr Blick fiel auf die Videokamera. Unwillkürlich lächelten beide. Das Abtasten mochten sie nicht besonders. Der Anblick der großen Halle und die laute Musik entschädigten dann für vieles. Doch ihr erklärter Lieblingsplatz war der Garten. Sie plauderten über den neuesten Tratsch und beurteilten die vorüberflanierenden Männer. Wenn alles gesagt war, gingen sie tanzen oder tranken noch einen Cappuccino im Bistro. Erst im Morgengrauen brachen sie erschöpft, aber fröhlich nach Hause auf. Alle waren sich bei der Heimfahrt einig: Das war wieder ein gelungener Abend gewesen. *ask*

Bier	Pfungstädter Edel Pils (6,00)
Wein	Nur nicht zu viel erwarten (7,00)
Sekt und Schampus	Perlschaumwein in unterschiedlicher Qualität (Fl. 65-240)
Spirituosen	Die langen Getränke, Ouzo, Liköre (7,00-16,00)
Alkoholfreie Getränke	Für den klaren Kopf: Säfte, Schweppes (5,00-7,00)
Heißes	Um auf Touren zu kommen (4,00-5,00)
Essen	Amerikanisches Fast food läßt grüßen

Musik	Die „Raver" kommen auf ihre Kosten
Lektüre	Zu laut zum Lesen
Luft	Nur der Trockeneis-Nebel stört manchmal
Hygiene	Paßt
Publikum	Junges Gemüse von überall
Service	Genehmigt
Preisniveau	Von der Belohnung für gute Abinoten finanzierbar – oder vom Lehrgeld

Frankfurt NACHTLEBEN

Apollinisch? Dionysisch !!!

ΥΥΥΥ

NACHTLEBEN
Kurt-Schumacher-Str.
45
60313 Frankfurt
Tel. 0 69/20 65 0

Di-So 12.00 - 4.00

70 plus 20 (Disco)
Sitzplätze
120 plus 200
Stehplätze
30 Freiluftplätze

Konstabler Wache:
S 1-6, 14
U 4, 5, 6
Bus 30, 36
N 1-4
Das Parkhaus ist doch
gleich nebenan, Kinder

Es hatte sich in Szenekreisen herumgesprochen: Eine galaktische Party sollte es in den heiligen Hallen am großen Platz geben. Es hieß, Bacchus selber habe die Schirmherrschaft übernommen und wolle persönlich erscheinen, um die Sause mitzuerleben. Und jene, die sich in ihre glänzenden Kostüme geworfen und die Frisuren auf den letzten Thrill zurechtgefummelt hatten, wurden nicht enttäuscht. Es gab ein rauschendes Fest in dieser Nacht, die Aphrodisiaka flossen in Strömen, die schwitzenden Leiber rieben sich glühend aneinander, und bald waren sie alle eine große Familie; Körper und Seelen hatten sich verbunden. Bacchus thronte auf seinem Kanapee, umringt von wunderschönen Hetären, die ihm den neuesten Szeneklatsch überbrachten, und ließ seine Muskeln zum großen Vergnügen der Gäste spielen. Es blitzte und donnerte, daß die dionysischen Funken nur so aufstoben. Die Ekstase war schon kurz nach Mitternacht erreicht, Eros flog noch immer durch die Lüfte, und Bacchus hatte sich inzwischen aller Kleidungsstücke entledigt und tanzte mit einigen seiner Hetären auf einem silbernen Tablett, als plötzlich das Licht anging und die Party ein abruptes Ende fand. Erschöpft, aber glückselig krochen die Partylöwen und Nymphen in die bereitstehenden Droschken und ließen sich nach Hause fahren. Bacchus indes warf die Hetären von sich und befahl ihnen, aufzuräumen, allerdings mit dem Versprechen, daß am nächsten Tag der Exzess weitergehen würde. *duc*

Bier	Pils v. F., Corona, Weizen, Alt (4,00-10,00)
Wein	Bacchus hat sie persönlich ausgesucht in Baden, Rheingau, Frankreich, Bulgarien ... (6,00-12,00)
Sekt	Auch für Graeger und Crémant de Bourgogne ist er verantwortlich (Fl. 40-120)
Cocktails	Für eine Szeneparty natürlich unerläßlich (8,00-23,00)
Spirituosen	Von Bacchus' russischer Nichte Grasowska (5,00-14,00)
Alkoholfreie Getränke	Perrier gehört wohl auch zum Nachtleben (2,00-4,00)
Heißes	Mau-Mau, sagte der Amaretto und floß in den Kaffee (3,00-7,00)
Essen	Nachts ißt man nicht, schon gar nicht auf einem Szenefest, aber tagsüber wollen sie bald Süßes reichen

Musik	Schön laut und über jeden Zweifel erhaben
Luft	Wen kümmert das schon?
Hygiene	Hygiene? Was ist das?
Publikum	Nachtleben, die Dritte – Klapp
Service	Freundlich und schnell
Preisniveau	O wie schön, daß niemand weiß ...

Tanz der Vampire

Samstagabend. Dunkelheit breitet sich über der Stadt aus, ein kühler Luftzug weht um die Ecken. Endlich können sie ihre Ruhestätte verlassen. Sorgsam jedes Licht meidend huschen sie, Fledermäusen gleich, durch die Straßen, um in den nur matt beleuchteten Hallen abzutauchen. Blutrote, weiter hinten in tiefes Schwarz übergehende Wände bilden die Kulisse. Sie schreiten durch die Säle; die zerbrechlichen Körper, nur spärlich bekleidet oder auch in rauschende, schwarze Gewänder gehüllt, die Mähnen im Lufthauch flatternd, treffen sie.... Manche versinken irgendwo im spärlich verteilten Polstermobiliar – Stühle oder der Holzdielenboden tun's notfalls auch. Geredet wird wenig. Der harte Rhythmus des Independent- und Techno-Sounds fängt sie ein; sie tummeln sich rund um die metallbeschlagene Tanzfläche, betrachten die Tanzenden oder verrenken sich im Halbdunkel in wilden Bewegungen.

Der Morgen droht zu grauen. Fluchtartig schweben sie von dannen. Manche halten sich bis zum nächsten großen Tanz verborgen, andere betreten den dämmrigen Ort bald wieder, um sich von dem Live-Sound von Cathedral und Sleep oder Psychotic Waltz und Doner, der für Normalsterbliche nichts als Lärm ist, zum Wahnsinn treiben zu lassen. Ladie's Night am Freitag soll auch nicht ungefährlich sein. *fat*

NEGATIV
Walter-Kolb-Str. 1
60594 Frankfurt
Tel. 0 69/62 81 18

So-Do 21.00 - 1.00
Fr, Sa bis 2.00
Bei Konzerten ab 20.00

50 Sitzplätze, die auf dem Boden nicht mitgerechnet
350 Stehplätze

Elisabethenstraße:
Bus 30, 36, N 4
Textorstraße:
Straba 14, 15, 16
PH Walter-Kolb-Str.

Bier	Binding Export, Königsbacher Pils, Clausthaler, Beck's (4,50-5,00)
Wein	Nichts Erlesenes; Rot-, Weiß-, Apfelwein, Rosé (3,00-5,00)
Sekt	Glas Sekt (4,50), Flasche Mumm (40,00)
Spirituosen	Bestens sortiert (4,00-9,00)
Alkoholfreie Getränke	Auch ohne Alkohol läßt's sich hier gut leben (3,00-4,00)
Heißes	Auf Anfrage
Essen	Küche braucht's nicht

Musik	Hardcore, Indie, Punk, Techno, Wave, Suicidal-Rock
Spiele	Billard, Kicker (aber nicht bei Konzerten)
Lektüre	WOM, Strandgut
Luft	Gar nicht so übel
Hygiene	Nehmen wir doch den großen Aschenbecher
Publikum	Je nach Veranstaltung – Normalos in der Minderheit
Service	Lässig, aber nicht nachlässig
Preisniveau	Hier wird niemand ausgenommen

Frankfurt **NIEWO**

NIEWO Schachbrett und Ästhetik

Am liebsten gingen Vladimir und Natascha spät am Nachmittag nach Büroschluß in die Galerie in der Nähe des Parks, um die neuesten Werke berühmter Künstler zu bewundern und dabei in Gedanken Schach zu spielen wie der Gefangene in Zweigs „Schachnovelle". Denn ein Brett gab es nur an der Decke, der Kronleuchter glitzerte auf C7, die Schatten der Pferde warfen ein flirrendes Licht an die Decke. Nie(rgend)wo gab es so viele Antiquitäten zu betrachten, Rätsel zu lösen, und in keiner anderen Galerie solch anmutige Bilder zu bewundern wie dort. Dann diskutierten sie heftig darüber, ob nun die verwegen dixisch blickende Frau, das Porträt des alten Fürsten in der Ahnenabteilung, die verschlungenen Kerzenleuchter, die schlüpfrigen Nymphen oder sogar die Büsten aus Marmor am schönsten seien. Obwohl sie nie zu einem Ergebnis kamen und das auch von vornherein wußten, spazierten die beiden öfter in die Galerie, um ein bißchen zu streiten. Einig waren sich Vladimir und Natascha jedoch zumindest in einem Punkt. In der Nähe des Parks war dies die niveauvollste Kunststätte weit und breit. Und so sah man sie stundenlang unter den weißschimmernden Lampen sitzen, miteinander reden und immer wieder Blicke auf die zarten Bilder an den Wänden werfen. Der Kronleuchter glitzerte immer noch unverrückbar auf C7. *duc*

NIEWO
Günthersburgallee 93
60389 Frankfurt
Tel. 0 69/469 23 82

Tägl. 18.00 - 1.00
Küche 18.00 - 23.00

50 Sitzplätze
20 Stehplätze
60 blumenumrankte
Plätze beim Rauschen
der Autos, bis 23.00

Günthersburgpark:
Straba 12
Günthersburgallee:
Bus 32
N 4
Parken: Gute Nerven?

Bier	Warsteiner (auch light) v. F., Hefeweizen und Kristall (4,00-5,00)
Wein	Der Wein zur Kunst ? (5,00-7,00)
Sekt und Schampus	Blanc de Blanc und methodischer Sekt (Fl. 47-90)
Cocktails	Die muß man erbitten, dann wird der Preis festgelegt
Spirituosen	Alles aus dem Elsaß, Mirabelle bis Framboise und Pernod (4,00-6,00)
Alkoholfreie Getränke	Granini, Monsieur Perrier und Mr. Schweppes (3,00-3,50)
Heißes	Normalität (2,50-3,50)
Essen	Gourmets von Bornheim, ihr seid dran

Musik	Dezent, dezent
Lektüre	In einer Galerie wird geschaut und nicht gelesen
Luft	Schön kühl heute
Hygiene	Galerien sind natürlich sauber
Publikum	Galeriebesucher und Bornheimer
Service	Profis sind am Werk
Preisniveau	Damit kann man leben

Frankfurt   **OMEN**

OMEN   Schwere Sorgen

OMEN
Junghofstr. 14
60311 Frankfurt
Tel. 0 69/28 22 33

Fr, Sa 22.00 - 6.00
Gelegentlich auch
feiertags geöffnet

100 Sitzplätze
600 Stehplätze

Hauptwache:
die meisten
U- und S-Bahnen
Nächstes Parkhaus ein
paar Treppen höher

So ein Mist. Es ist zwar erst Mittwoch, doch ich möchte wirklich mal wissen, wo ich die Kohle für mein Wochenende im Omen auftreiben soll. Und was fürs Gemüt brauch ich auch. Wann ist nur endlich Bio vorbei und Pause, ich halt das nicht mehr aus. Vielleicht kann ich sogar auf dem Schulhof was rausbekommen. Ausgerechnet jetzt, wo Svennie auflegt, bin ich total abgebrannt.

Iii, da steht ja schon wieder diese fiese Truppe am Eingang, das darf doch nicht wahr sein. Das gibt wieder Streß beim Reinkommen. O Gott, gerade nochmal gutgegangen. Ätzend, der nervige Gutschein. Das haut rein, wenn ich den verliere. Und wenn ich jetzt nicht gut draufkomme? Verdammt, dem Typ da schulde ich doch noch 50 Mark. Und da drüben steht doch die Sau, die mich beim Mathetest glatt nicht hat abschreiben lassen! Und hier macht er einen auf cool. Mit der pickligen Fresse. Eigentlich hätt ich tierisch Bock auf ein Bier. Besser wär noch was Härteres. Aber nix zu machen, zu teuer. Oh, ich geh um! Der geile Typ ist wieder da, seine blöde Clique leider auch. Ein Glück, daß ich vorher noch was klargemacht habe. Hoffentlich geht's gut ab. Waoh. Svens Hothouse turnt so gut an. Ich fahr total ab. Das bringt mich um. Ich sag besser gar nichts mehr. Irre! Dumm bummm bummbuummuuoohaahh! *fat*

Bier	Vermutlich Henninger (O,3 l: 8,00)
Wein	8,00 pro Gläschen
Sekt und Schampus	Piccolo 15,00, Flasche 50,00 und aufwärts
Cocktails, Spirituosen	Immerhin Longdrinks und Cocktails auf Wunsch (8,00-14,00)
Alkoholfreie Getränke	Alles 7,00
Heißes	Heißes für 5,00
Essen	Snickers beim Garderobier in der Erprobung

Musik	Techno, Hardhouse, Hardcore, Trends
Lektüre	Hä?
Luft	Gar nicht so übel
Hygiene	Kein Thema
Publikum	Raver, junge Leut von 18 bis 20
Service	Immer schön cool bleiben
Preisniveau	Ominös (Eintritt ohne Verzehr bereits 15,00)

Frankfurt — OPUS 111

OPUS 111 — Beethoven meets Adorno

OPUS 111
Palmengartenstr. 8
60325 Frankfurt
Tel. 0 69/74 57 84

Mo-Fr 9.00 - 1.00
Sa, So 10.00 - 20.00
Küche bis 22.00
Sa, So bis 20.00

80 Sitzplätze
25 Stehplätze
60 Freiluftplätze

Bockenheimer Warte:
U 6, 7
N 2
Straba 16
Palmengarten: Bus 33
Parken: o weh!

Des einen Geist weht immer noch musikalisch durch die Lüfte, an des anderen Bild (und an seinen Schriften) kommt auch heute niemand vorbei. Aber getroffen haben sie sich nie, die beiden Heroen, weil es leider historisch unmöglich war. Wo sonst als hier, bei den Klängen der stürmischen und zugleich metaphysisch-dialektischen Sonate (die ja nur die wenigsten Pianisten spielen können), hätten sie sich wohl einen heißen Disput über Demokratie, Demoskopie und Demagogie geliefert? Nirgendwo sonst. Also nur hier. Ludwig und Theodor, ja, wenn das nicht beispielgebend für alle Paare ist, die sich im Wohnzimmer am Palmengarten treffen. Ihnen bietet sich ein wildes Sammelsurium aus Sinatra und Streik, Käsekuchen und Seelenschmerz (respektive Liebeskummer), chinesischen Drachen und Photographien, Pflanzen und Schach, Dialog und Monolog, Modernität und Pathéthique, Marxismus und dampfendem Auflauf und so fort. Und das alles paßt auch noch zusammen. Dialektik eben, die sich Ludwig und Theodor aufklärerisch und höchst individuell in ihrem jeweiligen Bereich zum Lebenstraum erdacht haben. Doch die Vorstellung, sie wären sich hier begegnet, ist einfach zu schön, um wahr zu sein. Was uns bleibt, ist die Hoffnung auf ein Wunder oder einfach der fast erfüllbare Wunsch, Ludwigs Violinkonzert zu verspeisen und dabei lässig Theodors „Minima Moralia" zu verschlingen. *duc*

Bier	Eichbaum Pils und light v. F., Hefe, Hannen Alt (3,80-5,00)
Wein	Klassisch-angenehm (4,00-6,50)
Sekt	Unabhängigkeit ist alles: Cava aus Katalonien (Fl. 36)
Cocktails	Der pazifische Tornado (Chorgasmus) fegt über Belgisch Kongo – furioso ! Flucht nach Cuba Caliente (3,00-14,00)
Spirituosen	Es geht auch glasklar (con molto spirito) (4,00-11,00)
Alkoholfreie Getränke	Eine kleine Wassermusik, frisch Erpreßtes (2,40-5,50)
Heißes	Etüden für Zubereiter heißer Genußmittel (2,80-6,50)
Essen	Wer könnte aufzählen, was zu Tumulto Trompero und „Frieda" Kahlo noch hinzukommt – ohne dabei zu verhungern?

Musik	Opus 111 von Ludwig, was sonst?
Spiele	Schach macht klug und Backgammon entspannt
Lektüre	Minima Moralia, sonst gibt es dialektisch eins auf die Mütze (aber heimlich dürfen Sie FR, FAZ, AZ und Journal lesen)
Luft	A tempo giusto
Hygiene	Erzherzog Rudolph hätte sich noch wohl gefühlt
Publikum	Fans von Ludwig und Theodor, Spione aus dem BWL-Lager
Service	Vivace
Preisniveau	Moderato

Frankfurt — ORFEO

orfeo — Ob mit oder ohne Kino

ORFEO
Hamburger Allee 45
60486 Frankfurt
Tel. 0 69/70 91 18

Sa, So 18.00 - 1.00
Mo-Fr zusätzlich von
12.00 - 15.00
Küche bis 23.00

50 Sitzplätze
20 Stehplätze
Kein Freiluftbetrieb

Westbahnhof:
S 3, 4, 5, 6
Varrentrappstraße:
Straba 16
Parkplatzsuche ist
auch ein Zeitvertreib

Irgendwann einmal, in der Anfangszeit des *Orfeo*, traf sich hier die linke Szene um die Stadtillustrierte „PflasterStrand", die im Hinterhof untergebracht war. Der Modernisierungsschub Frankfurts brachte den Segen der Werbe- und Filmszene ins *Orfeo* und in die umgebenden Gebäude. Das Hofgelände beherbergt Filmproduktionsstätten, Filmverleih und Werbeagenturen. Auch die Nähe zur Messe macht sich oft genug durch die Unterschiedlichkeit der Gäste bemerkbar. Einen weiteren Teil des Publikums stellen die Kinobesucher. Denn mit seinem ausgewogenen Programm bietet das durch einen Flur vom Bistro getrennte Lichtspieltheater den Filmpalästen der Stadt trotzig die Stirn. Ein kulinarischer Genuß läßt sich also leicht mit einem cineastischen Vergnügen verbinden – egal, in welcher Reihenfolge. Bis der Film beginnt, die Verabredung eintrifft, das Pils oder das Essen kommt, darf das kühle Ambiente des großen, hohen Raumes genossen werden. Das Lümmeln an der Bar ist nicht verboten und die Bedienung gibt jedem das Gefühl, nicht zum ersten Mal hier zu verweilen. Die kaum hörbare Musik läßt viel Platz für Gespräche, und der lichtdurchflutete Saal ist bestens geeignet, um Stärken und Schwächen des Outfits anderer Besucher so genüßlich wie unerbittlich zu beurteilen.

Kurz: Ob mit oder ohne Kino, jeder kommt auf seine Kosten. *ara*

Bier	Pils, Weizen, Berliner Weiße, Radler (3,00-4,50)
Wein	Alle Farben aus D, I, S und F (5,00-12,00)
Sekt und Schampus	0,1 l (5,00); Champagner (Fl.44-88)
Cocktails	Von White Lady bis Alexander (10,00)
Spirituosen	Das übliche harte Zeug (4,00-7,00)
Alkoholfreie Getränke	Für alle, die noch Auto fahren oder arbeiten müssen, die üblichen Flüssigkeiten (3,00-6,00)
Heißes	Die warmen Getränke in vielen Variationen (2,50-9,00)
Essen	Besonderes Essen für besondere Leute

Musik	Ganz leis' erklingt Musik
Lektüre	Nebenbei aus Tageszeitungen die Filmkritik oder andere Nachrichten (FAZ, FR, taz)
Luft	Die Luft macht Appetit
Hygiene	Im Gegensatz zum Ambiente normal
Publikum	Messegäste, Kinobesucher, Studis, Schickeria
Service	Prompt und freundlich
Preisniveau	Auch normal, mit dem Ambiente verglichen

Frankfurt — **ORION BAR**

ORION BAR **Intergalaktisch**

ORION BAR
Oppenheimer Str. 41
60594 Frankfurt
Tel. 0 69/603 16 83

So-Do 21.00 - 1.00
Fr, Sa 21.00 - 2.00
Kochen kann man
doch zu Hause

20 Sitzplätze
30 Stehplätze

Schweizer Platz:
U 1, 2, 3
Elisabethenstr.:
Bus 30, 36
Eiserner Steg: N 3
Parken: unmöglich

Als Bronsky und Hutchinson mit ihrem geleasten Shuttleflieger wieder einmal durch das schwarzglänzende Universum düsten (gerade waren sie in die Milchstraße eingebogen und hatten zwei Tramper auf der Sonne abgesetzt), kamen sie in der Äquatorzone an einem rotglühenden Doppelstern vorbei. „Mensch, Hutch, das müssen wir uns unbedingt ansehen", sagte Bronsky. „Kein Problem, mein Freund, ich lasse die Landestelzen ausfahren. Ich hoffe nur, daß die Typen hier eine Tankstelle haben, der Sprit geht uns bald aus", erwiderte Hutchinson. Als die beiden nach gelungener Landung (es war ziemlich nebelig) aus ihrem Raumschiff stiegen, drückten ihnen sofort zwei weiße, stumme Männchen eine rote Landkarte in die Hand. Hutchinson atmete auf: „Gott sei Dank, sie haben Sprit, sogar verschiedene Sorten." Sein Freund indes rieb sich die Hände, denn es war saukalt auf diesem seltsam sterilen Stern. Die Häuser, an denen sie entlangspazierten, waren alle grün gestrichen. Dahinter erstreckte sich eine öde Wüste, nur eine Orchidee stand einsam in einem ausgetrockneten Feld. Das Ganze machte auf Bronsky und Hutchinson einen recht betrüblichen, seelenlosen Eindruck. Nach einer Weile – sie hatten inzwischen aufgetankt – kehrten sie zu ihrem Shuttleflieger zurück. „Komischer Stern, irgendwie langweilig", meinte Hutchinson. Bronsky startete die Triebwerke und nickte beiläufig. „Ja, irgendwie langweilig." *duc*

Hier entsteht leider eine unverzeihliche Lücke, da die Herren, die ihre Namen nicht verraten wollten, ebenso nicht gewillt waren, die Karte zwecks Studium oder gar Mitnahme unserem guten Harry zu überlassen. Wer aber trotzdem den Weg auf diesen Stern antritt, sollte wissen, daß es sich hier um ein edle Bar der edleren Sorte handelt. Eine andere Möglichkeit: Gehen Sie einfach in die direkt nebenan gelegene *Bar Oppenheimer*, oder schauen Sie in diesem Kneipenführer nach, wie die Preise dort sind. Dann haben Sie eine Vergleichsmöglichkeit. Wenn Sie jedoch zu der Sorte Menschen gehören, die sich auf jedwedes Abenteuer einlassen wollen, spazieren Sie gleich in die *Orion Bar*. Viel Spaß.

Musik	Gedämpftes
Luft	Das ist soweit okay
Hygiene	Das auch
Publikum	Tja, das müssen Sie selbst beurteilen
Service	Hochnäsige Menschen
Preisniveau	Siehe oben

Frankfurt — OSTERIA CASA NOSTRA

Bruderzwist

OSTERIA CASA NOSTRA
Konrad-Broßwitz-Str. 42
60487 Frankfurt
Tel. 0 69/77 28 97

So-Do 19.00 - 1.00
Fr, Sa 19.00 -2.00

60 Sitz-, 20 Standfeste

Kirchplatz:
U 6, 7
Parkplätze:
U-Bahnfahrer brauchen keine!

Wir waren eine große, zufriedene Familie. Und natürlich haben wir alle zusammengehalten. Daß wir uns im Ausland durchschlagen müssen, hat wohl das Seine dazu beigetragen. Unsere politische Aufgeschlossenheit hat uns auch geholfen. Diejenigen, die Geld machen wollten, sind früher schon ausgestiegen. Und wir haben zusammen weitergemacht. Acht Jahre lang. Ja, ausgerechnet wir Ausländer haben den Einheimischen mit unserer Kneipe ein Stück Heimat gegeben. Und selbstverständlich unseren heimatvertriebenen Kumpanen auch. Egal, ob sie aus Italien oder Spanien, aus Griechenland oder aus der Türkei kamen. Kunde und Wirt waren (und sind) nur schwerlich auseinanderzuhalten. So wie es sich eben für eine richtige cucina populare gehört. Wir haben zusammen geweint und zusammen gelacht. Am Schluß haben wir dann gestritten. Und uns getrennt. Jetzt machen wir zwar das gleiche, aber nicht mehr gemeinsam. Zweimal Casa, aber nur in einer gibt´s Fisch. Allein dafür lohnt es sich schon. Schließlich muß man ja auch als polyglott eingestellter Mensch seine regionale Herkunft nicht verleugnen. Und jeder soll nach seiner Fasson glücklich werden.

Roh, gewöhnlich, so wie die andere Casa früher war, zeigen wir uns auch jetzt: Cantina populare, das heißt: Alle können kommen, jeder findet Platz. Popolo multiculturale – wir verstehen das nicht bloß als hohlen Satz. *dd*

Bier	Krombacher, Dom, Binding, Jever (3,50-4,00)
Wein	Bescheidene Auswahl (Gl. 4,00-6,00; Fl. 17,00-20,00)
Sekt und Schampus	Cava (Gl. 5,00; Fl. 32,00)
Spirituosen	Ausreichend (3,50-7,50)
Alkoholfreie Getränke	Bescheidenheit (2,00 - 3,00)
Heißes	... ist keine Zier (2,00 - 6,00)
Essen	Volksküche

Musik	Zeitgenössische Volksmusik
Spiele	Schach, Backgammon, Karten
Lektüre	Ital. und span. Zeitungen
Luft	Könnte besser sein
Hygiene	Die auch
Publikum	Multikulturell
Service	Sehr nett
Preisniveau	Günstiger geht's kaum noch

Frankfurt — OUZERIE ATMO

Freiheit, die ich meine

OUZERIE ATMO
Gaußstr. 39
60316 Frankfurt
Tel. 0 69/43 15 90

So-Do 18.00 - 1.00
Fr, Sa 18.00 - 2.00
Küche ab 18.00;
wenn der Koch keine
Lust mehr hat, geht er
eben

25 Sitzplätze
15 Stehplätze
20 Freiluftplätze

Hessendenkmal:
Straba 12
Musterschule: U 5
Parken: nahezu
zwecklos

Tanz mir den Sirtaki, Sorbas! Beweg dich im immergleichen Rhythmus der Musik, verleih deinen Gefühlen in kleinen Gesten Ausdruck und führ mich zurück in deine Heimat Kreta. Aber versuche nicht, mich reinzulegen. Ich kenne sie, diese ach so griechischen Spelunken in dieser Stadt, mit ihren weichgezeichneten Meerespanoramen in azurblau, mit Tragödien-Graffiti am Fließband und mit Schnitzeln in Jägersoße. Keine Show, Sorbas, keine Tempelmaskerade mit Alibi-Ouzo – ich will Griechenland sehen, verstehst du? Ja, so ist es gut: diese kleine, schlichte, intime *Atmo*sphäre, dieser satte, rote Wein aus Fässern, dieser zaghafte Hang zum Kitsch mit der Kinderspieluhr und den grellen Herzchen-Aufklebern. Dieser Geruch, Sorbas – erinnerst du dich? Die Kerzen im Wasserglas, sie brennen nicht mehr lange. Laß uns hier bleiben, für einen Moment oder zwei, und versuchen, die Spielregeln einzuhalten: Keine Hektik, nicht hier, nicht heute abend, kein aufgesetztes Gehabe, keine Blickduelle an der Spiegelfront. Freiheit, Sorbas! Ein winziges Stückchen Freiheit in dieser Stadt. So habe ich es mir immer vorgestellt, die ganze Zeit schon. Aber verrate mir eines, mein Freund: woher die arabischen Schriftzeichen an der Wand, woher die marokkanischen Spiele? Nein, warte! Sag es mir nicht. So genau will ich es nicht wissen. Lieber weiterträumen – für eine Weile noch. *jö*

Bier	KöPi, Budweiser, Maisel's Weizen (3,50-5,50)
Wein	Naoussa, Liokri, Malamatina, Logado, Patras v.F. (5,50-28,00)
Sekt	Prosecco (Fl.45)
Cocktails	Strandcocktail aus Zypern, div. Alkoholika auf div. Früchten (20,00)
Spirituosen	Ouzo Nr. 12, Barbajanni, Aphrodite, Athene, span. Brandies, franz. Cognacs, griech. Liköre (4,00-11,00)
Alkoholfreie Getränke	Mineralwasser aus Marokko, Zitrone natur, Coke (3,50-7,00)
Heißes	Minztee, griech. Mocca und Frappé, kret. Bergtee (3,00-5,00)
Essen	Gefüllte Champignons und Weinblätter, Krebsfleisch in Dill, Riesengarnelen, Lammlendchen, Gigantes, Saganaki

Musik	Griechische und marokkanische Weisen
Spiele	Backgammon und diverse Brettspiele
Lektüre	Einige wenige Szenemagazine
Luft	Kein Problem
Hygiene	Ein Lob an die Putzfrau/den Putzmann
Publikum	Menschen auf der Suche nach Entspannung
Service	Zuverlässig, freundlich, unaufdringlich
Preisniveau	Sehr fair

Wohin, wohin?

Niko Raatschen, *Lektor*
Kaffee kann ich selbst kochen, und daheim ist es auch ganz hübsch. Also muß mehr bieten, was meine Kneipe sein will. So stehe ich denn auf – die griechische Insel in der Brandung des Verkehrslärms, den Blick über die Dächer an der Hauptwache, die kleinste Tanzkneipe der Stadt (mit Pimm's ohne Minze), die Erinnerung an einen südlichen Weinkeller. Da bin ich ab und an zu Hause – wenn ich nicht zu Hause bin.

Heike Liessmann, *Journalistin*
Ich habe gedacht, so etwas gibt es nur noch im Film, im Ruhrpott und für Herren älterer Jahrgänge: eine Kneipe, in der man sich trifft, ohne sich vorher verabreden zu müssen; es sind immer Menschen da, die man kennt oder im Laufe der Zeit durch „Stammtischgespräche" kennengelernt hat. An die runden Tische paßt immer noch einer dran; beim Bier, seltener beim Wein, bespricht man den Tag, den Kummer, den letzten Film, den Job und den- oder diejenige, die gerade nicht da ist. Und es gibt sie doch. Sie liegt zwei Straßen weiter. Für andere ist sie Szenetreff und/oder Restaurant für den gepflegten Hunger vor Mitternacht. Für mich ist sie erst ab 24 Uhr interessant, dann treffe ich nämlich auf ein Stück Stadtheimat. Wenn wir es schaffen, den Chef zu integrieren, sehen wir die Tür nach Sperrstunde von innen, bei heruntergelassenen Rolläden, bis drei Uhr früh.

Ich will hier meine Begeisterung kundtun und gleichzeitig verschwiegen sein, was den Standort dieser meiner Lieblingskneipe betrifft. Sucht Euch doch selber eine – zwei Straßen weiter.

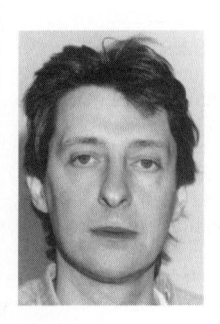

Berthold Dirnfellner, *Schriftsteller*
Ich gehe West, stadtteilmäßig, so wie Mann im *Café Mozart* sowieso nur die Herrenschnitten genießt: Wenn, dann herb. Und wer ist da gegen Mitternacht gewaltiger als Charles vom *Pschorr-Fass*? Er, der König der Münchener Biere und des dienstältesten Biergartens hier in der Main-Stadt. Und sowieso sollte Mann nur eine Kneipe betreten mit dem Motto aus dem irischen Volksmund auf den Lippen: „Das Bißchen, was ich esse, kann ich auch trinken!" Deswegen zur ganzjährigen Weinkur bei der blonden Ulla in der *Alten Schmiede* hier in Nied um die Ecke. In Höchst kommt's einem dann am besten spanisch vor in der *Taverna Triana* mit besten iberischen Weinen und einer Fischsuppe, die ihrem weltberühmten Pendant aus Marseille eine neidische Schamesröte auf den Teller treibt! Genau.

Frankfurt PALASTBAR

PALAST
BAR

Welcome to Nightlife

PALASTBAR
Heiligkreuzgasse
16-20
60313 Frankfurt
Tel. 0 69/920 02 20

Di-So 17.30 - 3.00
Küche durchgehend

150 Sitzplätze
40 Stehplätze

Konstablerwache:
U 4-7
Alle S-Bahnen
Alle Nachtbusse

Parken: in der
Umgebung
Parkhaus
im Arabella-Hotel

Die Welt hat auf einer Messerspitze Platz. Sie ist eine Flasche Champagner, vorausgesetzt, man kennt die Mitte und beherrscht die Extreme. Das Wunder ist eine weiße Taube, die wirklich auftaucht aus blauschwarzer Nacht; sie fliegt, um gleich wieder zu verschwinden im lockeren Faltenwurf der Ewigkeit, solange der Vollmond wiederkehrt und uns den Hof macht.

Ein Varieté in einer Stadt zu eröffnen, in der die zahlreichen Banken weithin sichtbar demonstrieren, an welche Realität man hier glaubt, ist ein Zauberkunststück für sich. Der Tiger faucht schon seit fünf Jahren im Varieté, und seit einem Jahr tanzt nun in der *Palastbar* der Bär. „Nachtleben" in der Mainmetropole bedeutete bisher, sich ab 1 Uhr in die heimischen Schlafzimmer oder wahlweise in die Rotlichtschuppen zurückzuziehen. Die Alternative für Freunde der Nacht ist ein Keller, der die Atmosphäre der legendären Bars der 20er Jahre heraufbeschwört. Flanierende Klein- und neugierige Weltbürger treffen aufeinander, schleppern hier und da eine Flasche Schampus, nippen an exotischen Cocktails und lassen sich einlullen von klassischem Entertainment im Stile der American Bars. Da singt Joan Faulkner keine zwei Meter entfernt ihren wunderschönen, traurigen Blues, Meistermagier Jeff Sheridan beweist, daß der Schein Wirklichkeit, die Wirklichkeit Illusion ist, die Clark Brothers lassen den Steptanz wiederaufleben, und, und, und ... Ladies and Gentlemen, Geschäftsleute und Literaten, Nachtschwärmer und Träumer: Welcome to nightlife! *rea*

Bier	König Pilsener v. F., Budweiser und alkfreies Kelts (alle 7,50)
Wein	Châteauneuf du Pape und andere edle Tropfen (Fl. 38,50-195)
Sekt und Schampus	Piper Heidsieck, Taittinger, Dom Pérignon (Fl. 62,50-550)
Cocktails	Da hätten wir Sours, Fizzes, Daiquiris, Coladas ... – noch Fragen? (17,00)
Spirituosen	Absolut in doppeltem Sinne (8,50-13,50)
Alkoholfreie Getränke	Verschiedene Wasser, alkoholfreie Cocktails (4,00-12,00)
Heißes	Ohne Alkohol (4,00-4,50) und mit Alkohol (17,00)
Essen	Kleine, erlesene Speisekarte

Musik	Dezente Hintergrundmusik oder live am Klavier
Lektüre	Die Speise- und Getränkekarte ist ein Buch
Luft	Ist ja wohl selbstverständlich
Hygiene	Again: ist ja wohl selbstverständlich
Publikum	Nachtschwärmer aller Klassen und Rassen
Service	Profis; ist ein Vergnügen, denen zuzuschauen
Preisniveau	Nobel geht die Welt zugrunde

Frankfurt — PALMCAFE

PALMCAFE — Nur keine Hektik

PALMCAFE
Schifferstr. 36
60594 Frankfurt
Tel. 0 69/62 71 62

Mo-Sa 9.00 - 22.00
So 10.00 - 22.00
Frühstück bis 21.00
Warme Küche bis
Betriebsschluß

50 Sitzplätze
6-7 Stehplätze
Freiluftbetrieb ist
beantragt

Elisabethenstraße:
Bus 30, 36, N 1
Parken: schwierig,
schwierig
Parkhaus Walter-Kolb-
Straße ist nicht weit

Brian hatte es eilig. Nur auf einen kurzen Sprung war er eingekehrt, hatte unter Palmen hastig eine Mahlzeit verschlungen und schickte sich an, weiterzureisen. "Wieviel?" "Das macht, sagen wir, 20 Mark." "Fein." Er will zahlen. Der Wirt winkt ab: "Moment mal. Wir müssen feilschen." "Nein, nein, ich muß weg." "Was meinen Sie mit nein, nein?" "Ich hab keine Zeit." Der Wirt ruft einen Zwei-Meter-Mann herbei. "Jonathan, dieser Mensch will nicht feilschen." Jonathan baut sich vor dem Gast auf: "Nicht feilschen?" "Also gut …" "Schön, also: ich will 20 Mark." "Die haben Sie gekriegt." "Wollen Sie behaupten, das Essen wäre nicht 20 Mark wert?" "Nein." "Schnuppern Sie an diesem Kaffee, beißen Sie in diesen Schinken, …" "Gut, dann gebe ich Ihnen 19 Mark." "Oh nein, so macht das keinen Spaß. Feilschen Sie wie ein vernünftiger Mensch – das ist doch keine 19 Mark wert." Der Gast ist verwirrt: "Aber gerade sagten Sie noch …" "Kommen Sie, feilschen Sie." "Also gut, ich gebe Ihnen 10." Der Wirt lächelt: "Schon besser." Er zieht ein theatralisches Gesicht und fängt an zu jammern: "10?? Sie wollen mich wohl beleidigen! Mich, mit meiner im Sterben liegenden Großmutter. 10?" "Okay, 11." Wirt leise: "Ja, so geht das." Laut klagt er: "Er sagt 11, hab ich richtig gehört?" Der Gast wird zunehmend hektischer: "17." Sein Gegenüber schüttelt den Kopf: "Na, na, na – 17." "18?" "Nein, Sie sind bei 14." "Gut, ich gebe Ihnen 14." "14?? Das soll wohl ein Witz sein?" Gast verzweifelt allmählich: "15, bitte!" "17, und das ist mein letztes Wort ." "16." "Gemacht. War nett, mit Ihnen Geschäfte zu machen." *rea*

Bier	Roggen hefetrüb, Pfungstädter, Berliner Weiße (3,80-5,30)
Wein	Zwei Sorten pro Farbe, einmal trocken, einmal lieblich (6,50)
Sekt und Schampus	Nur Mumm Piccolo (9,50)
Cocktails	Hausbacken (alle 8,50)
Spirituosen	Da wird's schon bunter: von Asbach bis Whisk(e)y (3,50-7,00)
Alkoholfreie Getränke	Frisch gepreßte Säfte, Buttermilch, Milchmixes (2,80-5,00)
Heißes	Große Auswahl an Kaffee, Tee und Schokolade (2,60-7,00)
Essen	Einfache, gute Küche, Frühstückspalette

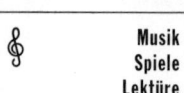

Musik	"Always look on the bright sight of life"
Spiele	Schach, Backgammon, Karten, Kinderspiele
Lektüre	Tagesaktuelles und Kinderbücher
Luft	Viele Pflanzen und zwei Ventilatoren machen gute Luft
Hygiene	Ist okay
Publikum	Verschiedenste Altersstufen und Nationalitäten
Service	Siehe Überschrift
Preisniveau	Günstig

Frankfurt — PAPAGAYO

PAPAGAYO — Postseminaristik

PAPAGAYO
Robert-Mayer-Str. 41
60486 Frankfurt
Tel. 0 69/70 04 32

So-Fr 10.00 - 23.00
Sa 18.00 - 23.00
Küche durchgehend
außer 15.00 - 17.00

100 Sitzplätze
70 Freiplätze bis 23.00

Adalbertstraße/
Schloßstraße:
Straba 16
Bockenheimer Warte:
U 6, 7
Chaotische Parkplatzsituation

Es ist wieder mal das Übliche: Nach dem Seminar sind alle Bistros und Cafés in Uni-Umgebung besetzt, und als hungriger Student hast du mal wieder das Nachsehen. Bis der Geistesblitz nach mehr oder weniger anstrengender Denkarbeit einschlägt: Stimmt, da gibt es ja noch das *Papagayo*. Ein paar Schritte mußt du schon in Kauf nehmen (es sei denn, du kommst gerade aus dem wunderschönen Uniturm), aber oft lohnt sich der Weg, und du kannst dich von geistiger Anstrengung erholen. Die bessere Alternative ist natürlich, noch vor der Lehrveranstaltung hier einzukehren und bei dem ein oder anderen Milchkaffee langsam wach zu werden. Eigentlich ist auch später noch genug Zeit, dich in den überfüllten Seminarraum zu quetschen, um die neuesten Erkenntnisse über mittelhochdeutsche Grammatik oder die Grundlagen der Psychologie zu gewinnen. Klaus und Sabine sind auch da, so ein Zufall, da bestellst du doch gleich noch einen Kaffee. Und warum nicht gleich ausgiebig brunchen? Wer hätte da gedacht, daß die Zeit so schnell vergeht? Eigentlich ist es jetzt zu spät fürs Seminar. Und ist es nicht ohnehin viel schöner, sich im *Papagayo* einen kühlen Sekt bringen zu lassen, als in den kahlen Räumen der Uni zu versauern? Es ist vielleicht nicht dazu geschaffen, zum Lieblingscafé auserkoren zu werden. Aber spätestens beim „Kaffee Bretagne" ist dein Gewissen betäubt und du fragst dich, warum du eigentlich nicht gleich auf die Idee gekommen bist, heute mal 'ne ruhige Kugel zu schieben. *amo*

Bier	Premium Pilsener, Pilsener Urquell, Budweiser v.F., Hefe- u. Kristallweizen, Clausthaler (3,00-4,90)
Wein	Franzosen und Italiener (5,00-6,50)
Sekt	Schaumwein von Graeger bis Hausmarke (Fl.27-34)
Spirituosen	Apfelwein-Sekt-Gemisch, alkfreie Cocktails (4,50-8,00)
Alkoholfreie Getränke	Von Milchshake bis Wasser (2,50-5,50)
Heißes	Heißes in allen Variationen (2,50-6,50)
Essen	Warmes und Kaltes, Tageskarte, sonn- und feiertags Frühstücksbuffet

Musik	Erträgliches Geklimper
Spiele	Für Zocker und Harmlose
Lektüre	Weil Lesen bildet
Luft	Atmen verschafft hier keine Probleme
Hygiene	Sauber
Publikum	Geh ich ins Seminar oder nicht?
Service	Nicht gerade die Schnellsten, aber nett
Preisniveau	Angemessen

Frankfurt — PAULANER

PAULANER
Wiedergeburt

PAULANER
Rotlintstr. 28
60316 Frankfurt
Tel. 0 69/43 15 10

So-Do 17.00 - 1.00
Fr, Sa 17.00 - 2.00
Küche 18.00 - 22.00

100 Sitzplätze
45 Stehplätze
60 Freiplätze bis 23.00

Friedberger Platz:
Straba 12
Bus 30, N 4
Dies ist das Nordend!
Kein Parkhaus in der Nähe

Ein Jahr ist es her, da wurde das „*Paule*" zu Grabe getragen. Die am hellsten erleuchtete Kneipe Frankfurts bekam neue Pächter, und als die nach einer Renovierungspause die Türen wieder öffneten, da hatte die Szene das Lokal schmollend für out erklärt.

Allerdings – wenn nikotintriefende Tapeten und Gardinen in sind; wenn umgekehrt saubere Toiletten und gewaschene Tischdecken out sind; wenn es chic ist, in einer Kneipe jämmerlich zu verdursten, statt – wie jetzt – nicht nur prompt bedient, sondern dabei auch noch mit einem freundlichen „Guten Abend" begrüßt zu werden; wenn es out ist, daß man außer bayrischem Bier auch noch superleckere Paste bekommt - dann soll sich die „Szene" getrost in ihre „In-Läden" verziehen. Das *Paulaner* hat einen Wandel mitgemacht: Zwar tauchen am Wochenende noch vereinzelt die Jungs und Mädels auf, die stets bestens informiert sind, wo man gerade hingeht und welcher Laden auf dem Szene-Index steht. Doch unter der Woche haben sich diejenigen das Paulaner zurückerobert, die schon da waren, als es die Szene noch nicht gab : Die Anwohner des Nordends. Da selbiges ein lebendiges Viertel ist, trifft sich eine entsprechend bunte Mischung, und das sicher nicht zum Schaden der Kneipe. Das „*Paule*" ist tot – lang lebe das „*Paule*". rea

Bier	Paulaner als Pils, Ex und Weizen, für Autofahrer Kelts (3,80-5,30)
Wein	Riesling, Franzosen und Chianti (5,50-7,00)
Sekt und Schampus	Da muß es schon was zu feiern geben (Fl. 40-95)
Cocktails	Nichts, was man nicht auch zu Hause mixen könnte (alle 8,50)
Spirituosen	Internationale Mischung (4,00-6,00)
Alkoholfreie Getränke	Das Übliche (2,50-4,00)
Heißes	Vier verschiedene Kaffees zum Wachwerden, Schokolade, Tee (2,50-4,00)
Essen	Ein Eldorado für Pastafreaks, Salate

Musik	Wird vom Geräuschpegel der Gäste übertönt
Spiele	Backgammon, Schach, Karten
Lektüre	Aktuelle Tagespresse, Journal Frankfurt, Theatermagazine
Luft	Geeignet für Kontaktlinsenträger
Hygiene	Neue Besen kehren gut
Publikum	Nordendler, wochenends mit „Szene" versetzt
Service	Unglaublich, aber hier arbeitet der lebende Beweis: Kellner müssen nicht mürrisch sein
Preisniveau	Angemessen

PHOENIX	# Traummann
PHOENIX Großer Hirschgraben 20 60311 Frankfurt Tel. 0 69/29 25 18 Mi-Sa ab 22.00 Open end 100 Sitzplätze 200 Stehplätze Hauptwache: Alle S-Bahnen Parkhaus Hauptwache ist die letzte Chance	Also los: heute oder nie. Rein in die hohen Schuhe, dann die qualvolle Frage: Jeans oder Rock? Langes Überlegen, bis ihr einfällt, daß die neue Hose sowieso in der Wäsche ist. Also Rock. Ziemlich auffällig, Pumps und Mini, da greift sie als Ausgleich zum hochgeschlossenen Shirt, man kann ja alles übertreiben. Dann die unvermeidliche Schminksession, es muß ja nicht jeder sehen, daß sie vor kurzem noch in die Schule ging und nachmittags Mathe und Bio paukte. Dank an Nofretete (oder wer immer Lippen- und Lidstift erfunden hat): Richtig angewendet, so wie's in „Bravo Girl" empfohlen wird, macht das garantiert zwei bis drei Jahre älter. Bald müßte die beste Freundin klingeln, allein geht schließlich niemand gern in die Disco, und dann hinein ins Vergnügen, zum Tanzen und Plaudern. Und vielleicht gibt es ja im *Phoenix* den ein oder anderen netten Typen, den man kennenlernen könnte. Die Erwartung ist groß, die Enttäuschung auch: Statt sagenhafter High-Tech-Welten in entsprechender Aufmachung empfängt sie ein im großen und ganzen eher dörfliches Ambiente. Und die Männer ringsum, nun ja, sie hatte da etwas anderes im Sinne gehabt. Doch die Nacht ist jung, wer weiß, wer noch so alles eintrudeln wird. Und wenn es heute nicht klappt, dann eben morgen. Oder übermorgen. Oder nächstes Wochenende. Oder vielleicht an einem anderen Ort? *amo*
Bier Wein Sekt und Schampus Cocktails Spirituosen Alkoholfreie Getränke Heißes	Kaiser Pils, Guinness Stout, Gerstel alkoholfrei (7,00-8,00) Zwei Sorten Wein tun's auch (7,00) Für lange Disco-Feiern: Witwe, Moët, Roederer (Fl. 49-350) Alles, was man zu einer langen Nacht braucht (16,00-20,00) Auch flaschenweise. Wer's braucht, kann Magenbitter bekommen (7,00-8,00) Für sportliche Höchstleistungen auf der Tanzfläche: Saft, Sangrita, Selters (3,00 als Beigetränk, sonst 7,00) Keine heißen Getränke
Musik Spiele Lektüre Luft Hygiene Publikum Service Preisniveau	Musik, bis die Ohren dröhnen Mensch ärgere dich nicht – wenn der Traummann nicht kommt Wer liest schon in der Disco, und das kurz nach dem Abi Etwas stickig Soweit man sehen kann, sauber Besuch aus Offenbach Freundliche, rotgekleidete Gestalten bringen Flüssigkeiten Für eine Disco normal

Frankfurt — PIELOK

PIELOK — Und ewig lockt der Baum

ɏɏɏ

PIELOK
Jordanstr. 3
60486 Frankfurt
Tel. 0 69/77 64 68

Mo-Fr
11.30 - 15.00
17.30 - 24.00
Halbe Stunde vor
Betriebsschluß wird
die Küche kalt

70 Sitzplätze
6 Stehplätze
an der Theke
40 Freiluftplätze bis
22.00

Bockenheimer Warte:
U 6, 7
Straba 16
PH Adalbertstraße
ab 20 Uhr mit Glück
auf der Straße

Ich darf mich vorstellen: B.Aum. Mein Alter weiß keiner von den Zweibeinern, denen ich mit meinem Schatten Schutz gewähre. Schon beim ersten warmen Sonnenstrahl kommen sie wieder und lachen unter mir. Zum Beispiel der Professor da hinten. Seit Jahren kommt er unregelmäßig und behauptet, hier im Garten schmecke das Essen doppelt gut. Sein Gesicht verzieht sich zu einer Fratze, wenn jemand das Wort „Mensa"erwähnt. Oder die beiden Turteltäubchen neben Frau S.Trauch. Den Herrn begrüßt der Wirt immer mit einem Lächeln. Die wechselnde Begleitung bewegt ihn manchmal zu einem anerkennenden Nicken, seltener zu einem mißbilligenden Seitenblick. Mich tätscheln die Frauen hin und wieder mit der vielsagenden Bemerkung, nur ich wisse über ihre Geheimnisse Bescheid. Ich wiege meinen Wipfel dann im Wind und schweige. Aber wer ist eigentlich dieser unsicher schauende Neuling an ihrem Nachbartisch? Sieht aus wie ein Student. Aber das kann man heuzutage nicht so genau sagen. Die haben sich in den vergangenen fast fünfzig Jahren ganz schön verändert. Ich weiß noch, früher, da ... Ach, längst vorbei. Na, und da drüben: die Belegschaft einer Werbeagentur mit den üblichen Witzen und Bemerkungen. Danke, ich weiß, wie gut ich aussehe. Diesen einen schmierigen Typen mag ich überhaupt nicht. Immer erzählt er von einem meiner Vettern vom Lande und wie verwegen er, als er noch klein war, auf ihm rumgetollt sei. Der soll es bloß wagen, auf mir herumzuklettern. Manchmal sehne ich mich nach dem Winter. Wenn sie alle mit diesem sehnsüchtigen Blick hinter der Glasscheibe sitzen und zu mir herausschauen. Dann räkel' ich mich besonders lasziv und zeige meine Formen. *ara*

	Bier	Das darf doch nicht Warstein: es gibt Kölsch und Schöfferhofer Weizen (2,50-4,50)
	Wein	Rot und weiß und rosa aus F und D (4,80-6,00)
	Sekt	Das edle Tröpfchen Sprudel (Fl. 26,50-28,50)
	Alkoholfreie Getränke	Erfrischendes mit und ohne Vitamine (2,00-3,00)
	Heißes	Heiße Naturblätter und Bohnen (2,00-2,80)
	Essen	Feine Tageskarte

	Musik	Aus den Boxen säuselt die Musik
	Lektüre	Frankfurter Rundschau
	Luft	Angenehm
	Hygiene	Hier bin ich Mensch, hier darf ich's sein
	Publikum	Querbeet
	Service	Einfach freundlich
	Preisniveau	Der Weg lohnt sich

Frankfurt — PLASTIK

PLASTIK — **Nur für Stammgäste**

PLASTIK
Seilerstr. 34
60313 Frankfurt
Tel. 0 69/28 50 55

Mo-Do 22.00 - 4.00
Fr 22.00 - 5.00
So 20.00 - 24.00

30 Barhocker, sagte einer, der hineingekommen ist

Hessendenkmal:
Straba 12
Bus 30, N 4
Helden zwängen sich in die unmögliche Parklücke, Vernünftige fahren in die PH Konrad-Adenauer-Straße oder Am Gericht

Arnold Loch, einer der berüchtigsten Türsteher, hat bislang schon über tausend Leute auf die Heimreise geschickt, die ins *Plastik* wollten. Um seine Haltung zu verstehen, hat unsere Mitarbeiterin Dora ein Interview mit ihm geführt.
Dora: Herr Loch, warum weisen Sie so viele Leute ab, die in das *Plastik* wollen, um sich zu amüsieren?
A. Loch: Wissen Sie, wenn einer mit langen Haaren hier ankommt, krieg' ich gleich die Krise.
Dora: Warum?
A. Loch: Ist doch klar. Diese Typen haben doch nur Scheiße im Kopf und wollen randalieren.
Dora: Woher wissen Sie das?
A. Loch: Das sieht man denen eben an.
Dora: Wenn die gleichen „Typen", wie Sie sie nennen, im geschniegelten Dre?, die Haare zu einem Zopf gebunden, mit je einer hübschen Blondine im Minirock an der Seite, vor ihnen stehen würden, was täten Sie dann?
A. Loch: Dann würde ich sie hereinlassen, das ist doch ganz klar, Mann.
Dora: Entschuldigung, aber ich bin eine Frau.
A. Loch: Ach so.
Dora: Eine Frage noch, Herr Loch. Ist es Ihre eigene Entscheidung, wenn Sie jemanden abweisen?
A. Loch: Nee, da gibt's 'ne Order von oben. Und die lautet: „Wer nicht angemessen angezogen ist, hat hier nichts verloren." Und ich finde das auch richtig so.
Dora: Vielen Dank für das Interview, Herr Loch. *duc*

Hier sollte eigentlich eine Liste mit Getränkepreisen und einer Kurzbeschreibung des Gebotenen erscheinen, aber leider durfte unsere Mitarbeiterin Dora nach dem Gespräch mit Herrn A. Loch die Diskothek nicht betreten. Mit einem lässigen „Nur für Stammgäste" wurde sie abgewimmelt. Wegen der Besucher, die ihr auf dem Rückzug entgegenkamen, vermutet Dora jedoch, daß a) sich die Preise auf dem höchsten Level befinden, b) Zeitungen mit Sicherheit gelesen werden, c) das Publikum aus vergnügungssüchtigen, gut verdienenden oder für einen Abend (wg. Blondine) so erscheinenden Menschen besteht und daß d) dieser Laden eben nur für Stammgäste geeignet ist.

Frankfurt PLUS

PLUS Kühlschrank und Cabrio

🍷🍷

PLUS
Oppenheimer
Landstr. 31
60596 Frankfurt
Tel. 0 69/61 59 99

So-Do 10.00 - 1.00
Fr, Sa 10.00 - 2.00
Die Küche ist bis kurz
vor Betriebsschluß
geöffnet

70 Sitzplätze
55 Stehplätze
80 Plätze zum Schauen
bis 22.00

Schweizer Platz:
U 1, 2, 3
Cabrios parken vor
dem Eingang, die
anderen suchen
unentwegt weiter

Ich kann, ich will es nicht glauben. Da steigen die sonnenbebrillten Helden bei strahlendem Heliosschein (samt oder ohne Püppchen zum Anfasssen) aus ihren glitzernden Automobilen, streichen sich sanft über die Pomadenwelle und begeben sich – freiwillig! – behäbig-souverän die kühlgrauen Stufen zum Atrium hinauf, öffnen die schwere Eisentür, hinter der nicht nur sie eine güldene Schatztruhe vermuten – und was müssen sie sehen? Einen eiskalten Refrigerator. Unglaublich. Schlimm, das. Aber das Schlimmste kommt ja noch. Diese spätbarocken „Abziehbilder" (so nannte meine Freundin Ilse, die mich besuchte und die „schönen" Seiten der Stadt bestaunen wollte, die Helden) wundern sich noch nicht einmal darüber, sondern tun so, als sei diese Grabeskälte das Selbstverständlichste auf der Welt. Ich kann nur vermuten, daß ihnen durch die trüben Gläser ihrer schwarzen Sonnenbrillen, die sie natürlich erst viel später abnehmen, der rechte Blick für die Dinge des Lebens abgeht. Realitätsverdrängung nenne ich das. Trotzdem unglaublich. Minustemperaturen. Das Ding wird nie auf einen grünen Zweig kommen, und so ein „Schnösel" (wieder ein Wort von Ilse) auch nicht. Aber das ist ja auch reine Chuzpe, dieses Gefrierfach *Plus* zu nennen. Doch irgendwie ist es bezeichnend, daß die beiden Ladies (als Entschuldigung muß man sagen: sie befinden sich in einer eminent schwierigen Phase ihres Lebens) im black body auf der ledernen Ersatzbank ihre Beine ausstrekken. Die haben es eben noch nicht kapiert, daß sie eine Krise durchmachen. Wie sagte Ilse doch abschließend: „Die Antarktis ist nicht so weit entfernt, wie wir uns das vorstellen." *duc*

Bier	Krombacher, Fairlight v. F., Diebels Alt (3,50-6,00)
Wein	Chablis, Muscadet ... Riesenauswahl (6,00-8,50)
Sekt	Neben den ganz Gängigen Kriter, Burgeff, Perrin (Fl. 53-248)
Cocktails	Happy Cocktails, Latin Kiss und Zombie: haha (13,00-18,00)
Spirituosen	Remy, Carlos I., siebenfacher Metaxa (5,00-14,50; Fl.121-170)
Alkoholfreie Getränke	Multivitamin für den Sportsmann von oben (3,00-4,00)
Heißes	Aber bitte mit Sahne (3,00-6,50)
Essen	Europäisches Frühstück und Lachs

Musik	Das, was modern ist, aber nicht zu laut
Lektüre	Au weia: Neue Presse und Die Welt, immerhin FR
Luft	Wie es halt so im Kühlschrank ist
Hygiene	Meister Proper war da
Publikum	Ich fahre Cabrio und habe mindestens fünf netto
Service	Ich traf auf eine nette Dame
Preisniveau	Wer Cabrio fährt, kann das auch bezahlen

Frankfurt — **PSCHORR-FASS**

Verschwörung

PSCHORR-FASS
Oeserstr. 16
65934 Frankfurt
Tel. 0 69/39 82 56

Mo-Sa 17.00 - 1.00
Küche bis 22.00

50 Sitzplätze
20 halten sich rund um die Theke aneinander fest
Bezaubernd, dieser alte Garten:
80 Plätze, mindestens bis 23.00

Nied: S 1, 2
Bus 5
Nied/Brücke: N 4
Parken: Nichts ist unmöglich!

Es war Mittwoch. Der Anruf kam mitten in der Nacht. Paul schreckte jäh aus seinen Träumen hoch. Er hob den Hörer. „Hallo?" Die männliche Stimme am anderen Ende hauchte nur seltsame Wörter in die Leitung, es klang wie „Erbsen und Schorle". Verdammt, was wollte dieser Typ? „Hallo, sind Sie noch da?" Eine Weile schwieg die Stimme. Dann wiederholte sie die Wörter und nannte eine Uhrzeit. „Kommen Sie morgen zu dieser Zeit dorthin." „Wohin?" Wieder herrschte Stille. Dann nannte die Stimme eine Adresse in einem entfernten Stadtteil, den Paul kannte. „Also, morgen um zehn." Paul wollte gerade etwas erwidern, da klickte es in der Leitung. Am nächsten Tag fuhr er zur angegebenen Stunde zum Treffpunkt. Es war ein altes, baufälliges Haus. Drinnen standen ein paar schräge Typen am Tresen und schimpften laut und vulgär über irgendetwas. „Ziemlich komische Bande", dachte Paul und ging durch einen Flur nach hinten. In den Garten solle er kommen, hatte der geheimnisvolle Anrufer gesagt. Mein Gott, was für eine Idylle, dachte Paul, als er die Treppenstufen hinabging und über klackernde Kiesel auf einen Tisch unter einer riesigen Kastanie zusteuerte. Paul setzte sich dort, wo schon einige Männer und Frauen saßen und bestellte ein Bier. Plötzlich quatschte ihn ein Typ mit graumelierten, langen Haaren an. „Sind Sie der Schriftsteller Paul Benton?" Paul nickte. „Dann sind Sie hier genau richtig, Mann. Heute ist nämlich Literatenstammtisch." Paul erblaßte. An einem solchen Ort trafen sich Literaten? Die Welt war wirklich irre. *duc*

	Bier	Pschorr, was sonst, v. F., im Krug serviert, auf besonderen Wunsch auch als Maß (3,00-10,00)
	Wein	Äppler und sonst gar nichts (2,00-4,00)
	Sekt	Deutscher Sekt: Henkell, Müller (Fl. 20-30)
	Cocktails	Cocktails? Was ist das?
	Spirituosen	Für den Magen, den Geist und die Seele (2,00-6,50)
	Alkoholfreie Getränke	Rosalta ohne Kohlensäure gibt's nur hier (2,00-4,00)
	Heißes	Kännchen Kaffee oder'n Grog gefällig?
	Essen	Hier wird noch deftig gespeist, Vegetarier haben schlechte Karten

	Musik	Schlager, Volksmusik und Radio
	Luft	Draußen hervorragend, drinnen bisweilen stickig
	Hygiene	Genehmigt
	Publikum	Nieder, Farbwerkler, Fußballer, Literaten und ihre Anhänger
	Service	So deftig wie das Essen
	Preisniveau	So, daß das Publikum nicht stöhnen muß

Frankfurt **QUEER**

Luigi Mackeronis übelster Fall (Folge III)

QUEER
Klingerstr. 26
60313 Frankfurt
Tel. 0 69/13 10 585

So-Do 21.00 - 2.00
Fr, Sa 21.00 - 4.00
Knabberzeug gibt's bis zum Schluß

15 Sitzplätze
50 Stehplätze
Kein Freiluftbetrieb

Konstabler Wache:
U 4, 5, 6, 7
alle S-Bahnen, N 1-4
Parken:
ist einen Versuch wert
Parkhaus Kurt-Schuhmacher-Straße

Ich setzte mich an die Bar und bestellte geistesabwesend etwas zu trinken. „Ein Bier und'n doppelten Paddy, Süßer." Während ich an meinen Drink nippte, versuchte ich zu begreifen, was ich heute morgen gesehen hatte. Die Erinnerung an den Anblick dieses armen Kerls jagten mir erneut kalte Schauer über den Rücken. Wie er da lag, so über und über ... „Hey, bist du taub oder was?" Ich schreckte aus meinen Gedanken auf und drehte mich um. Vor mir stand dieser gut gebaute Puertoricaner, mit dem ich vor drei Nächten diese irre Nummer...; aber heute hatte ich keine Zeit für ihn. Ich mußte einen Mord aufklären. „Schwirr ab", grunzte ich ihn unfreundlich an. „Mann, Lutschi, was'n los?" „ ...und nenn mich nicht Lutschi, kapiert? Ich heiße Luigi, Luigi Mackeroni, merk dir das gefälligst." Immer dasselbe mit diesen Puertos – dumm wie Stroh, dafür im Bett die vollen Granaten. Aber ich mußte mich konzentrieren. Irgendein Bastard hatte Joe Baluga abgemurkst. Meinen Freund Joe, mit dem ich so viele Nächte in diesem Schuppen durchzecht hatte. „Das ist Ihr Fall, Mackeroni", hatte der Alte gesagt. Ich würde mich ja in der Szene auskennen, meinte er, und ob die Schwulen neuerdings auf solche Sado-Maso-Spielchen stehen würden. Was für ein Arschloch. Was für ein Oberarschloch. Dennoch übernahm ich den Fall; das war ich Joe schuldig. Nun saß ich in unserer Stammkneipe und wartete darauf, daß endlich dieser junge, breitschultrige Hengst auftauchen würde, mit dem Joe letzte Nacht von mehreren Zeugen gesehen worden war. Da, endlich, es klopfte an der Tür. Jemand machte von innen auf, und herein trat ... Fortsetzung folgt. *rea*

	Bier	Adelscott, Dos Equis Dark und Paulaner (2,50-7,00)
	Wein	Chardonnay, Languedoc, Merlot (Gl. 5,50-8,00)
	Sekt und Schampus	Laßt es spritzen: Riesling, Mumm Cordon Rouge (Fl. 35-95)
	Cocktails	Für weiche und harte Frauen (13,00)
	Spirituosen	Für weiche und harte Männer (5,00-6,50)
	Alkoholfreie Getränke	Zweimal Spa, Braunes, Gelbes, Bitteres (3,00-4,00)
	Heißes	Fünf verschiedene Kaffee-, zwei Teesorten (2,50-4,00)
	Essen	Nachos werden gemeinsam in die Salsa getunkt

	Musik	Sehr stimmungsvoll
	Lektüre	Schwul-lesbische Monatshefte
	Luft	In so einem winzigen Laden kann es schon mal stickig werden
	Hygiene	Dafür ist er leicht sauberzuhalten
	Publikum	Schwule, Lesben
	Service	Schnell und freundlich
	Preisniveau	Durchaus angemessen

Frankfurt — ROTLINT-CAFE

Café au lait

ROTLINT-CAFE
Rotlintstr. 60
60316 Frankfurt
Tel. 0 69/44 96 91

Mo-Do 9.00 - 1.00
Fr, Sa 9.00 - 2.00
So 11.00 - 1.00
Küche bis
Betriebsschluß

150 Sitzplätze
20 Stehplätze
25 Freiplätze bis
23.00

Rothschildallee:
Straba 12, N 4
Fremder, versuche nie
im Nordend zu parken

„Savoir-vivre": Wohl kaum ein anderer Stadtteil in Frankfurt kann diese Bezeichnung für ihren Lebensstil so sehr in Anspruch nehmen wie das Nordend. Parks und Grünanlagen, die auf regen Besuch nur warten. Komplett erhaltene Straßenzeilen aus der Gründerzeit und – ebenfalls ein bißchen beim Pariser Vorbild abgekupfert – der (zugegeben sehr zaghafte) Versuch, breite, grüne Alleen und Boulevards anzulegen. Die Rotlintstraße ist so eine. Und das *Rotlint-Café* gehört dortin, gerade so, wie das Häubchen Schlagsahne auf die heiße Schokolade gehört. Ja, ihm habe schon Paris, das Quartier Latin, eben das Flair eines Pariser Straßencafés vorgeschwebt, beschreibt der Pächter seine Vorstellungen von einem gelungenen Angebot. Dahintreiben lassen möchte man sich, einfach nur dasitzen, abwarten, bis der nächste Milchkaffee vorbeigeschwebt kommt und in aller Ruhe zuschauen, wie sich das Tageslicht hinter dem dichten Grün verkrümelt, wie der Abend Besitz ergreift vom Raum und der Stimmung darin. Ein Glas Rotwein vollendet den Genuß. Lichter, Menschen und Verkehr – der Alleenring, Frankfurts beste Rennbahn, ist nicht weit, aber gerade so weit, daß die Geräusche nicht aufdringlich werden. Wer hier das Einzigartige erwartet, der ist gewiß am falschen Ort. Kommunikation, und sei's die Zwiesprache mit dem gedruckten Wort, ist angesagt. Sonst nichts. Wer mehr will, sollte besser gleich nach Paris fahren – um dann im *Rotlint-Café* davon zu berichten. *ask*

Bier	Licher, Diebels Alt, Berliner Weiße (3,30-5,20)
Wein	Wer würde im Quartier Latin Ausgefallenes erwarten? (4,20-6,80)
Sekt und Schampus	Von deutsch bis Pommery (Fl. 42-95)
Cocktails	Schlicht, aber Campari O. hat auch seinen Reiz (6,50-11,00)
Spirituosen	Für Leckermäuler reichhaltige Auswahl (3,50-6,50)
Alkoholfreie Getränke	Wasser, Säfte, Shakes ... bis zum Malzbier (2,80-3,50)
Heißes	Tee, Kaffee in allen Konsistenzen, heißer Alk (2,50-7,80)
Essen	Frühstück bis zum Abwinken, Snacks, Tageskarte

Musik	Allerlei im Hintergrund
Lektüre	Tausendundein Blatt: Aktuelles, Lesezirkel
Luft	Etwas dick, wenn voll; in der Bel-Etage offene Fenster
Hygiene	Nicht überall muß Paris Vorbild sein
Publikum	Das ganze Nordend-Spektrum, dazu die Auswärtigen (aus jedem Dorf ein Köter)
Service	Dem Nachwuchs eine Chance
Preisniveau	Teuer kommt hier nicht an

Frankfurt — SANDKASTEN

Sandkasten Versuchung

SANDKASTEN
Wallstr. 13
60594 Frankfurt
Tel. 0 69/61 46 80

Mo-Do 19.00 - 1.00
Fr, Sa 19.00 - 2.00
Erdnüsse gibt's rund
um die Uhr

35 Sitzplätze
40 Stehplätze
Kein Freiluftbetrieb

Südbahnhof:
U 1 - 3
S 1 - 3, 14
N 3
Bus 36
100 Meter entfernt
ist das Parkhaus
Walter-Kolb-Straße

Da steht sie, die blonde Versuchung: schlank, kurvenreich und sehr, sehr groß. Ein Blick, ein verschwörerisches Grinsen und sofort ist mir klar: Wir gehen zu mir. Bleibt nur noch, den Typen abzuschütteln, der mit Argusaugen eifersüchtig die Schönheit bewacht. Während es mir beim ersten Kontakt mit ihr eiskalt die Kehle hinunterläuft, gehe ich im Kopf die verschiedenen Methoden durch, mit ihr zu entkommen. Da wäre die Tölpel-Taktik: Mit einem „versehentlichen" Schubs die Bowling-Pins, die über der Theke aufgereiht sind, nach dem Dominoprinzip abstürzen lassen – im allgemeinen Chaos könnten wir heimlich entwischen. Oder die Zocker-Taktik: Nach drei Runden Chicago oder Jule entscheiden die Würfel, wem sie gehört. Vielleicht die Trinker-Taktik: dem Rivalen ein „Feuerwasser", eine Spezialität des Hauses, spendieren und ihn damit außer Gefecht setzen. Die Wirkung dieses Gebräus wird vermutlich nur durch den Pangalaktischen Donnergurgler übertroffen, von dem der „Anhalter" sagt, es sei, als werde einem mit einem riesigen Goldbarren, der in Zitronenscheiben gehüllt ist, das Gehirn aus dem Kopf gedroschen. Im Härtefall könnte auch die Protz-Taktik helfen: dem Besitzer einfach einen Blankoscheck ausstellen.

Nur zur Warnung: Wirt Wolfram hat bisher stets erfolgreich verhindert, daß eines seiner in Frankfurt einmaligen Ein-Meter-Biergläser den *Sandkasten* verläßt. Für Liebhaber bleibt also nur die Wiederholungs-Taktik: Wiederkommen und 'nen Meter bestellen. *rea*

Bier	„Kwik" und „Kwak" probieren, ansonsten Binding (2,50-7,50)
Wein	Nur der Vollständigkeit halber (5,50)
Sekt	Mini Mumm und Metternich (Fl.10 und 45)
Cocktails	Hauseigene Mischungen (4,50-6,00)
Spirituosen	O ja; nach dem Motto: Sei kein Trinkmuffel (2,00-6,00)
Alkoholfreie Getränke	Wenn's unbedingt sein muß (2,00-3,50)
Heißes	Flambierte Spezialitäten von Römerbrand bis Wallfeuer (3,50-4,00)

Musik	Wolframs Spezial-Mix für Hardrock-Fans
Spiele	Getränke werden ausgewürfelt
Luft	Anderntags riecht man's an den Klamotten
Hygiene	Ist sowieso dunkel
Publikum	Buntgemischt
Service	Dein Wirt – Dein Freund
Preisniveau	Sachsenhäuser Niveau
Besonderheiten	Für Stammgäste: 10 er Biermarke (BM)
	Paletten-Gaudi: preiswertes Testtrinken

Frankfurt SCHAMPUS

Wer um Ruhe anklopft, dem wird (Rot)wein serviert

SCHAMPUS
Konrad-Broßwitz-
Str. 26
60487 Frankfurt
Tel. 0 69/77 41 32

So-Do 20.00 - 1.00
Fr, Sa 20.00 - 2.00

30 Sitzplätze
15 Stehplätze
30 Freiplätze bis 23.00

Kirchplatz: U 6, 7
Bus 34
N 2
Parken: wer suchet, der findet

Noch wenige Meter. Dann durch die schmale Öffnung der Pergola, vorbei an einfachen Tischen und Bänken. Hier entsteht in mir das ersehnte Gefühl. Jener nur schwer beschreibbare Zustand der Seele, den ich schon lange nicht mehr genossen habe. An lauen Sommerabenden, im Zustand unbeschwerter Zeitlosigkeit schmeckt der Wein besonders. Nur hin und wieder erinnert der Lärm von Flugzeugen an das Draußen. Sogar die in wenigen Metern vorbeifahrenden Autos scheinen leiser als sonst zu sein. Die betont gedämpften Gespräche der Nachbarn stören genausowenig wie die rustikalen Holzbänke. Die Unterhaltung ist schon lange im Bereich der Nettig- und Belanglosigkeit versumpft. Noch einen Schoppen für die gute Stimmung, noch ein wenig Gemütlichkeit und Ruhe für die geplagte Seele. In die Worte der Freunde und Freundinnen mischen sich immer mehr die Bilder aus der Erinnerung. Herber Rotwein in der Provence, herber Rotwein auf Sardinien und – wenn es gar nicht anders geht – herber Rotwein in Bockenheim. Schließlich gibt es Kaffee und Apfelwein (fast) überall im Dorf am Main. Natürlich auch den roten Rebensaft. Nur, nirgends gibt es kostenlos jene Gemütlichkeit mit hohem Erinnerungswert dazu, wie in diesem zu groß geratenen Wohnzimmer mit künstlichem Vorgarten, der der Straße abgetrotzt wurde und jeden Abend aufs neue verteidigt wird. Es ist eben etwas für die Tage, an denen der Moloch nicht freundlich gestimmt ist und in anderen Etablissements nur Peinlichkeiten zu drohen scheinen. *ara*

Bier	Von Veltins und Schneider (Pils), Hefe- und Kristallweizen (Schneider) (3,80-4,50)
Wein	Große Auswahl aus Deutschland (Rheingau, Rheinhessen, Baden, Württemberg, Franken), Frankreich (Elsaß, Bordeaux), Spanien, Portugal, Österreich und Italien
Sekt	Rieslingsekt, Crémant d' Alsace brut, Heidsieck (Fl.30-90)
Spirituosen	Calvados, Sambuca, Tequila, Grappa ... (5,00)
Alkoholfreie Getränke	Für die Fitneß: Acqua con gas, A-, T-, O- und Sauerkirschsaft
Heißes	Einfach Tee, Kaffee, Espresso, Glühwein
Essen	Kleine Snacks
Musik	War da nicht doch so ein leises Säuseln?
Luft	Nie abgestanden
Hygiene	Warum eigentlich wieder rausgehen
Publikum	Bockenheimer nehmen Gäste gerne auf
Service	Warten muß hier keiner
Preisniveau	So wie das Lokal – einfach

Frankfurt — SINKKASTEN

SINKKASTEN Trutzburg

🍷🍷🍷🍷🍷

SINKKASTEN
Brönnerstr. 5 - 9
60313 Frankfurt
Tel. 0 69/28 03 85

So-Do 21.00 - 2.00
Fr, Sa 21.00 - 3.00
Küche
21.00 - 1.00

150 Sitzplätze
300 Stehplätze

Konstabler-Wache:
Alle S-Bahnen
U 4 - 6
Wochenends
Nachtbusse
Parken: Gleich
PH Arabella-Hotel

„Wir sind umzingelt, Sire. Zwar halten Unsere Recken noch mühevoll die Wallanlagen, indes droht von allen Seiten Ungemach. Vom Westen, so brachten Wir in Erfahrung, drängt Ritter *Helium* mit aller Macht in Unser Königreich. Es heißt, er habe sich mit der schrecklichen Burgfrau Karin verbündet und hecke in seiner gläsernen Kammer finstere Pläne aus. O wehe! Die Knappen des Fürsten *Nachtleben* sind bereits bis ins Innerste Unseres Regnums gedrungen und drohen nun, Uns das Wasser abzugraben. Eile tut not, Sire – was sollen Wir beginnen?" „Garwain, mein König, laßt den Mut nicht sinken. Noch steht unser alter Kasten aufrecht, und wenn wir es findig angehen, werden wir die Emporkömmlinge rasch vertreiben. Ich habe einen Plan, mein teurer Freund: Sendet Herolde aus ins Umland, laßt sie mit Schalmeien verkünden, die alten Werte seien in Gefahr, und ladet junge Menschen ein, auf daß wir rauschende Feste mit Gerstensaft und Musik feiern. Bewirtet sie in den *Treibhaus* genannten hinteren Gemächern freundlich und gut, Garwain, im Festsaal aber laßt sie tanzen zu den Melodien aus besseren Tagen. Die Menschen, mein König, sind orientierungslos geworden. Wir müssen ihnen zeigen, daß sie allein hier den Gral finden können. Und dann, mein Freund, werden wir in unseren alten Mauern den neumodischen Feinden trotzen. *jö*

Bier	Licher, Eku-Weizen, Clausthaler, Budweiser (3,00-5,50)
Wein	Französisch und deutsch (5,00)
Sekt	Deinhard, Freixenet (Fl. 25-30)
Cocktails	Die üblichen Longdrinks (7,00-10,00)
Spirituosen	Die üblichen Shortdrinks (5,00-7,00)
Alkoholfreie Getränke	Säfte, Soda usw. (2,00-4,00)
Heißes	Kaffee, Tee, Cappuccino (mit Sahne) (1,50-3,00)
Essen	Pizza, Sandwiches, Baguettes, Quiches und andere Kleinigkeiten

Musik	Live-Bands von Gabi Mohnbrot bis Julian Dawson, bei Disco vorwiegend guter alter Rockpop à la Police oder Gabriel
Spiele	Billard, Schach, Backgammon
Lektüre	Journal Frankfurt, az
Luft	Wen interessiert die Luft, wenn kollektiv transpiriert wird?
Hygiene	Nicht schmuddelig, nicht steril
Publikum	Menschen, deren Gehörgänge noch funktionieren
Service	Effizient
Preisniveau	Sehr fair
Besonderheiten	Nach *Batschkapp* und *Music-Hall* d e r Live-Laden für Aufsteiger-Combos

Frankfurt — **SOL Y LUNA**

SPANISCHE NÄCHTE IN FRANKFURT

Bäumchen, wechsle dich

SOL Y LUNA
Ostparkstr. 25
60385 Frankfurt
Tel. 0 69/44 70 18

Do-So 20.00 - 4.00
Küche
20.00 - 2.00

200 Sitzplätze
400 Stehplätze
100 Freiplätze bis 23.00

Zoo: U 6, 7
Parken: freie Auswahl

Kennen Sie das: Sie trainieren wie bescheuert, bereiten sich körperlich und mental gewissenhaft auf das Rennen vor, tüfteln eine wirklich gute Taktik aus – und werden am Ende trotzdem nur Vorletzter? Ähnlich verhält es sich mit dem *Sol y Luna*. Es ist schon fast tollkühn, den Laden mit diesem Namen in unseren Führer aufzunehmen, denn er wechselt seinen Namen fast so oft wie die Besucher (hoffentlich) ihre Hemden, und eigentlich müßte es mit dem Teufel zugehen, wenn anstelle von Sonne und Mond in der Ostparkstraße nicht bald schon wieder ein neues Firmenemblem leuchten würde. Zum Beispiel *Sound Depot* – aber nein, das hatten wir ja schon. Dies ist – warum auch immer – das Chamäleon der Frankfurter Kneipen- und Discoszene. Alle paar Monate hält hier ein neuer Besitzer triumphalen Einzug, wirtschaftet sich an den Rand des Ruins und verkauft dann frustriert wieder. Jetzt heißt der Laden also *Sol y Luna*: Das klingt nicht nur spanisch, das ist auch spanisch. Deswegen ist die Cocktailbar neuerdings auch zur Bodega mutiert, auf der Live-Bühne haben Flamenco- und Salsabands schnöde Rockcombos verdrängt und in der Küche braten sie neuerdings Calamares und Paella. Nette Ideen haben die Señores entwickelt: zum Beispiel Schaumparties für discomüde Plattfüße oder Christmas-Parties mitten im Sommer. Und wer weiß: Vielleicht geht neben dem Ostpark künftig wirklich die Sonne auf. Das *Sol y Luna* jedenfalls könnte dafür sorgen. Aber – wie sagt die Lottofee immer so schön: „Alle Angaben sind wie immer ohne Gewähr." *jö*

Bier	Pils, Weizen, Alkfreies (5,00-6,00)
Wein	Valdemontant und andere Spanier (Fl.21-38)
Sekt und Schampus	Freixenet, Henri Abelé Brut (Fl. 50-160)
Cocktails	Veterano Cola, Wodka Lemon, Lumumba (10,00)
Spirituosen	Tequila, einige Sherries, Anis Castellana (6,00-12,00)
Alkoholfreie Getränke	Coke, Wasser, Säfte (4,00-5,00)
Heißes	Kaffee, Tee, Espresso (4,00)
Essen	Spanische Spezialitäten

Musik	Salsa, Latin, Flamenco und – leider– auch Techno
Spiele	Der Kicker von einst: für immer dahin!
Lektüre	Höchstens das Monatsprogramm
Luft	Selten mal dicke Luft
Hygiene	Da geht die Sonne auf
Publikum	Unterhaltungssüchtige, Knoblauchfreaks, Pfadfinder
Service	Mit dem diskreten Charme der Gastronomie
Preisniveau	Mein Taschengeld war ruckzuck weg

Schaffenskrise

SONUS
Bockenheimer
Anlage 1a
60322 Frankfurt
Tel. 0 69/59 62 25 25

So-Do 17.00 - 1.00
Fr, Sa 17.00 - 2.00
Küche bis eine Stunde
vor Schluß

40 Sitzplätze
50 Stehplätze
30 Freiplätze bis
23.00

Eschenheimer Tor:
U 1 - 3
N 1
Parken: machbar

Ich soll einen Artikel über das *Sonus* schreiben. Nicht immer leicht, einen Anfang zu finden. Alsdenn, ein erster Versuch: Jeder hat schon mal mit dem Gedanken gespielt, keiner gibt's zu, aber ich hab's getan: Ich treffe mich mit unbekannter männlicher Person punkt neun im *Sonus*. (Erste Kontaktaufnahme per Anzeige). Ungeduldig knabbere ich an den Nägeln, bis die Tür aufgeht und ein großer, gutaussehender Mann hereinkommt ...

Oder ich beginne so: Wie jeden Tag trug er wieder einen dezenten Designeranzug mit passender Krawatte. Nach dem langen Arbeitstag in der Bank beschloß er, sein Abendessen im *Sonus* einzunehmen und dabei ein wenig in der dort ausliegenden Financial Times zu schmökern ... (Langweilig, finden Sie nicht?).

Oder so: Die Whooster Group hat an diesem Abend im *TAT* wieder alle Erwartungen übertroffen. Selbst Großkritiker Jürgen O. wird begeistert sein. Und wie nach jedem Theaterbesuch muß ich mich hinterher erstmal mit meinen Freunden darüber intellektuell auseinandersetzen. Am besten oben im Café ... Na klar, alle Tische belegt. Aber gegenüber gibt's ja noch das *Sonus,* mal sehen, wer sich da so rumdrückt.

Letzter Versuch: Malermeister Klaus Wolkenstein rieb sich vergnügt die Hände. „Eine saubere Arbeit", dachte er bei sich, „und das Geld stimmt auch." Leise vor sich hinsummend betrat er das Schlafzimmer, in dem Else bereits halbbekleidet auf dem Bett lag ...

Gefällt Ihnen alles nicht? Dann kann ich Ihnen auch nicht helfen. *amo*

Bier	Warsteiner v. F., Beck's, Hefeweizen, Kelts alkfrei (4,50-6,00)
Wein	Kleine, feine Auswahl. Pinot Grigio, Vinho Verde (7,00-8,50)
Sekt und Schampus	Was nach dem Schütteln platzt: HM, Veuve (Fl. 50-110)
Cocktails	Alles mit frischen Zutaten (12,00-15,00)
Spirituosen	Härteres für die spätere Stunde (6,00-8,00)
Alkoholfreie Getränke	Wie wär's heute mit Bananennektar? (4,00-6,50)
Heißes	Eine nicht allzu ausgefallene Liste (3,50-8,00)
Essen	Auf kleinen und großen Hunger ist man vorbereitet

Musik	Dies und das
Lektüre	Stadtmagazine, Financial Times
Luft	Die Luft ist nicht schlecht
Hygiene	Über die Hygiene kann man nicht meckern
Publikum	Es bleibt spannend, wer sich hier letztlich niederlassen wird
Service	Superfreundlich
Preisniveau	Teuer, teuer

Frankfurt — SPEISEKAMMER

SPEISEKAMMER: Zahlenrätsel

SPEISEKAMMER
Heddernheim 41
60439 Frankfurt
Tel. 0 69/58 77 11

Sommer 17.00 - 1.00
Winter 18.00 - 1.00
Küche:
Sommer bis 22.00
Winter bis 23.00

80 Sitzplätze
250 Freiplätze bis 23.00

Heddernheim:
U 1, 2, 3
Parken: nicht allzu tragisch

Sooft wir auch hingucken, die geheimnisvolle Zahlenkombination bleibt, auf einen Bierdeckel (Äpplerdeckel) von des Kellners flinker Hand blitzschnell hingekritzelt: 21,32. Ob dies der Preis für eine Flasche des guten Heddernheimer Apfelweins ist, dessen bodenständige Naturtrübung sich die Crew der *Speisekammer* allzu teuer bezahlen läßt? Oder ist es eine neue, eigenwillige Art der Tischnumerierung? Vielleicht auch nur eine Erinnerungshilfe für die Bedienung, den Videorecorder auf eine bestimmte Uhrzeit zu programmieren? Offene Fragen, denen wir nachspüren werden. Wenigstens das ist uns doch aus der „Sesamstraße" noch in Erinnerung geblieben: Wer nicht fragt, bleibt dumm. Das mit dem Fragen ist jedoch so eine Sache abends um zehn, wenn viele hungrige und durstige Mägen und Kehlen ihre Forderungen stellen. Bis der Kellner die Runde gedreht und sich durch die Bestellungen der zahlreichen Gäste gequält, einige Hunde durch resolutes Auftreten wieder unter die Tische gescheucht und die jüngste Apfelwein-Überschwemmung auf dem Nebentisch aufgewischt hat, vergeht Zeit. Kneipenalltag in Heddernheim. Da heißt es Geduld haben und weiter am Äppler nippen. Die Antwort auf unsere Frage haben wir dann doch noch bekommen. Begriffen allerdings nicht. Vielleicht fragen Sie selbst mal nach. *amo*

Bier	König Pilsener, Hefeweizen vom Faß, Kelts alkoholfrei (4,50-5,80)
Wein	Was Mussels Weinberg zu bieten hat (5,50-7,00)
Nobel oder gemixt	Weder Sekt noch Cocktails
Spirituosen	Von Kirsch bis Quetsch (5,00-7,00)
Alkoholfreie Getränke	Wasser zum Äppler oder Traubensaft als Weinersatz (2,50-4,00)
Heißes	Getränke gibt's nur kalt
Essen	Reichlich Frankfurter Spezialitäten
Musik	Die Hessen brauchen keine Musik für gute Laune
Spiele	Apfelweinkneipen sind keine Spielhöllen
Lektüre	Die Speisekarte
Luft	Gute Heddernheimer Luft
Hygiene	Sauber ist's wie in Mutters Speisekammer
Publikum	Den Schoppe trinkt jeder gern
Service	Wenn der Kellner kommt, ist er da …
Preisniveau	Nicht gerade geschenkt

Frankfurt — STATTCAFE

STATTCAFÉ
Einzigartig

STATTCAFE
Grempstraße 21
60487 Frankfurt
Tel. 0 69/70 89 07

Mo, Di, Do, Fr
9.00 - 22.00
Mi 9.00 - 24.00
Sa, So 9.00 - 20.00
Koch geht jeweils eine
Stunde früher

65 Sitzplätze
10 Stehplätze
35 Freiplätze bis 22.00
(außer Sa,So)

Kirchplatz: U 6, U 7
Bus 34
N 2
Parkplatzsuche: Nichts
für schwache Nerven

Liebes Stattcafé,
ich habe schon eine Weile nichts mehr von mir hören lassen – entschuldige bitte. Während meines einjährigen Aufenthaltes in den USA habe ich Dich sehr vermißt. Nicht allein das großzügige Frühstück zum immer selben Preis. Auch die Milchkaffees im großen Pott oder die kleinen Speisen zu allen Tageszeiten sind nicht das Wichtigste. Nein, die Atmosphäre, die gemeinsam verbrachten Stunden – in guten und schlechten Zeiten – fehlten mir. Erinnerst Du Dich noch an unser erstes Treffen im Jahr 1981? Auf Anhieb waren wir vertraut, verstanden uns wortlos. Du nahmst mich in Deine ungewöhnlich aufgeteilten Räume auf, warst die Alternative zu Bio, Chemie oder dem anderen Quatsch. Damals war vieles anders - und wenn auch nur in unseren Köpfen. Genau wie bei Dir mußte alles mit dem Wort (an)„statt" versehen sein. Nach den Demos für eine bessere Schule oder gegen die Startbahn und AKWs trafen wir uns. Manchmal reichte mein Geld nicht. Doch Du hast mich eingeladen und stärktest mich mit Speis 'und Trank. Natürlich haben wir uns verändert. Zwischen den längst vergangenen Tagen und heute liegen Freundschaften, Frauen, Jobs und das Studium. Du entdecktest – wie viele andere auch – die Kunst und hast Dein Outfit das eine oder andere Mal geändert, bist moderner geworden. Erst in den vergangenen Jahren entdecktest Du beispielsweise, wie schön es ist, sommers draußen zu sitzen. Erst die Trennung von Dir machte mir klar, wie wichtig, wie einzigartig Du für mich bist.
ara

Bier	Altmunster, Jever, Flens, Schneider, Alkfreies (3,50-4,50)
Wein	Rebensaft in Rot, Weiß, Rosé (5,00-5,50)
Sekt und Schampus	Für die besondere Feier (Fl. 24-30)
Cocktails	Besonders mittwochs (8,00-10,00)
Spirituosen	Wenig Hartes (4,00-6,00)
Alkoholfreie Getränke	Frische Säfte, Shakes, Malzbier, Bitter Lemon (1,50-5,00)
Heißes	Reiche Variationen zum Aufwärmen u. Genießen (2,00-6,50)
Essen	Reichhaltiges Frühstück, billiger Mittagstisch

Musik	Alles Hörenswerte
Spiele	Brettspiele aller Art
Lektüre	Druckfrische Erzeugnisse (FR, TAZ, FAZ u.v.m.)
Luft	Fast so gut wie frisch
Hygiene	Deshalb sind wir nicht hier
Publikum	Von jung bis alt aus Frankfurt und dem Rest der Welt
Service	Kaum bestellt, schon da
Preisniveau	Selten heutzutage: billig und gut

Frankfurt	TACHELES

Kreuzwörträtsel

♛♛♛	Stadtteil in Frankfurt, sieben Buchstaben: Nordend.
	U-Bahn-Station im Nordend, -zig Buchstaben: Grüneburgweg.
TACHELES	Altertümliches Wort für Quelle, vier Buchstaben: Born.
Bornwiesenweg 75	Ungepflegter Rasen, fünf Buchstaben: Wiese.
60322 Frankfurt	Straße im Nordend, siebzehn Buchstaben: ach so, Bornwiesenweg.
Tel. 0 69/55 68 83	
	Letzte Rettung am Morgen, elf Buchstaben: klarer Fall, Frühstück natürlich.
Mo-Fr 11.00 - 1.00	
Sa 10.00 - 1.00	Gerstengetränk: Bier, was sonst.
So 10.00 - 17.00	Alkoholisches Mischgetränk, acht Buchstaben: Cocktail.
Küchenschluß wird	Erfrischendes Fruchtsaftgetränk, neun Buchstaben: Apfelsaft.
nicht genau genommen	
	Koffeinhaltiger Muntermacher, elf Buchstaben: Milchkaffee.
50 Sitzplätze	Bestandteil der bildenden Kunst mit -ei am Ende: Malerei.
20 Stehplätze	Synonym für Entwurf: Design.
	Komplementärfarbe, vier Buchstaben: Blau.
Grüneburgweg:	Das Gegenteil von altmodisch, sechs Buchstaben: modern.
U 1, 2, 3	Lebewesen, Gattung (Plural): Pflanzen.
N 1	Jemandem die Meinung sagen, auf den Punkt kommen, mit
Glauburgstraße: U 5	T am Anfang: Tacheles reden.
Parken:	Lösungswort: Nadrossitellilofa? Hm. Vielleicht sollte ich das
Etwas Glück braucht	Entwerfen von Kreuzworträtseln doch anderen überlassen.
man schon	*amo*
Bier	Warsteiner v.F., auch ohne Alkohol, Oberdorfer Hefe- und Kristallweizen, auch dunkel, Frankenheimer Alt (3,50-5,00)
Wein	Vom Frankenland über Bordeaux nach Umbrien (5,00-8,50)
Sekt und Schampus	Münsterer Kapellenberg, Manskopf, Taittinger (Fl. 35-98)
Cocktails	Eine lange Liste, auch ohne Alkohol (8,50- 5,00)
Spirituosen	Davon gibt's hier einiges zu bestellen (3,00-6,50)
Alkoholfreie Getränke	Auch Fruchtsaftkombis (3,00-4,00)
Heißes	Für den kalten Winter auch viele Teesorten (1,80-8,50)
Essen	Frühstück am Wochenende und an Feiertagen und auch sonst Phantasievolles vom Herd
Musik	Für lange Gesprächspausen
Spiele	Gesellschaftsspiele
Lektüre	Zu lesen gibt's einiges
Luft	Gut zum Atemholen
Hygiene	Hier wird regelmäßig geputzt
Publikum	Jung und Alt
Service	Läßt sich auch durch Extrawünsche nicht ins Schleudern bringen
Preisniveau	Man bekommt was für sein Geld

Frankfurt — TANGENTE

TANGENTE Königlich???

TANGENTE
Bockenheimer
Landstr. 87
60325 Frankfurt
Tel. 0 69/74 57 73

Tägl. 11.00 - 4.00
Küche bis 3.30

70 Sitzplätze
40 Stehplätze
45 Plätze draußen

Westend: U 6, 7
N 2
Palmengarten: Bus 33
Parken: viel Spaß bei der Suche

In der altehrwürdigen Villa, die einst dem Fürsten von und zu L. gehörte, treffen sie sich auch heute noch. Wer? Na, die Nachfahren derer, die dem königlichen Hofe angehörten oder zumindest glauben, Mitglieder des erlauchten Kreises zu sein. Narren und Edelleute, Wucherer und Kurtisanen, Reisende und Quacksalber. Die Quadrille, die zu damaligen Festivitäten getanzt wurde, ist vergessen, aber die lächerlichen Gebärden sind die gleichen. Anders formuliert: Watching you is watching me. Mauvefarbene Idylle, fürstliche Speisen, stuck- und holzverzierte Decken, glitzernde Kristallleuchter, grandiose Palmenadaptionen (die hat ein Börsenmagnat von seiner letzten Karibikreise mitgebracht) – das ist alles schön, aber wo bleibt der König? Alle harren der Dinge, kippen sich vor Ungeduld („Kommt er nun oder nicht?") Ballantine's hinter die Binde. Aber meine Damen und Herren, bitte bewahren Sie die Contenance, vielleicht hat der König noch eine – business as usual – Audienz in einem der benachbarten Schlösser. Genießen Sie das luxuriöse Ambiente, verhalten Sie sich ruhig und plaudern Sie derweil mit der schönen Comtesse von und zu L., einer entfernten Verwandten des erlauchten Fürsten. *duc*

Bier	Römer Pils vom Faß, Alkoholfreies und Hefeweizen (3,50-5,50)
Wein	Pinot Blanc, Bordeaux, Eltviller Riesling (5,00-7,00)
Sekt und Schampus	Das Feinste vom Feinen (den Preis zu nennen, wäre ungehörig)
Cocktails	Kapitale Mischungen wie zum Beispiel Piña Colada (Preis: siehe oben)
Spirituosen	Chivas Regal, Bacardi und andere Unternehmer (5,00-7,00)
Alkoholfreie Getränke	Normale Dinge (3,00-5,00)
Heißes	Viele Kaffee- und Teesorten (3,00-10,00)
Essen	Wenn Sie Kartoffelpuffer mögen, ist es gut, aber verquecksilberten Thunfisch und Erdbeeren Romanoff gibt es ebenfalls
Musik	Die interessiert doch eh niemanden
Spiele	Das haben die Gäste hinter sich und gehört auch nicht zum guten Ton
Luft	Kühl, später verqualmt
Hygiene	Säuberlich
Publikum	Alle, die's zahlen können oder so tun und ziellose Nachtschwärmer
Service	Distanziert, aber auf Zack
Preisniveau	Wer hat, der hat

Frankfurt **TANNENBAUM**

TANNENBAUM

Lauschangriff

TANNENBAUM
Brückenstr. 19
60594 Frankfurt
Tel. 0 69/65 50 91

So-Do 18.00 - 1.00
Fr, Sa 18.00 - 2.00
Warme Küche bis 23.00
Snacks bis 24.00

60 Sitzplätze
15 Stehplätze
35 Freiplätze bis 23.00

Schweizer Platz: U 1, 2, 3
Affentorplatz: N 1
Parken: Ungünstig

„Die Legalität entspricht eben dem Inbegriff der äußeren Gesetze, welche die Glieder eines Staatswesens in Koexistenz halten, die Moralität aber dem inneren Sittengesetz." – Tisch vier, frei nach Ernst Bloch.
„Noch zwei Bier, bitte!" – Tisch zwei.
„Tom Stoppard hat der deutschen Theaterszene nichts mehr zu bieten." (Wer hat das gesagt?)
„Die Eintracht hat sich mal wieder von Bayern München unterbuttern lassen." – Vorn am Tresen.
„Ich brauche dich, versprich mir, daß du mich nie verläßt ..." – Links hinten in der Ecke.
„Der Despot-Signifikant bewirkt die Übercodierung der territorialen Kette." – Tisch eins zitiert Gilles Deleuze.
„Und dann hab ich dem Friseur gesagt, mit dieser Dauerwelle gehe ich nicht unter die Leute ..." – Irgendwo aus dem Off.
„Musik und tragischer Mythos sind in gleicher Weise Ausdruck der dionysischen Befähigung eines Volkes und voneinander untrennbar." – Tisch vier hat's jetzt mit Nietzsche.
„Na, wenigstens die Maniküre war diesmal kein solcher Reinfall ..." – Wieder aus dem Off.
„Ich liebe Dich ich liebe Dich ich liebe Dich ..." – Die zwei in der Ecke.
„Darf ich abkassieren? Wir schließen gleich." – Der Wirt.
Schade, wir waren gerade so schön am Lauschen. *amo*

Bier	Binding Export, Binding Römer, McCaul's Stout Irish Dark, Carolus Doppelbock v. F., Schöfferhofer Weizen, Kutscher Alt, Kraftmalz, Berliner Kindl, Hefeweizen (2,30-5,50)
Wein	Extra-Weinkarte für Grauen Burgunder, Marzemino, Pinot Noir und ihre Kollegen (3,00-10,50)
Sekt und Schampus	Duc de Valmer, Comte de Treillère und Kollegen (Fl. 37-115)
Cocktails	Von Mary bis Margarita (9,00-16,00)
Spirituosen	Für Standfeste (2,50-14,00)
Alkoholfreie Getränke	Perrier, Saftladen,1 alkoholfreier Cocktail (2,20-7,50)
Heißes	Mit und ohne Alkohol (2,50-6,50)
Essen	Außergewöhnliche Tages- und Saisonkarte

Musik	Auch mal türkische Weisen aus der Küche
Spiele	Backgammon, Karten und Würfelspiel
Lektüre	FAZ, Zeit, FR, Stadtmagazine
Luft	Ich denk, ich steh im Wald
Hygiene	Auf die Bäume – der Wald wird geputzt
Publikum	Themen von Lippenstift bis Lebenshilfe – dementsprechend
Service	Ein Lob der Bedienung
Preisniveau	Preise sind okay

Frankfurt — **TANNENBAUM**

Eins geht noch

TANNENBAUM

♈♈♈♈

TANNENBAUM
Homburger Str. 19
60486 Frankfurt
Tel. 0 69/77 44 94

So-Do 19.00 - 1.00
Fr, Sa 20.00 - 2.00
(im Winter ab 18.00)
Küche bis kurz vor
Schluß

60 Sitzplätze
20 Stehplätze

Bockenheimer Warte:
U 6, 7
Westbahnhof:
S 3 - 6
N 2
Parken:
Das nächste Knöllchen
kommt bestimmt

Eigentlich wollt ich ja nur mal schnell reinschauen, Günther, aber was soll's, das eine Alt nehm ich noch. Sach mal, Günther, was ich noch nie verstanden hab, ist, was der Flipperautomat da vorne soll – zapf mir doch grad noch mal eins, ja? Weißte, ich find's ja ansonsten echt nett bei dir. Apropos: Eins geht noch, Günther. Aber trotzdem: Ohne das Ding, Günther, ohne das Ding, sachichdir, wär's trotzdem schöner, ehrlich jetzt – also, das haste jetzt klasse gezapft, Günther. Weißte, zum Beispiel das viele Holz hier drin und die alten Plakate und die ganze junge Leut, weißte, das macht's eigentlich so richtig gemütlich, nix Besonderes, des net, aber Jürgen, was ist schon noch besonders heutzutage, gell – ei klar, eins trinke mer noch. Aber ich sach dir ehrlich: Ich komm gern hierher, Günther, weil, weißte, irgendwie erinnert's mich immer e bißje an mei Jugend, habichdireigentlicherzählt, daß ich auch mal Sossiologie studiert hab, Günther? Mach des Glas doch grad nochemal voll, wenn de schon dabei bist. Des war '75 oder war's '76 herrgottnachmaljetztweiß-ichnochnitemaldasnochGüntherglaubstedesdenn. Jedenfalls war ich da halt noch oft an der Uni, weissde, und bin jeden Abend mit irgendwelche Kolimi- Komini- mit andern Studenten in die Kneip um die Eck gegangen und dahattsgnau-soausgesehenwiebeidir. Das warn noch Zeiten, Günther und guck dir an, was heut aus mir geworn is: NaldeSimpeldervonmoiensbisabensAkkordschafftnscheiß-lebenisdesGüntherduverstehsmichgellGüntherdubistn- klasseKumpelGüntherschenkmirdochnochemaleinsein ... *jö*

🍺	Bier	Henninger, Hannen, Guinness, Tuborg, Gerstel (3,50-4,80)
	Wein	Corbières, Côtes du Rhône, Riesling, Edelzwicker (4,50-5,00)
	Sekt	Cavalier Brut (Fl. 28)
	Spirituosen	Hochprozentiges aus aller Welt, Longdrinks (2,50-7,00)
	Alkoholfreie Getränke	O-, K-, B-, T-, A-Saft, Wasser, Coke (1,50-3,00)
🍽	Heißes	S-, K-, P-, H-Tee, Kaff, Cappuccino (2,00-3,50)
	Essen	Pizzabaguette, Bockwurst, Schmalzbrot, Laugenbrezel
🎵	Musik	Rockpop-Klassiker, wohltuend nah am Verfallsdatum
	Spiele	Zwei Flipper, Schach, Backgammon, Karten, Würfel
	Lektüre	Spiegel, Stern, Szenekram
	Luft	Ist für jeden genug da
	Hygiene	Man muß es ja nicht übertreiben, gell?
	Publikum	Ex-Studenten, Ex-68er, Ex-Trinker und solche, die's noch werden wollen
❗	Service	Ich hab versprochen, zu schreiben: überaus freundlich
	Preisniveau	Kann man nicht meckern

Frankfurt — **TAT-CAFE**

Einakter

TAT-CAFE Eschersheimer Landstr. 2 60322 Frankfurt Tel. 0 69/15 45 11 3 Mo-Do 10.00 - 2.00 Fr 10.00 - 4.00 Sa 18.00 - 4.00 So 18.00 - 2.00 Küche durchgehend 160 Sitzplätze 20 Stehplätze Eschenheimer Tor: U 1, 2, 3 N 1 Hauptwache: Alle S-Bahnen N 2 Viel Spaß für Parkplatzsuchende	Gegeben wird der Einakter „Vom traurigen Intellektuellen oder das Schweigen in Schwarz". Ein modernes Theaterstück. Personen: Der Held in Schwarz, eine graubraune Gestalt, Bedienung, einige Statisten. Ort: Ein ungemütliches Café. Dauer: Etwa 15 Minuten. Szene eins: Ein schwarz gekleideter Herr (H) schlurft hängenden Kopfes auf eine bereitgestellte Sitzgruppe zu, die effektvoll beleuchtet ist. H schweigt und sieht mit leeren Augen umher. Um ihn herum weitere Sitzgruppen mit Leuten. Gespräche und Gelächter im Hintergrund. Szene zwei: Eine graubraun gekleidete Gestalt (G) erscheint auf der Bühne, sieht sich um und steuert auf H zu. Im Hintergrund setzt Pianomusik ein. Im letzten Moment wendet sich G nach links und begrüßt Freunde. H seufzt, stützt die Hand auf das Kinn. Szene drei: Eine Kellnerin kommt an seinen Tisch. Er bestellt etwas, und die Kellnerin geht. Die Pianomusik im Hintergrund wird lauter, bleibt aber monoton, um die Trostlosigkeit der Szene zu verdeutlichen. H betrachtet lustlos die Personen am Nachbartisch, schaut dann auf die Uhr. Szene vier: Die Kellnerin bringt einen Kaffee, H dankt und zahlt sofort. Als die Kellnerin geht, trinkt er schnell seinen Kaffee aus, wobei er sich die Lippen verbrennt. Dann steht er umständlich auf und geht hinaus. Keiner der Umsitzenden nimmt Notiz von ihm. Die Pianomusik verstummt. *amo*
Bier Wein Sekt und Schampus Cocktails Spirituosen Alkoholfreie Getränke Heißes Essen	Dortmunder Union Siegel-Pils, Valentins Hefeweizen, Einbecker Brauherrn Ur-Beck (4,00-5,50) Keine Highlights (5,00-7,50) Die Moët-Clique, Heidsieck, Schampus satt (Fl. 50-185) Die heißen hier Mix-Getränke (7,00-12,00) Gib ihm Saures (5,00-7,50) Auch frisch gepreßte Zitronenlimo (3,00-5,00) Ovomaltine, Amapresso (3,00-7,00) Frühstück und kleine Speisen
Musik Lektüre Luft Hygiene Publikum Service Preisniveau	Klassik paßt; Live-Jazz einmal monatlich Skyline Die Luft ist nicht so schlecht Sauber ist's Theaterpublikum, schick, links oder ganz normal Nicht gerade unfreundlich Die Preise sind auch nach dem Theaterbesuch bezahlbar

Frankfurt — TEQUILA

TEQUILA

Trendsetter

TEQUILA
Weißadlergasse 5
60311 Frankfurt
Tel. 0 69/28 71 42

Mo-So 10.00 - 2.00
Küche bis
Betriebsschluß

30 Sitzplätze
20 Stehplätze
20 Freiplätze bis
23.00

Hauptwache:
S 1 - 6, 14
U 1 - 3, 6, 7
N 2
Parken: nur für
Glücksritter

„Badab dadadada dabda", (Melodie bei den „Leningrad Cowboys" nachhören) „badab dabadaba dab (...): Tequila!" Das ist vermutlich der einzige Song, den noch mitsingen kann, wer sie alle durchprobiert hat – alle 42 (in Worten: Zweiundvierzig!) Tequilasorten, die Jacques an der Bar aufgereiht hat. Weiß oder braun, mit und ohne Hut, silver oder gold, mit Zitrone und Salz oder Orange und Zimt – Whiskykultur auf mexikanisch. Wer auf das Tequila-Ritual steht, wird weißen bevorzugen: mit der Zitrone den Handrücken anfeuchten, reichlich Salz draufstreuen, ablecken, Getränk herunterstürzen und in die Zitrone beißen. Kein Tequila-Gesicht, kein Vollrausch. Der braune trinkt sich zwar weniger spektakulär und schmeckt wesentlich milder, ist aber in seiner Wirkung auch nicht zu unterschätzen. Frankfurt hat seine erste Tequila-Bar. Trendsetter Jacques Kouyoumdjian, der vor elf Jahren eines der ersten Bistros in der Mainmetropole eröffnete, hat im März das *Tequila* aufgemacht und sich damit erneut an die Spitze einer neuen Kneipenmode gesetzt. Noch scheint er seiner Spürnase allerdings nicht völlig zu vertrauen: Neben mexikanischer Küche weist die Speisekarte auch französische und italienische Spezialitäten und sogar ein einzelnes thailändisches Reisgericht auf. Auch musikalisch will er sich nicht festlegen: Oldies folgen auf HipHop, südamerikanische Livemusik auf die neuesten Dancefloor-Hits. Genauso unentschieden ist zur Zeit auch noch das Publikum. Schwierig daher auch die Bewertung. Testen Sie selbst. *rea*

Bier	Mexikanisches Corona, Binding Römer (3,90-6,00)
Wein	Man erkennt deutlich die Bistro-Vergangenheit (4,50-6,00)
Sekt und Schampus	Ein Mexikaner, sonst Franzosen (Fl. 38-84)
Cocktails	Was man mit Tequila mischen kann; Margarita (8,00-12,50)
Spirituosen	Ein Sakrileg, hier was anderes zu wollen (4,50-7,00)
Alkoholfreie Getränke	Tomatig, kirschig, bananig (3,00-6,50)
Heißes	Kaffee zur Ernüchterung oder zum Betrinken (3,00-9,50)
Essen	Mexikanisch, französisch und italienisch

Musik	Dancefloor auf südamerikanische Livemusik
Spiele	Mexikanische Trinkspiele mit Zitronen und Würmern
Lektüre	Tageszeitungen, Spiegel, Stern
Luft	Gut; hat noch keinen spezifischen Duft angenommen
Hygiene	Servietten verhindern kleckrig-klebrige Tische
Publikum	Neugierige in der Testphase
Service	Ausgezeichnete Beratung für Tequila-Neulinge
Preisniveau	Jede Mode hat ihren Preis

Frankfurt — TEXTOR 38

TEXTOR 38 — Ohnendliche Geschichten

TEXTOR 38
Textorstr. 38
60594 Frankfurt
Tel. 0 69/62 74 13

So-Do 17.00 - 1.00
Fr, Sa 17.00 - 2.00
Küche bis 23.00

75 Sitzplätze
10 Stehplätze zum Warten

Textorstraße/
Brückenstraße:
Straba 15, 16, 26
Südbahnhof: N 3
Parken:
Überlegen Sie: die
Straba fährt fast in
die Kneipe

Es war einmal ein rotes Pendel, das pendelte und pendelte, und wenn es nicht der Herr mit dem brennenden Hut angehalten hat ...

Es gibt einen Ort, da fühlt man sich irgendwie beobachtet. Und dabei schaut da nur Dalí von der Wand herab.

Es war einmal ein Mann in der Wüste. Der hatte großen Durst und sah ein ebenso überdimensionales wie unerreichbares Glas Bier wie ein Fata Morgana am Himmel – aber das war bestimmt nicht hier ...

Nein? – Das Bier flog einfach vorbei – das kann wirklich nicht hier gewesen sein. Der Mann war übrigens in der dringenden Mission unterwegs, Dalí linksseitig zu löschen – samt seinem Hut ...

Es gibt einen Planeten mit Namen *Textor 38*. Da ist immer gutes Wetter, weil dort alle immer von Ibiza träumen ... wirklich alle? Nun, jedenfalls sind deswegen dort Menschen, die – und sei es auch nur aus Unachtsamkeit – während eines Segeltörns nach Ibiza oder auch beim Gang durch einen stinknormalen Regenguß naß geworden sind, nicht besonders beliebt. Schade ...

Es war einmal eine Trompete, die segelte durchs feuerfarbene Meer. Dazu fiel selbst Salvador nichts mehr ein, obwohl er besonders gern mit dem Feuer spielte ...

Und der Mann schaut weiter irritiert auf durstig aus der Wüste (oder naß aus dem Regen) Kommende und gelöschten Brandes Gehende und erwartet mit Spannung das Ende der Geschichte ... *kar*

Bier	Erbacher, McCaul's Stout v.F., Weizen (2,00-5,00)
Wein	Riesling, Côtes du Roussillon, Pinot Grigio (5,00-7,50)
Sekt und Schampus	Freixenet, Moët & Chandon (Fl. 35-135)
Cocktails	Some really nice Deep South Castro Coolers (6,50-14,50)
Spirituosen	Jägermeister Highlander und Ramazzotti in Bushmill Black Bush (4,00-9,00)
Alkoholfreie Getränke	Die stille Augusta Victoria trifft auf Mr. Schweppes (2,50-6,50)
Heißes	Rum-Orange-Punch, aber bitte mit Sahne (3,00-14,50)
Essen	Für Gourmets mit viel Kohle ausgezeichnet

Musik	Soft music is the best background for living here
Lektüre	... and newspapers and some journals, too
Luft	Ob es an Dalí liegt, daß hier ein frischer Wind weht
Hygiene	... und es picobello sauber ist?
Publikum	Bourgeoise Wesen
Service	Ehemaliger 100-Meter-Läufer
Preisniveau	Money, money, money / must be funny / in the rich man's world

Ab ins Nirwana

TONG'S ALOHA
Große Eschenheimer
Str. 41
60313 Frankfurt
Tel 0 69/28 10 36

Mo-So 18.00 - 4.00
Küche bis
Betriebsschluß

50 Sitzplätze
15 Stehplätze

Eschenheimer Tor:
U 1, 2, 3
Hauptwache: U 6, 7
N 2
Parken: machbar

Für viele Lebenslagen gibt es sie, die kleinen, hilfreichen Teststreifen, durch die man im Handumdrehen erfährt, ob der ph-Wert des Badewassers bedenklich gegen zehn strebt oder ob's demnächst Nachwuchs gibt. Gänzlich allein gelassen ist der mündige Bürger jedoch, wenn es um den Konsum von Alkohol geht; namentlich um die Cocktails, die hier im *Tong's Aloha* auf ihre unwissenden Opfer warten.

Angesagt wäre da doch ein Alkometer mit Skala von eins bis zehn, das den endgültigen Absturz je nach Gemütsverfassung des Gastes verhindern oder beschleunigen könnte. Dr. Suam's Sun, ein Cocktail, der genauso gesundheitsgefährdend aussieht, wie er ist, verdient locker die volle Zehn-Punkte-Ehrung. Harmloser ist da der Tahiti Coffee mit geschätzten drei Punkten. Aloha Own Punsch oder der Coconut Rum Flip sind eher in der soliden Mittelklasse anzusiedeln. Für Autofahrer, Sportler oder Minderjährige gibt's das Ganze dann entschärft und drogenfrei (null Punkte). Fürs Essen (thailändisch-lecker) wären ebenfalls Teststreifen angesagt: Von harmlos über pikant zum Gebt-mir-einen-Liter-Wasser-Zustand sind es wenige Schritte, die der Koch mit weiser Hand bestimmt. Wäre zu überlegen, ob ein Stück Pappe, in die Kokos-Soße getunkt, hilfreich wäre ...

Vorsicht übrigens beim hemmungslosen Zurücksinken ins Nirwana nach dem Genuß von zwei bis drei hochkarätigen Flüssigkeiten: Die Stühle haben keine Lehne. Zur Not können Sie sich ja an der Fischchips-Schale festhalten, die auf jedem der Tische steht. Oder Sie verziehen sich in weiser Voraussicht auf die hinteren Sitzgruppen mit den stabilen Bänken. *amo*

Bier	Dortmunder Union v.F. (5,00)
Wein	Die Karte schweigt
Sekt und Schampus	Mumm und Moët (Fl. 60-130)
Cocktails	Von harmlos bis Alkoholvergiftung (10,00-35,00)
Spirituosen	Begrenzte Auswahl (12,00-14,00)
Alkoholfreie Getränke	Auch Leberfreundliches gibt's (5,00-12,00)
Heißes	Auf Wunsch auch eine Tasse Kaffee; üblich sind Thai-Tea, Mexican Coffee (5,00-12,00)
Essen	Thailändische Gerichte

Musik	Die Charts rauf und runter
Luft	Manchmal etwas stickig
Hygiene	Schmutzig ist es hier nicht
Publikum	Alle Stilrichtungen sind vertreten
Service	Ein freundliches Thai-Lächeln als Dreingabe
Preisniveau	Typisch Cocktailbar eben

Frankfurt — **TREIBSAND**

TREIBSAND — Der dritte Polizist

ΨΨΨ

TREIBSAND
Sandweg 9
60316 Frankfurt
Tel. 0 69/43 75 00

So-Do 20.00 - 1.00
Fr, Sa 20.00 - 2.00
Schmale Küche bis 24.00
Draußen kann man am Kiosk stehen

Zoo: U 6, 7
Merianplatz: U 4
Parkplatzsuche: für Masochisten und besonders coole Typen

Natürlich gibt es ihn nicht, den dritten Polizisten, aber er könnte hier, in der Devotionalienstube im Keller, durchaus eines Tages auf seinem Weg nach Irland auftauchen, mitsamt seinem Fahrrad, versteht sich, um einen Zwischenstop einzulegen. Hinter dem Tresen geht es nämlich rechts zur grünen Insel ab – behauptet zumindest ein dort keck angebrachtes Schild. Natürlich würde er dabei diverse Kilkennys oder Murphy's Irish Stout in die Kehle schütten, dabei über Luftpumpen und Vorhängeschlösser sinnieren und den einen oder anderen Pfeil gegen die hölzerne Scheibe schleudern. Natürlich könnte es ebenso sein, daß er bereits im Jahre 1759 (Mozart lernte gerade das erste Klavierstück auswendig) als Vertreter der neu gegründeten Guinness-Brauerei sein Stelldichein gegeben hätte. Indes, niemand weiß es so genau. Ebenso weiß niemand, ob die alten Droschkenräder Relikte aus dieser oder einer anderen Zeit sind. Fest steht, sie sind wie der ominöse Schlitten, der an der Decke baumelt (schrecklich, dieses Ende!) Indizien in einem recht sonderbaren Fall, den der dritte Polizist (ich glaube, O'Brien war sein Name oder wird sein Name sein) noch aufzuklären hat. Auch eine Telefonzelle spielt in diesem Fall eine wichtige Rolle. Welche? Ja, das weiß wohl der gute O'Brien. Betrüblich ist, daß man ihm die Vorderlampe seines Fahrrads geklaut hat und er den Weg durch die Nacht in das Versteck nur mit Hilfe einer Petroleumlampe finden wird. Aber keine Sorge, er ist Polizist. Er wird eine Lösung finden. *duc*

Bier	Brinkhoff's, Kilkenny, Guinness v. F., Groterjan alkfrei (3,50-4,50)
Wein	Trockenes und der unvermeidliche Äppler (2,20-5,00)
Sekt und Schampus	Mumm, Mumm, Mumm (Fl. 37)
Spirituosen	Longdrinks und viel Hochprozentiges (2,50-8,00)
Alkoholfreie Getränke	Maracujasaft und viel Schweppes (2,50-3,50)
Heißes	Kein besonderer Fall (2,50-5,00)
Essen	Da schauen Sie einfach mal rein und lassen sich überraschen

Musik	It's Blues time, außer montags
Spiele	Vier gewinnt, Café international
Lektüre	Kino- und Rockzeitung
Luft	Nun ja, wie auf der Wache
Hygiene	Bassam und sein Bruder Sam legen großen Wert auf Sauberkeit
Publikum	Gemischt
Service	Die Brüder sind wahrhaft entzückend
Preisniveau	Für jeden machbar

Frankfurt — VALENTINO

VALENTINO
Nostalgie

ΎΎΎ

VALENTINO
Schulstr. 3
60594 Frankfurt
Tel. 0 69/61 53 02

So-Do 11.00 - 24.00
Fr, Sa 11.00 - 1.00
Küche bis Mitternacht

60 Sitzplätze
50 Stehplätze

Schweizer Platz:
U 1, 2, 3
Elisabethenstraße:
Bus 30, 36
N 3
Parken:
Katastrophal, aber manche sind immer wieder mal erfolgreich

Ach, das waren noch Zeiten, als er auf der Bühne stand, ohne etwas zu sagen, einfach so, mit einem Lächeln auf den Lippen, die Haare glattgeschniegelt, gescheitelt, und die Frauen bezauberte mit seinem unvergleichlichen italienischen Charme. Und wie galant er sich bewegen konnte! Es war wirklich ein Traum. Die Frauen, das jedenfalls hat mir meine Großmutter erzählt, bekamen reihenweise feuchte Hände und hatten einen dicken Kloß im Hals. Eigentlich hieß er ja gar nicht nur Valentino, den Namen legte er sich erst in Amerika zu. Jetzt hängt nur noch sein Bild, in einen großen Spiegel eingelassen, in dem Lokal, das ihm zu Ehren seinen Namen trägt; es ist ein wirklich schönes Bild, und manch sehnsüchtige Frauenaugen bleibt auch heute noch daran hängen. Wer draußen vorbeigeht, kann durch die große Fensterscheibe einen Blick auf sein Porträt werfen. Innendrin ist es ruhig geworden, beschaulich, ja, beinahe ein bißchen verschlafen. Leise beschleicht mich das Gefühl, daß die Zeit hier stehengeblieben ist, oder anders gesagt: mit der Zeit ist auch das pralle Leben vorbeigegangen, ohne auch nur Notiz zu nehmen von dieser gemütlichen Plauderstube. Denn eines ist klar: Zum trauten Gespräch unter sechs Augen (Rodolfo schaut immer schmachtend zu) eignet sich dieser Ort ideal. Und ein Hauch von Nostalgie schwebt sanft durch die lichtgeschwängerte Luft. *duc*

	Bier	Krombacher v. F. Weizen, Kelts alkoholfrei (3,50-5,00)
	Wein	Von Weißherbst bis Rioja, dazu Cidre und das Stöffche (2,20-6,00)
	Sekt und Schampus	Mumm, Asti Spumante, Moët & Chandon (Fl. 44-100)
	Cocktails	Manhattan, Tom Collins, Sidecar (11,00)
	Spirituosen	Von Eierlikör über Kirschwasser bis Dimple (5,00-7,00)
	Alkoholfreie Getränke	Der Hit: Granini Multivitaminsaft Presta light, Zitrone natur (2,80-6,00)
	Heißes	Rüdesheimer Café, russische Schokolade, Irish Coffee (2,80-9,50)
	Essen	Frühstück, Ochsenschwanzsuppe, Krabbencocktail

	Musik	Heimlich, still und leise
	Lektüre	... so daß die Lektüre der Neuen Revue oder FR/FAZ/Spiegel/Stern
	Luft	... unter schwirrendem Ventilator
	Hygiene	... auf sauberen Tischen ausgebreitet
	Publikum	... von den netten Wesen
	Service	... deren Bier, wenn sie wollen, immer vor ihnen steht
	Preisniveau	... bei normalen Preisen genossen werden kann

Frankfurt — **VARIO**

VARIO: Wandel und Stillstand

VARIO
Baumweg 20
60316 Frankfurt
Tel. 0 69/44 00 00

Mo-Do 17.00 - 1.00
Fr 17.00 - 2.00
Sa 11.00 - 2.00
So 10.00 - 24.00
Küche 17.00 - 23.00
Sa, So Frühstück

50 Sitzplätze
20 Stehplätze
Gartenbetrieb ist geplant

Merianplatz: U 4
Zoo: U 6, 7
Bus 31
Parken: Wer es unbedingt probieren will, dem ist auch nicht zu helfen

Die Zeiten haben sich gewandelt. Anders ausgedrückt: fast alle Lebensbereiche sind variabler geworden, vielfältiger, bunter. Toskanische Lebenserfahrungsmalerei, designergeschwängerte Modernität des Interieurs, kecke Baströckchen, Salsa und Neoklassizismus passen plötzlich zueinander, verbinden sich – synästhetisch-dialektisch – zu einer neuen Form. Ergo: Lebensform. Denkform. So. Der Inhalt der Gedanken ist nicht mehr an ihre Formgebung gebunden. Ja, wir befinden uns in einer neuen Ära der Symbolwelt. Alles ist neu, und doch wird man den Eindruck nicht los, daß da irgendetwas im Unreinen ist, daß sich nicht wirklich etwas bewegt, ob nach vorne, zur Seite oder sonstwohin. Das riecht nach Stillstand. Wärme bleibt warm, lachsfarben lachsfarben, italienische Stühle sind eben immer noch italienische Stühle, Baströckchen – dito – Baströckchen. Aber das Variable am Variablen ist ja (und genau darin liegt der zu sophistischem Schmunzeln anregende Witz, um nicht zu sagen der Esprit), daß es nichts festlegt und dennoch, ohne Veränderung den Strom des oft zitierten Zeitgeistes hinabschwimmt. Aber stop. Da ist noch etwas, das wir bisher nicht gekannt, geschweige denn geahnt haben. Die freie Sexualität hat ihren Einzug in die Welt der labenden Quellen angetreten. Es gibt wunderbar schmerzende, in kleinen Gläschen schwimmende Orgasmen für einen festgelegten Preis. Köstlich war es, das Prickeln und Sprudeln im müden Geist, der abgekämpften Seele und im ausgelaugten Körper zu spüren. Haben sich die Zeiten wirklich gewandelt?
duc

Bier	Römer, Mc Caul's v. F., Kutscher Alt, Clausthaler (3,80-5,50)
Wein	Pinot Blanc und Grigio, Château Courac Schloßabzug (6,50-7,00)
Sekt und Schampus	Graeger, Mumm & Cordon Rouge GmbH (Fl.45-230)
Cocktails	Ist „Gummibärchen" ein Longdrink? Ja. (7,00-10,00)
Spirituosen	Der absolute schwedische Wodka ist der Hit (5,00-15,00)
Alkoholfreie Getränke	Granini & Schweppes AG, wo man hinschaut (3,00-5,00)
Heißes	Wollten Sie schon immer mal Acapulco trinken? (3,00-8,00)
Essen	Endlich ein vegetarisches Lokal der gehobenen Klasse
Musik	Salsa gibt es hier, wie schön
Lektüre	Lesen kann man in anderen Kneipen, hier muß man gucken
Luft	Im modernen Zeitalter gibt es unsichtbare Klimaanlagen
Hygiene	Hervorragend
Publikum	Das kommt bestimmt bald, sagt jedenfalls Rascha
Service	Die Dame im Baströckchen: einfach wunderbar
Preisniveau	Na ja, ohne is det nich

| Frankfurt | WACKER'S CAFE |

Ein Kanon und ein Rennen

WACKER'S CAFE
Kornmarkt 9a
60311 (Innenst.) Ffm.
Tel. 0 69/28 78 10
Kantstr. 13
60316 (Bornheim) Ffm.
/44 64 37

Innenstadt:
Mo-Sa 8.00 - 18.30
(Bornheim:
Mo-Sa 7.00-18.30
So 10.00-17.30)

18 (35) Sitzplätze
10 (20) Stehplätze
15 (20) draußen

Hauptwache:
S 1 - 6, 14
(Merianplatz: U 4)
Parken: sinnlos

Innenstadt. Haupteinkaufszeit. Am Kornmarkt, in einem kleinen Cafégeschäft: zischende, sich überlappende Stimmen. Das Rauschen der Cappuccinomaschine. „Weißt du, Else, die Tomaten." „Wie war's in der Oper?" „Was möchten Sie, bitte schön?" „Nein, wirklich, meinst du?" „Eine Tasse Cappuccino, bitte." „Wie?" „Kommen Sie öfter her?" „Toll war's in der Oper." „Und ein Brötchen." „Ach Else ..." „Mit Milch?" „Nein. Vielen Dank." „Mit Sahne bitte." „Fünfmarkachtzig macht's dann." „Was hast du denn gesehen?" „Der Blumenkohl ist auch teurer geworden." „Die Meistersinger." „Ja, es ist wirklich schlimm." „Wer hört heutzutage denn noch Wagner?"...

Ein Café am Platz. Vorbeifahrende Autos. Das Geräusch von umgeblätterten Zeitungen. An einem Tisch lautes Gespräch. Ein Lesewettbewerb: Der Mann mit „Bild" liegt vorne, hat schon drei Seiten geschafft, die Frau mit der FR ist noch auf der zweiten, eine andere Frau blättert im „Blättche" gleich nach hinten durch zu den Anzeigen, der FAZ-Leser kämpft noch mit dem Leitartikel, die „Blättche"-Fräu wechselt jetzt den Tisch, um eine bessere Sicht zu haben, der „Bild"-Leser hat aufgegeben, zuwenig (E)Sprit, jetzt tritt der Mann mit der „Zeit" an und schlägt sofort das Feuilleton auf, die FR-Frau begibt sich zielstrebig zum Lokalteil, doch aus dem Hintergrund kommt der Mann mit dem Oldtimerplakat: Alle stutzen, er hat gesiegt. Die Frau mit dem „Blättche" bestellt einen Kaffee, der „Zeit"-Mensch ein Bier, die FR-Frau ein Baguette. Der Oldtimerplakatmensch verläßt das Café. Ich auch. duc

	Bier	Warsteiner, Hefe- und Kristallweizen (nur in Bor) (3,00-4,50)
	Wein	Im Kaffeegeschäft trinkt man keinen Wein
	Sekt	Und auch keinen Sekt
	Cocktails	Cocktails schon gar nicht
	Alkoholfreie Getränke	Wasser, Fanta, Coca Cola, Säfte (Letztere nur in Bor) (2,00-4,50)
	Heißes	Milchkaffee, Tee, Espresso (2,20-3,00)
	Essen	Baguettes (in Bornheim) und leckerer Kuchen, Frühstück
	Musik	Musik? die machen die Besucher selbst; in Bor leise im Hintergrund
	Lektüre	Alles, was das Herz begehrt
	Luft	Die ist vom Kaffeeduft geschwängert
	Hygiene	Aber natürlich ist es sauber
	Publikum	Kaffeekäufer und Caféhäusler
	Service	Kaffeeverkäufer und typische Caféhausbedienungen
	Preisniveau	

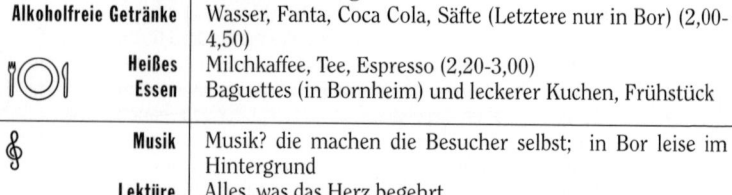

Frankfurt — WÄLDCHES

Zwei Kesselschwimmerinnen festgenommen

WÄLDCHES

🍷🍷🍷

WÄLDCHES
Woogstr. 52
60431 Frankfurt
Tel. 0 69/52 05 22

Mo-Sa 11.30 - 1.00
So 11.30 - 23.00
Küche:
wochentags bis 23.00
sonntags bis 22.00

170 Sitzplätze
20 Stehplätze
400 Gartenplätze bis 1.00

Niddapark: U 1
Gute Parkmöglichkeiten

Motive weiterhin unklar/ Polizei vermutet Organisation
Frankfurt. – Gestern abend wurden zwei junge Frauen in flagranti ertappt, als sie gerade ein Bad in dem Braukessel des Ginnheimer *Wäldches* nahmen. Was die beiden 27jährigen Frauen zu dieser unglaublichen Tat trieb, ist nach Auskunft der Polizei noch völlig unklar. „Außer anhaltendem Gekicher und zusammenhanglosen Sätzen bekamen wir in der Vernehmung bis jetzt nichts zu hören", sagte Hauptkommissar Grünlich. Die Vermutung, daß es sich dabei möglicherweise um den Geheimcode der Kesselschwimmer handelt, wollte Grünlich weder bestätigen noch dementieren. Er streitet jedoch ab, daß es sich bei diesem Vorfall um die Tat von verwirrten Einzeltätern handelt. „Wir sind einem unglaublichen Skandal auf der Spur", versichert Grünlich. Bereits seit Monaten führe die Staatsanwaltschaft streng vertraulich eine Akte „Kesselschwimmer". In den letzten Monaten hätten sich die Gerüchte verdichtet, daß es eine geheime Organisation gibt, deren Mitglieder sich auf illegales Bierkesselschwimmen spezialisiert haben. Bei der jetzigen Verhaftung war der Polizei, wie so oft, der Zufall zur Hilfe geeilt. Der Braumeister hatte außerplanmäßig den Kessel geöffnet, um weiteren Zucker zuzusetzen. Dabei entdeckte er die beiden Schwimmerinnen, die „quietschfidel", so der schockierte Wirt, in 7000 Litern Gerstensaft umherplantschten. Laut Zeugenaussagen waren die beiden Täterinnen mit einer Art Taucheranzug bekleidet und über und über „mit einer klebrigen braunen Masse bekleckert", so ein Gast. Die Ermittlungen dauern an. *rea*

Bier	Hausgebrautes, naturtrübes Hell und Saisonbier (4,90)
Wein	Eigentlich ist's ja ein Biergarten (5,20-8,60)
Sekt und Schampus	Bi-hi-iier, nicht Sekt (Fl. 40)
Spirituosen	Natürlich selbstdestilliert (3,90-4,30)
Alkoholfreie Getränke	Leider gibt's keinen Gerstensaft pur (2,80-3,50)
Heißes	Und keinen Malzkaffee (2,50-3,00)
Essen	Superleckere Grundlagen fürs Bier

Musik	Singende Kesselschwimmer/innen ???
Spiele	Reiterkampf im Kessel; S-Bahn-Surfen ist out
Lektüre	Der neueste Polizeibericht
Luft	Draußen sowieso, drinnen riecht's nach Gerstensaft
Hygiene	Im Kupferkessel kann man sich spiegeln
Publikum	Bierliebhaber und Kesselschwimmer inkognito
Service	Das Bier ist kaum leer, da ist's schon wieder voll
Preisniveau	Faire Preise

Frankfurt — WAGNER

WAGNER: Frankfurt für Anfänger

WAGNER
Schweizer Str. 71
60594 Frankfurt
Tel. 0 69/61 25 65

Mo-So 11.00 - 24.00
Küche bis
Betriebsschluß

200 Sitzplätze
50 Stehplätze
120 Plätze im Garten
bis 23.00

Schweizer Platz:
U 1 - 3
Eiserner Steg: N 3
Am Mainufer
gibt's Parkplätze
Parkhaus
Walter-Kolb-Straße

Der Frankfurter ist ein Mensch mit prinzipiell liebenswertem Charakter, der allerdings von einem Hang zur Schadenfreude getrübt wird. Kaum ein Frankfurter kann der Versuchung widerstehen, Besuch „von aaßerhalb" in eine der traditionellen Ebbelwei-Kneipen Sachsenhausens abzuschleppen. Mit diebischem Vergnügen führt er seine Gäste in die heiligen Hallen der Schoppe-Petzer und läßt sie dort absichtlich auflaufen. Das Schema funktioniert fast immer gleich: Als erstes wird man seine Gäste natürlich nicht über bestimmte Regeln bei der Getränkeorder aufklären, diese ahnungslosen Menschen ihre zwei Bier bestellen lassen und sich ins Fäustchen lachen, wenn der Kellner zurückraunzt: „Bier? So was hammer hier net." Erst dann schaltet man sich ein und verlangt einen Bembel. Es folgt dieser königliche Moment der ersten Begegnung mit dem Frankfurter Nationalgetränk, von dem einmal jemand behauptet hat, daß alle Welt sich über den sauren Regen aufrege, während die Frankfurter ihn in Gefäße abfüllen und trinken würden. Die Höflichkeit seiner Gäste rücksichtslos einkalkulierend – „wat für'n übles Jesöff, hätt ich fass jesaacht" – wird der gestandene Äppler-Trinker jetzt darauf hinweisen, daß man den Ebbelwei auch spritzen kann. Großzügig bietet er sich an, bei der Speiseauswahl behilflich zu sein. Der unsicheren Frage kann man dat essen? Läävt dat noch?" wird der Frankfurter mit empörten Gesichtsausdruck entgegnen, daß Handkäs mit Musik ein kulinarischer Hochgenuß ist. Übrigens färben derlei Bosheiten ab: Es wurden schon „aageplackte" Rheinländer beobachtet, die die verzogenen Gesichter ihrer Freunde mit dem Spruch kommentierten: „Dat is hier normal, ey". *rea*

Bier	Touristen erkennt man daran, daß sie Bier bestellen; davon gibt's keinen Tropfen
Wein	Wenn's sein muß, auch Weiß- und Rotwein (5,60)
Sekt und Schampus	Markensekt und nicht definierter Schampus (Fl. 21,50-98)
Cocktails	Es soll Leute geben, die mischen Äppler mit Sekt (Fl. 37-98)
Spirituosen	Calvados mit Äpfelchen, Wodka Feige & Co. (3,50-4,90)
Alkoholfreie Getränke	Für'n Gespritzten braucht man Wasser oder Limo (2,30-2,90)
Heißes	Leberknödelsuppe ist heiß
Essen	Frankfurter Spezialitäten und deftige Hausmannskost

Luft	Kann stickig werden, vor allem abends
Hygiene	Der Frankfordder sieht das nicht so eng
Publikum	Frankfordder, Aageplackte und Aaswärtische
Service	Ruppigkeit gehört zum Image, Schnelligkeit auch
Preisniveau	Ausgesprochen günstig

Frankfurt — **WAIKIKI BAR/HARD ROCK CAFE**

WAIKIKI BAR/HARD ROCK CAFE
It's a hard day and night

**WAIKIKI BAR/
HARD ROCK CAFE**
Taubenstr. 11
60313 Frankfurt
Tel. 0 69/ 28 47 61

Mo-Do 11.00 - 1.00
Fr, Sa 11.00 - 2.00
So 16.00 - 1.00
Küche läuft synchron

200 Sitzplätze
50 Stehplätze
35 Gartenstühle
bis 1.00

Eschenheimer Tor:
U 1, 2, 3
Bus 36
N 1
Die ganz Cleveren finden umsonst einen Flecken für ihre Karosse ... PH direkt gegenüber

Eric ist Schüler. Kurzhaarig, blond, blauäugig, 18 Jahre alt. Eric hat ein Auto, einen Golf. Was sonst. Jeder Schüler, der etwas auf sich hält, fährt einen Golf. Eric ist nicht besonders klug. Aber seine Eltern haben Geld. Eric sitzt in der roten Polstergarnitur und verrenkt sich den Hals. Weil die drei Bildschirme in luftiger Höhe über ihm eine attraktive schwarze Frau zeigen, die einen Rap tanzt. Oder etwas Ähnliches. Bestimmt kommt sie aus New York. Alle Träume kommen aus New York. Eric gehen die Augen über. Aber dann fällt ihm ein, daß er hier nicht sitzt, um tanzende Frauen in der Glotze anzustarren. Eric wartet. Er hat eine Verabredung. Mit Sabine. Sabine ist seine Freundin. Das glaubt zumindest Eric. (Nur wir wissen, daß sie längst einen anderen Freund hat, der noch mehr Geld hat. Aber zurück zu Eric.) Er kann den Blick nicht von der Mattscheibe abwenden. Es ist einfach zu schön, was die Bilder verheißen. Dazu die Musik. Wirklich schön. Sabine wird schon kommen. Denkt Eric. Er bestellt nebenbei (jetzt hüpft ein schwarzer Mann gekonnt über die Leinwand) ein Hefeweizen mit Bananenmilch. Das gibt es hier nicht? Also dann eben ohne. Und einen Down Home Doubleburger. Eric guckt wieder hoch. Ist fasziniert. Das Leben da oben, das gefällt ihm. Das möchte er auch haben. Als es dunkel ist, geht Eric in den Nebenraum. Sein Vater hat ihm einen Hunderter in die Hand gedrückt. Damit kann man einen Abend lang ganz gut leben. Eric trinkt einen Brandy Alexander. Jetzt könnte Sabine eigentlich bald kommen. Eric bleibt bis ein Uhr. Wartet. Vergeblich. Was los ist, wird er noch lange nicht merken. So ist das hier. Das Leben aber ist anderswo. *duc*

Bier	Henninger, Tuborg, Gerstel alkfrei, Luitpold (3,50-6,00)
Wein	Allerlei aus Europa; California und Apfelwein (3,00-8,00)
Sekt und Schampus	Champagne for 15 Marks (Fl. 120)
Cocktails	Von Nummer 200 bis Nummer 301 (7,00-25,00)
Spirituosen	O wie schön: Eierlikör! (4,00-10,50)
Alkoholfreie Getränke	Außer Mangosaft keine Extravaganz (3,50-5,00)
Heißes	Tahiti Kaffee und Hard Rock's Spezial (3,00-9,50)
Essen	Wenn ne Kneipe Hamburger anbietet, dann ...

Musik	Videoclips ... aber New York ist soooo weit weg, Kinder
Lektüre	Spielen und Lesen ist genauso weit weg
Luft	In New York mit Sicherheit schlechter
Hygiene	Vorsicht, Putzkolonne!
Publikum	Eric und seine Freunde wollen mal was werden, aber ...
Service	Paßt sich dem Genre an
Preisniveau	Und das greift schon voraus

131

Frankfurt — WEBERS

Der gute Mensch vom Nordend

WEBERS
Weberstr. 45
60318 Frankfurt
Tel. 0 69/55 57 49

So-Do 19.00 - 1.00
Fr, Sa 19.00 - 2.00
Küche durchgehend

20 Sitzplätze
25 Stehplätze

Glauburgstraße: U 5
Friedberger Platz: Bus 30, N 4
Parken: Suchen!

Spieglein, Spieglein an der Wand
Wer ist wohl der Schönste in diesem Land?
Nein, das ist so nicht richtig gefragt
Sind doch alle hier schon recht betagt.
Wer weiß am meisten über Literatur?
Das ist doch der Kern der Sach'
Dazu ein hübsches Weinchen pur
Und der Abend ist wohl unter Dach und Fach.
Denn bei Diebold gibt es was vom Feinsten
für das mehr oder weniger gutsituierte Mittelalter
Und da hier das sprudelnde Gesöff am reinsten
schwingt sich so mancher munt're (kluge?) Nachtfalter
hinein in die gute Stube.
Früher war's die sexuelle Freiheit
heute ist's die Brockhaus Enzyklopädie
die das lustige Volk hier interessiert.
Also, wenn ihr einmal in der Gegend seid
schaut herein aus reiner Sympathie
und ihr werdet freuen euch, garantiert! *duc*

Bier	Henninger, Kaiser, Tuborg, Gerstel alkoholfrei, Prinzregent Luitpold Hefeweizen (3,00-4,00)
Wein	Müller-Thurgau, Gutedel, Spätburgunder und vieles mehr, denn dies ist eine Weinstube (5,00-10,00)
Sekt	Sekt in einer Weinstube? Aber bitte!
Cocktails	So edel ist's bei Diebold nicht
Spirituosen	Für jeden etwas (3,00-6,00)
Alkoholfreie Getränke	Stille Wasser sind tief – oder doch Apfelsaft? (1,50-3,00)
Heißes	Espresso, Cappuccino (2,50-3,50)
Essen	Lesen Sie doch selbst an der Tafel, ob es Rohmilchkäse oder Schwarzwälder Speck sein soll, aber essen Sie unbedingt die Oliven

Musik	Edler Rock'n'Roll und alter Jazz vom Feinsten
Spiele	Schach und Backgammon, das wird manchmal gespielt
Lektüre	Gelesen wird im Nordend nur die FR
Luft	Bestens
Hygiene	Aber hallo!
Publikum	Nordendler und Versprengte
Service	Wenn Diebold da ist, brauchen Sie sich keine Sorgen zu machen
Preisniveau	Nordendnormalität

Frankfurt — **WEINSTUBE IM NORDEND**

WEINSTUBE IM NORDEND
In vino smalltalk

WEINSTUBE IM NORDEND
Lenaustr. 80
60318 Frankfurt
Tel. 0 69/5 97 11 61

So-Mo 20.00 - 1.00
Fr, Sa 20.00 - 2.00
Kleine Küche dito

45 Sitzplätze
30 Stehplätze
50 Freiluftplätze bis 23.00

Nibelungenplatz:
Bus 30
Rohrbach-/Friedberger Landstr.:
Straba 12
N 4
Parken: nur für Unverbesserliche

Vier junge Leute betreten zum ersten Mal das Lokal, suchen sich ein Eckchen zum Sitzen. Smalltalk. Zehn Minuten später der erste Geistesblitz: „Is hier vielleicht Selbstbedienung?" Nach kurzem Studium der Tafel, die über dem Eingang hängt, werden Uwe und Felix mit Weinwünschen zur Theke geschickt. Unverrichteter Dinge kehren sie zurück. „Was machst du überhaupt mit dem Fragebogen da?" fragt Felix. „Ich schreib' für einen Kneipenführer." Felix: „Dann erwähne gleich mal, daß hier niemand anwesend ist, den man was fragen könnte – also schreib: 'Keiner da.'" „Vielleicht soll man sich's selbst besorgen – im wahrsten Sinne des Wortes?" mutmaßt Sabine. „Na, das kann ja nix sein." Inzwischen kommt eine junge Frau an den Tisch und erklärt freundlich, daß man sich selbst bedienen muß. Felix: „Pluspunkt für diese süße Bedienung. Schreib: 'Attraktiver Service.'" „Und guck mal, so ein hübscher Feldblumenstrauß", fügt Sabine ein wenig spitz hinzu. Uwe: „Ich hasse es, wenn man sich beim Zuprosten nicht anguckt." Felix: „Na gut: Ich schau dir in die Augen, Kleines. Apropos schauen: Schau doch mal, was es zu essen gibt." Uwe: „Käseplatte, Chili, ..." „Bingo!" Grinsen aus drei Gesichtern. Uwe erhebt sich gnädig. „Danke ..." Als er wieder zurück ist, schaut Uwe auf sein Blatt : „Ich glaub, ich bin in einer Schaffenskrise. Am besten, ich schreib über unsere Gespräche heute abend!" Felix urteilt fachmännisch: „Also der Wein ist klasse, das kannst du schreiben." Ines, die bis jetzt nur geschwiegen und genossen hat: „ Und laß noch ein paar Zeilen für das Chili übrig – es ist himmlisch!" *rea*

Bier	Nur für Notfälle: Bitburger aus der Halbliter-Flasche (4,50)
Wein	Da bleibt kein Gaumen trocken (Gl. 4,80-7,00)
Sekt und Schampus	Auch Schaumwein ist Wein (Gl. 4,50-6,00)
Spirituosen	Leckere Obstler (4,00-6,50)
Alkoholfreie Getränke	Keine (!!) Cola, dafür viele Säfte (3,50)
Heißes	Kaffee und Tee (2,50)
Essen	Kleinigkeiten, die zum Wein passen

Musik	Meistens übertönt die Gesprächskulisse die jazzigen Weisen
Spiele	Schach, Backgammon, Doppelkopf
Lektüre	Auf den Fensterbänken: Skyline und Berger Kinoprogramm
Luft	Ist okay
Hygiene	Dito
Publikum	Künstler und Kulturmenschen, Lehrer und Ex-Schüler
Service	Attraktiver Service (sagt Felix): zwei fröhliche Frauen, die viel von Wein verstehen
Preisniveau	Ziemlich günstig

Frankfurt — WEISSE LILIE

WEISSE LILIE — Kommt mir spanisch vor

♀♀♀♀

WEISSE LILIE
Berger Str. 275
60385 Frankfurt
Tel. 0 69/45 38 60

Mo-Do 17.00 - 1.00
Fr, Sa 17.00 - 2.00
Sonn- u. Feiertage
18.00 - 1.00
Küche bis 24.00

90 Sitzplätze
50 Stehplätze
60 Freiplätze bis
23.00

Bornheim Mitte: U 4
Parkplatzsituation
eher aussichtslos

Nach Sonne und Tequila dürstend, mit Sehnsucht nach Flamenco im Gepäck und auf der Suche nach südländischer Gelassenheit treibt es manchen Urlauber nach Spanien, auf die Kanarischen Inseln oder gar nach Südamerika. Andere wiederum verbringen ihren spanischen Sommer (oder Winter) in der Berger Straße 275. Und das aus gutem Grund: Nicht nur der Tequilas wegen lohnt sich der Weg nach Bornheim; auch die Küche der *Weißen Lilie* bietet Spanisches. Ansonsten geht's hier so zu wie überall auf der Welt, wo man gerne Gäste bewirtet. Dank des kneipeninternen Bier-Schnelldienstes (Gruß an die Bedienung) muß keiner übermäßig lange dürsten in der dunklen Gemütlichkeit der *Weißen Lilie*, die übrigens nicht weiß, sondern holzbraun eingerichtet ist. Während sich Musik verschiedener Stilrichtungen eher schwerfällig aus den Lautsprechern quält, bahnt sich der Gast seinen Weg durch die permanent überfüllte Kneipe, findet dennoch Platz in der unteren Etage (da wird auch mal am Tisch zusammengerückt) oder macht es sich im oberen Stockwerk bequem, um das Publikum des heutigen Abends zu beobachten: die Studenten etwa, die am Ecktisch verbal die Welt verändern, die beiden Freundinnen mittleren Alters, die mal einen männerfreien Feierabend genießen, die Yuppies, Paradiesvögel, Normalos oder Musiker, die auf ein bis fünf Bier hier eintrudeln. Und sie alle fühlen sich gleichermaßen ein bißchen zu Hause. *amo*

	Bier	Römer Pils Spezial v.F., Kutscher Alt, Mc Caul's Stout, Schöfferhofer Kristall- oder Hefeweizen, Stade's Leicht, Clausthaler (3,50-5,60)
	Wein	Internationale Weinkarte von Riesling bis Rioja (5,00-6,50)
	Sekt	Für die kleine Feier (Fl. 33)
	Spirituosen	Alles an Hochprozentigem, was das Herz begehrt (3,50-6,00)
	Alkoholfreie Getränke	Für Lebergeschädigte und Sparbrötchen (Selters und Schweppes sind billiger als Bier) (1,50-4,50)
	Heißes	Heißer Eppler nur, wenn's schneit. Ansonsten Kaffee oder Tee
	Essen	Spanische Küche mit leckeren Tagesgerichten (v.a. Fisch)
	Musik	Jazz, Blues, Rock, Pop
	Lektüre	AZ, Frankfurt Journal
	Luft	Man kriegt noch Luft
	Hygiene	Rein wie die weiße Lilie
	Publikum	Alt und Jung, freakig und normal
	Service	Super-Bedienung
	Preisniveau	Die Rechnung kann man, haushaltsübliche Mengen vorausgesetzt, bezahlen

Frankfurt — WESTEND 1

Alltag eines Cocktailglases

WESTEND 1
Westendstr. 1
60325 Frankfurt
Tel. 0 69/74 07 08

Tägl. 11.30 - 15.00
17.30 - 1.00
Kein Küchenbetrieb

30 Sitzplätze
50 Stehplätze
30 Freiplätze bis 23.00

Platz der Republik:
Straba 16, 19
Güterplatz:
N 4
Parkhaus ist ums Eck

Verängstigt steht es im Regal und versucht, sich klein zumachen, während die letzten Wassertropfen an ihm trocknen. Die Menschen waren böse zu ihm: Erst haben sie es in heißes Wasser getaucht und dann zu allem Überfluß mit merkwürdig schäumenden Chemikalien bearbeitet. Doch hier, im Regal, ist es etwas ruhiger. Da stehen weitere Leidensgenossen, starren vor sich hin oder leiden schweigend. Einige blicken arrogant in die Höhe und bilden sich viel darauf ein, für den „Gap 95" vorgesehen zu sein. Die kleineren Halbhohen („ich transportiere den 'Westend Number 1'") sind da schon bescheidener. Und die Margarita-Gefäße schauen eher gelangweilt („kenn' ich alles schon längst"). Doch dann kommt die große Entdeckung für unseren Protagonisten (Spot an, Geigenschluchzen und das Übliche): Hinten in der Ecke steht sie, die Schönheit, vorgesehen für die „Verführung" und genauso aussehend. Und diesmal ist das Schicksal ihm hold: Ein neuer Schub frisch gewaschener Gläser schiebt unseren Helden weiter nach hinten. O selige Annäherung, o tiefe Blicke. Verrätst du mir deine Mixtur, verrate ich dir meine. Es hätte ja alles so schön sein können, bis ... „Eine Verführung bitte." „Kommt sofort." Tja, das war's dann wohl. Die Schönheit wird weggenommen, und dunkle Einsamkeit breitet sich aus im Regal der Cocktailgläser, das unser Freund so schnell nicht mehr verlassen wird. Und ihr redet immer von Freiheit für die Gummibärchen. *amo*

Bier	Brinkhoff's, Dortmunder Union, Tsingtao China Bier (3,80-6,50)
Wein	Vier verschiedene Ausschankweine (8,00)
Sekt	Etwas Sekt und viel Champagner: Heidsieck, Montaudon, Dom Pérignon, Krug (Fl. 55-600)
Cocktails	Ohne Ende (9,00-5,00)
Spirituosen	In- und ausländische harte Sachen (5,00- 10,00)
Alkoholfreie Getränke	Eine eher phantasielose Auswahl (4,50-5,00)
Heißes	Koffein und Teein ist auch zu haben (3,50-14,00)
Essen	Essen gibt's nebenan im Restaurant

Musik	Alles, was man sowieso schon immer im Radio hört
Spiele, Lektüre	Nix zu lesen und zu spielen
Luft	Der Angstschweiß von Cocktailgläsern ist geruchlos
Hygiene	Alles frisch gewienert
Publikum	Hätte man eigentlich nicht gerade hier vermutet ...
Service	Freundlich-distanziert
Preisniveau	Die üblichen Preise für eine Cocktailbar

Laß jucken, Kumpel, is nur Pommery

WESTKANTINE GROSSMARKTHALLE

WESTKANTINE GROSSMARKTHALLE
Rückertstr. 6
60314 Frankfurt
Tel. 069/42 43 58

So-Fr 23.00 - 8.00
Warme Küche bis 6.00

60 Sitzplätze
20 Stehplätze

Ostendstraße:
S 1 - 6, 14
Parken:
Auf dem Gelände.
Vorsicht: Wer sich auf gemietete Plätze stellt, muß blechen (60,00)

Schichtwechsel. Anders ist das eigentlich kaum zu bezeichnen. Oder Szenenwechsel. Wer auf den vorangehenden Seiten bislang vergeblich nach einer Fernfahrerkneipe gesucht hat – jetzt wird er fündig. Außer den Brummipiloten gibt's hier durchaus noch ein paar andere Gelegenheiten für volksnahe Studien: Obst- und Gemüsehändler aus der Großmarkthalle beispielsweise. Oder die Ostendler, die es „gerade noch so schaffen", wobei sie schon selbst vor lauter Fusel nicht mehr wissen, was sie schaffen und wie der letzte von all den gottverdammten Sätzen, der sich da gerade aus dem Sprechwerkzeug gequält hat, mit alldem, was vorher gesagt worden ist, zusammenhängt. Aber dann, wie gesagt, Szenenwechsel. Ab vier Uhr, wenn in den andern Schuppen die Lichter ausgehen und die Tanzflächen hochgeklappt werden (Frankfurter Selbsteinschätzung: geniale Mischung von Hinterhof und Weltstadt), dann ist hier An- und Einlaufstation. Jetzt ist's an der anderen Seite, sich die Augen zu reiben und erstaunt zu gucken, was die Nacht da so an schrägen Typen reinspült. Aber mittlerweile schaut da schon gar keiner mehr lange hin; die Stammgäste kennen den Auftrieb schon. In einer Kneipe, wo die Sonderkonditionen für Buletten auf handgeschriebenen Pappkartons an die Wände gepinnt sind und wo der Schlüssel fürs Damenklo an der Theke abzuholen ist – erwarten Sie da französische Fläschchen mit nobelstem „Sprudelwasser" aus den Häusern Moët und Pommery? Tja, wer sich hier erstmal zu Hause fühlt, der hält auch das für normal. *ask*

Bier	Binding, Schöfferhofer, Kutscher Alt (2,50-6,00)
Wein	Laut Karte: Diverse Rote und weiße (6,00)
Sekt und Schampus	Mumm, Moët, Pommery (Gl.16; Fl. 48-125)
Cocktails	Kein Gepansche
Spirituosen	Eine ordentliche Batterie an der Wand (2,50-8,50)
Alkoholfreie Getränke	Frankfurter Grundausstattung (2,50-4,00)
Heißes	Kaffee, Kapputschino (sollte so heißen, da er mit Sahne angeboten wird), Tee (2,50-3,50)
Essen	Bürgerliches für Fernfahrer, Gemüsehändler, Abgestürzte

Musik	Kunde zahlt – Musikbox
Lektüre	Zu solcher Uhrzeit muß man nicht lesen – oder tut's zu Hause
Luft	Viele Raucher, viele Fenster
Hygiene	E ordentlich Werdschaft
Publikum	Vor 4.Uhr Leute aus der Markthalle, danach Nachtschwärmer
Service	Handfest, wie gesagt: E ordentlich Werdschaft
Preisniveau	Is doch normal, eeh

Frankfurt — **WUNDERBAR**

Calvados und Apfelsaft made in paradise

WUNDERBAR

Vom Paradies auf Erden ist schon viel geschrieben worden. Und geredet worden ist darüber auch eine Menge. Aber mal ganz ehrlich: Wir wissen doch alle, daß es das nicht gibt. Oder? Lasset uns einen Blick in unser liebstes Buch tun. Was lesen wir da? „Dann legte Gott im Osten (das ist sicher ein Druckfehler, denn Höchst liegt weit im Westen, aber das wußten die Verfasser dieser Zeilen schließlich noch nicht) in der Landschaft Eden (der Taunus ist doch auch schön, gell?) einen Garten an. Er ließ aus der Erde alle Arten von Bäumen wachsen. Es waren prächtige Bäume, und ihre Früchte schmeckten gut. Dorthin brachte Gott den Menschen." So weit, so gut. Ein paar Zeilen später kommt die entscheidende Stelle. „Gott dachte: – Es ist nicht gut, wenn der Mensch allein ist. Ich will ihm einen Gefährten geben, der zu ihm paßt." Sehen Sie, so blöd war der Typ gar nicht. Denn er wußte, daß dieser Ort ein Tempel des Vergnügens werden würde, und dafür sind die Menschen schließlich auf der Welt. Mit anderen Worten: Alle Meinungen der ganzen Welt stimmen darin überein, daß Vergnügen unser Zweck sei, ob man gleich über die Mittel verschieden denkt, denn sonst bedürfte es keines Suchens und Findens. Klasse, nicht? Und wo sonst als in diesem „Garten Eden" (mit ein bißchen Phantasie) sollte es geboten sein? Ist es nicht wunderbar, wenn immerhin die Möglichkeit besteht, daß es vielleicht doch ... ? *duc*

WUNDERBAR
Antoniterstraße 16
65929 Frankfurt
Tel. 0 69/31 87 83

So-Do 10.00 - 1.00
Fr, Sa 10.00 - 2.00
Warmes und Kaltes
durchgehend
Sonntags
Frühstücksbuffet

120 Sitzplätze
50 stehen noch gut

Bahnhof Höchst: S 1, 2
mehrere Buslinien
N 4
Parken: nicht so
wunderbar

	Bier	Krombacher, Küppers Kölsch v. F., Oberdorfer Weizen, Steinbier, Guinness, 3 Alkfreie (2,50-5,00)
	Wein	Châteauneuf du Pape, Pinot Grigio, Bioweine (2,50-6,00)
	Sekt und Schampus	Ritter Hundt, Saulheimer Winzer, Mumm dry, Veuve Clicquot (Fl. 40-95)
	Cocktails	Primadonna trinkt keinen Alk, aber Mai Tai den Zombie mit Knockout unter den Tisch (6,00-16,00)
	Spirituosen	Für alle Kubaner: Havanna Club Rum (5,00-12,00)
	Alkoholfreie Getränke	Fruchtiges und Schweppiges (2,00-4,00)
	Heißes	Do you know the Bankman oder Café Calypso (2,50-8,00)
	Essen	Wechselt beständig, ist aber stets frisch. Eiskarte
	Musik	Wunderbare Mischung aus Sanftheit und harten Drogen
	Spiele	... passend zu Schach, Backgammon oder Karten
	Lektüre	... und zur Lektüre von taz, FR, Journal, az, Prinz und NP
	Luft	... beschallt von zwei wundebaren Ventilatoren
	Hygiene	... auf schwarzglänzendem Tapet
	Publikum	Paradiesanhänger aus FfM und Taunus
	Service	Auch im Paradies gibt es Streßsituationen
	Preisniveau	Die Preise hätte selbst Gott gebilligt

Frankfurt	ZEIL 10

ZEIL 10 — Knabberspaß

ZEIL 10
Zeil 10
60313 Frankfurt
Tel. 069/28 50 11

So-Do 20.00 - 2.30
Fr, Sa 20.00 - 4.00
Im Sommer ab 18.00

30 Sitzplätze
50 Stehplätze
50 Freiplätze bis 23.00

Konstabler Wache:
U 4 - 7
S 1 - 6
S 14
N 1 - 4
Kaum Parkplätze

Zu spät. Der Magen ist leer, der Körper auf Verhungern eingestellt und die Laune im Keller. Bösen Blicks wird jeder vorbeigehende Gyros-Esser auf der Zeil, der seine Zähne zufrieden in Fladenbrot und Fleisch schlägt, beäugt. Der Mistkerl hat zu essen, und ich gehe leer aus. Der Pizzamann ums Eck hat schon zu, und der nächste Hamburger ist auch zwei Bier zu weit. Der letzte Keks hat schon vor Stunden die Handtasche verlassen und hauchte unter glücklichen Kaugeräuschen sein Leben aus. Fingernägel sind ebensowenig nahrhaft wie Bierdeckel, die noch dazu widerlich schal schmecken. Die Mär von dem Bier als flüssiges Brot erweist sich bei der Probe aufs Exempel als müder Witz mit wenig Realitätsgehalt; der Magen knurrt immer noch. Letzte Rettung: die auf der Getränkekarte angekündigten Knabbereien. Die sind ja als Mageninhalt auch nicht zu verachten. Pistazien zum Beispiel. Welch Wohllaut, wenn die Schale mit einem leisen Knacken sich vom Inhalt löst. Wenn sie das tut. Wehe, wenn nicht. Dann ist immerhin Zeit bis halb zwei, um allerlei Körperteile bei dem Pistazien-Öffnungsversuch zu ruinieren. Wobei sich die Holzbänke, Barhocker oder Designerlampen des *Zeil 10* sich nicht gerade als hilfreich erweisen. Im bläulichen Licht und beim Gespräch am Nachbartisch über die neuesten Modetrends ist am späten Abend folgende Bilanz zu ziehen: eine Zahnplombe im linken Backenzahn weniger, zwei abgebrochene Fingernägel, ein verstauchter kleiner Zeh und ein kaputter Absatz. Vielen Dank für Ihren Besuch. *amo*

Bier	Bitburger, Warsteiner, Küppers Kölsch v.F, Beck's, Diebels Alt, Paulaner Hefe oder Kristall, Kelts alkoholfrei (2,50-5,50)
Wein	Pinot Grigio, Chianti Rufina, Apfelwein (2,50-8,00)
Sekt und Schampus	Das macht Laune (Fl. 110)
Cocktails	Einmal querbeet (12,00-15,00)
Spirituosen	In allen Farben (5,00-7,00)
Alkoholfreie Getränke	Eine lange Liste (3,00-4,00)
Heißes	Für Erkältete und Verschlafene (3,00-5,00)
Essen	Pistazien und Mandeln

Musik	HipHop und alles, was in ist
Spiele	Wettknabbern
Lektüre	Wer liest schon gern
Luft	Manchmal etwas stickig
Hygiene	Man kann sich nicht beschweren
Publikum	Ich bin in, du bist in ...
Service	Flott und aufmerksam
Preisniveau	Mein Image laß ich mir was kosten

Frankfurt — ZEITUNGSENTE

Falschmeldung oder doch nicht?

ZEITUNGSENTE
Frankenallee 90
60326 Frankfurt
Tel. 0 69/73 35 04

Tägl. 12.00 - 15.00
Mo-Do 17.00 - 1.00
Fr, Sa 17.00 - 2.00
So 17.00 - 0.00
Küchenzeiten:
12.00 - 15.00
17.00 - 0.00

25 Sitz-, 20 Stehplätze
35 draußen bis 23.00

Galluswarte:
S 3 - 6, N 4
Schwalbacher Str.:
Linien 10, 11, 21
Parken: möglich

Die meisten Diskussionen drehen sich doch immer nur um eines: Stimmt das, was die Zeitungen schreiben, oder ist alles, was da schwarz auf weiß gedruckt steht, so wahr wie ein läppischer Aprilscherz? Was wäre die Welt ohne Zeitungen, ohne Klatsch und Tratsch, ohne Schreckensmeldungen, wenn nicht gleich hinterher (nach dem schlampigen Verfassen eines Artikels) bei einem Bier darüber diskutiert würde? Gar nichts, langweilig wäre sie, diese Welt. Also, auf Los geht's los! Ist es richtig, wie der Korrespondent aus Kuala Lumpur berichtet, daß die Welt bald untergeht? Oder entspricht es den Tatsachen, daß Boris Becker an einer (durch sein sozialistisches Herz verursachten) Nervenkrise leidet? Oder kann man die hanebüchene Meldung glauben, daß Frankfurt bald in Gallusland umbenannt wird? Nein. Natürlich sind das alles Zeitungsenten, die auf dem plätschernden Gewässer des Gesellschaftsdampfers dahinschwimmen. Aber wichtig ist doch, daß es so sein könnte. Und die Zeitung ist der beste Gesprächslieferant für jene Etablissements, in denen das alles geklärt werden kann – oder eben nicht. Dabei taucht unweigerlich die Frage auf: Würden die Kneipen, die außerhalb des innerstädtischen Pulsierens ein Witwendasein führen, ohne unsere geliebte Journalisterei überhaupt existieren können? Ach, glauben Sie das doch nicht. Der ganze Sermon ist bereits wieder eine Zeitungsente. Prost! duc

Bier	Römer Pils v. F., Schöfferhofer Weizen, Kutscher Alt (3,50-4,50)
Wein	Überwiegend Italienisches und Apfelwein (2,50-5,00)
Sekt	Mumm und Graeger (Fl. 36)
Cocktails	Campari, Batida, Bacardi mit Schuß (7,00-9,50)
Spirituosen	Für heiße Diskussionen empfiehlt der Chef Cognac zur Beruhigung (4,00-6,00)
Alkoholfreie Getränke	Granini/Schweppes-Connection siegt (2,50-4,50)
Heißes	Für eben erwähnte Beruhigung empfehle ich Kamillentee (3,00-4,00)
Essen	Italienisch-deutsche Kooperation, sprich: Spaghetti und Kartoffelpuffer

Musik	Nichts Herzzerreißendes
Lektüre	O Gott, nur der unsägliche Prinz (soll aber besser werden)
Luft	Wenn der Baum in der Mitte das aushält
Hygiene	... ist das natürlich auch kein Problem
Publikum	Journalisten und Gallusianer
Service	Exzellent und apart
Preisniveau	Günstig ist das Gallus

Frankfurt — ZIPPO KELLER

Zippo KELLER

Tankstelle

ZIPPO KELLER
Textorstr. 72 H
60594 Frankfurt
Tel. 0 69/61 53 44

Mo-Do 18.00 - 1.00
Fr, Sa 18.00 - 2.00
Küche bis 24.00

72 Sitz-, 18 Stehplätze
25 draußen bis 23.00

Südbhf.:
S 3-6, 14; U 1, 2, 3
Straba 15, 16, 26, N3
Parken: Aussichtslos

Im Hof von Sachsenhausen/da gab es ein Gemach
drin hing der lust'ge Zippo/sein Feuerzeugchen auf
Im Zimmer stand ein Kännchen/und auch ein leeres Glas
der Zippo nahm ein Wännchen/und stellt' es dort ins Gras
Der Gerd stand an dem Tresen/und schenkt' ganz kräftig aus
ein wirklich witz'ges Wesen/in diesem schönen Haus
Da fragt der Zippo leise
ob's wohl ein Bierchen gibt
der Gerd auf seine Weise/es grinsend rüberschiebt
Der Zippo, ganz glückselig/kippt gleich das Zeug hinunter
der Gerd, wieder ganz gnädig/schenkt ein das nächste, munter
So wurd's ein wundervoller Abend/mit kecken Sprüchen noch und noch
erquickend und auch labend/da lachte selbst der Koch
So oft, wie es die Zeit erlaubte/ging Zippo fortan jeden Tag dorthin
auch wenn daheim die Frau laut schnaubte/für Zippo lag darin ein großer Sinn. *duc*

Bier	Ureich, Guinness v. F., Weizen, Kelts alkfrei (2,60-5,00)
Wein	Erlesenes sich zu wählen/das steht den Gästen frei (Grauer Burgunder, Rioja, Médoc) (4,50-8,00)
Sekt und Schampus	... und wie wunderbar schmeckt hier/der gute Matsch & Brei Hausmarke und Méthode Champenoise (Fl. 35-60)
Cocktails	Die alten Mischungen (5,00-7,00)
Spirituosen	Eau de Vie de Mirabelle/das trink ich hier ganz furchtbar schnell/ nach Eau de Vie de Kirsch/liegt jeder auf der Pirsch (4,50-7,50)
Alkoholfreie Getränke	Traubensaft macht munter/ansonsten ist es kunterbunter (2,50-3,50)
Heißes	Glühwein wärmt das kühle Herz/bei Seelen- und auch Erdenschmerz (3,50-4,50)
Essen	Vom Schmalzbrot bis zum Lammkotelett/hat einiges zu bieten Monsieur Azimet

Musik	Wie Gerd so nebenbei berichtet/hör'n sie alles hier, was dichtet
Spiele	Gespielt wird ganz gemach/Backgammon und auch Schach
Lektüre	Die Journaille ist so bunt/wie nur ein Mischlingshund
Luft	Was, sagt Gerd, ihr braucht die Luft/reicht nicht aus der gute Duft?
Hygiene	Doch Azimet, sein netter Chef/sieht Staub nur ungern, peff!
Publikum	Die Leut, die lachen viel/und unterschiedlich ist ihr Stil
Service	Azimet und Gerd/sie sind so flink wie Ritters Schwert
Preisniveau	Doch sind dies auch die Preise/auf ihre eigene Weise

Frankfurt — ZUR ALTEN SCHMIEDE

ZUR ALTEN SCHMIEDE
Rendezvous im Hinterhof

ZUR ALTEN SCHMIEDE
Beunestr. 4 HH
65934 Frankfurt
Tel. 0 69/38 32 10

Mi-Sa 15.30 - 24.00
Ullas Freunde
bekommen auch
danach noch einen
Schoppen
Küche bis zum Schluß

55 Sitzplätze
5 Stehplätze
50 Plätze in der
gemütlichen
Gartenlaube bis 24.00

Nied:
S 1, 2
Nied/Brücke:
Bus 57, 70
Parken: In der
Umgebung ist es kein
Problem

Neulich traf ich den Dichter B. zu nächtlicher Stunde zufällig in einer verrauchten Kneipe. Er saß am Tresen, schüttete einen Schnaps nach dem anderen in sich hinein und machte einen ziemlich desolaten Eindruck. Ich hockte mich neben ihn auf einen Hocker, bestellte zwei Pils und sprach ihn an. „Was ist denn los, Herr Kollege, ist Ihnen eine Laus über die Leber gelaufen?" B. erschrak, er hatte mich nicht kommen sehen. „Äh, ja, ach, hallo", säuselte es mir mit zerfurchter Miene entgegen. „Es ist doch alles Scheiße." „Was ist Scheiße?" fragte ich ihn und trank einen großen Schluck Bier. „Heute ist Montag, das ist Scheiße", lallte B. Er war wirklich völlig fertig mit den Nerven. „Und warum ist alles Scheiße, nur weil heute Montag ist?" B. rülpste einmal laut. „Weil ich heute nicht zu Ulla kann." Herrgottverdammt, wer ist Ulla?" erwiderte ich entgeistert und leerte das Glas. Von einer Ulla hatte B. mir noch nie erzählt. „Du kennst Ulla nicht?" „Nein, leider nicht". B. stierte mich aus gläsernen Augen groß an. „Das sollte sich aber schnell ändern, mein Freund." Ich schaute ihn fragend an und wartete, bis er wieder Luft geholt hatte. „Ulla ist eine Kneipe, nein, Moment, so 'n Quatsch, Ulla hat eine Kneipe ganz in der Nähe, und die ist von Sonntag bis Dienstag geschlossen. Kapierst du jetzt? Das ist die Scheiße." Ich nickte, obwohl ich nicht verstand, was B. meinte. Aber irgendwie hatte es ihm diese Ulla samt ihrer Kneipe angetan. Also verabredete ich mich mit B. für den kommenden Mittwoch.

Am nächsten Montag saßen wir gemeinsam am Tresen und soffen Schnaps. Es war wirklich Scheiße ... *duc*

Bier	Das ist eine Weinschänke
Wein	Erlesenes aus deutschen Landen (3,00-4,70)
Sekt und Schampus	Sagte ich es nicht bereits: das ist ...
Cocktails	... eine Weinschänke
Spirituosen	... verdammt noch mal
Alkoholfreie Getränke	Für Nichtalkoholiker hat Ulla ein Trauben-Herz (2,10-3,00)
Heißes	Für kalte Nächte auch (2,60-4,30)
Essen	Was Nieder und Weinkenner so zum Schoppen mögen

Musik	Nach dem 8. Schoppen wird gesungen, tralala
Lektüre	Des mache mer daheem
Luft	Weinselige Düfte
Hygiene	Rustikale Düfte
Publikum	Ei, Kerle na, sie sind aach hier, Frau Schröder? ...
Service	Ulla – sonst noch Fragen???
Preisniveau	Unglaublich billig

Frankfurt — ZUR BUCHSCHEER

„Zur Buchſcheer"

Hecker, nicht Hacker

🍷🍷🍷

ZUR BUCHSCHEER
Schwarzsteinkautweg
17 a
60589 Frankfurt
Tel. 0 69/63 51 21

Mo-Fr 15.00 - 23.00
Sa, So 11.00 - 23.00
Küche bis 22.30

100 Sitzplätze
10 Stehplätze
250 Freiplätze

Louisa:
S 11, 12
Straba 14, 17
Parken: unlimited

Also – Ebbelwei-Puristen mögen mit der *Buchscheer* vielleicht ihre Schwierigkeiten haben: „En guude Ebbelwei muß selbstgekeltert sei", sagt die Karte, und die Betreiber halten sich auch an dieses Motto. Auch mit Aromastoffen ist das Getränk prächtig angereichert (keine Chemie, um Gottes willen, nein: Speierling oder Quitten gehören da rein), aber so ein halb durchsichtiges, gewelltes Plastikdach, gerade mal 2,50 Meter über dem Kopf, das hat natürlich nichts mehr von der guten alten Ebbelwei-Gemütlichkeit unter Kastanien, Platanen oder was sonst noch so für eine heimelige Gartenatmosphäre sorgt. Andererseits macht gerade das für die etwas weniger Eingeweihten – an schönen Sommertagen kommen die Spaziergänger kohortenweise aus dem Stadtwald angetrabt – offensichtlich den Reiz aus: Das Dach über dem Kopf schützt vor jenen Teilen, die ansonsten ungeniert aus den Bäumen in den Ebbler segeln würden (mit etwas Glück sind's Blätter, oder Gewürm oder …), und auch ein plötzlicher Wetterumschwung kann den Genuß nicht trüben. „Bei uns ist es auch an feuchten Tagen noch proppevoll", können Robert und Christian Theobald, Frankfurts jüngste Ebbelwei-Wirte aus einer alten Ebbler-Dynastie (die Heckenwirtschaft gibt es schon seit 1876), behaupten. Da bechern und bembeln dann Einheimische und Touristen, Banker und Jungvolk, was das Zeug hält: sprichwörtlich auf den hölzernen Bänken und Hosennaht an Hosennaht vereint. Das Schöne an dieser Art Alt-Frankfurter Vereinigung: um 11 ist Schluß, da geh' mer nämlich alle heim. *ask*

🍺	Bier	Nix Bier, das ist eine Ebbelwei-Kneipe (2,00 für 03er)
	Wein	Weil's denn sein muß (4,50-6,00)
	Sekt	Nur Mut, äh: nur Mumm (13,50-47,50)
	Cocktails	Hahnenschwänze kann man nicht keltern
	Spirituosen	Der Doppelkorn umarmt den Remy (2,50-6,00)
	Alkoholfreie Getränke	O-Saft, A-Saft, Limo, Wasser (2,00-3,50; Fl. 4,00-4,50)
🍽	Essen	Frankfurter Küche, gutbürgerlich (das ist wörtlich zu nehmen)
🎵	Musik	Musik gibt's zum Handkäs und sonst gar nicht
	Lektüre	Das Blättche (nur was für Sachsenhäuser)
	Luft	Kräftig
	Hygiene	Ebbler treibt, und mancher ist am Ende nicht mehr zielsicher
	Publikum	Beim Ebbler sind (fast) alle vereint, sonst: wie die Speisekarte
❗	Service	Viel Streß, trotzdem freundlich
	Preisniveau	Trotz exklusiver Lage nicht teurer als andere Ebbelwei-Kneipen

Frankfurt — ZUR SCHÖNEN MÜLLERIN

„Zur schönen Müllerin"

Unterm Maibaum

ZUR SCHÖNEN MÜLLERIN
Baumweg 12
60316 Frankfurt
Tel. 0 69/43 20 69

Tägl. 16.00 - 1.00
Küche bis 22.30

70 Sitzplätze
25 Stehplätze
100 Gartenplätze bis 23.00

Merianplatz:
U 4
Zoo:
U 6, 7
Parken:
selber schuld, wer so dumm ist, Blocksterne zu sehen

Ach, mir schmerzt das Herz, wenn ich daran denke, daß es in der Vergangenheit so unmöglich war, zur *Schönen Müllerin* zu gelangen! Denn lange Zeit war sie verschollen. Die Gerüchteküche brodelte. Sie sei auf eine einsame Insel geflohen, mit einer Kiste Apfelwein, unkten die einen. Andere wiederum waren fest davon überzeugt, daß sie an einem neuen Liederzyklus arbeite. Zyniker behaupteten sogar, ein holder Jüngling habe sich vor glühender Liebe zu ihr verbrannt, sie mit diesem Begehren angesteckt und mit sich genommen. Aber genau wußte es natürlich niemand. Was soll's. Jetzt ist sie wieder da und strahlt in blühender Schönheit, wenn man einmal von einigen Mängeln absieht: Bei Regen tropft es unter der wirklich nicht reizenden Pergola im Garten hindurch. Die Regenrinnen leiten das Wasser nicht dahin ab, wo es uns egal wäre. Und der kalte Wind im Rücken ist für den Ischiasnerv auch nicht besonders gut. Aber wir, ihre treuen Fans, nehmen das in Kauf, das ist doch klar. Denn wo sonst kann man unter dem blauweißen Maibaum so entspannt Geschichten erzählen und sich erzählen lassen; wo sonst trifft man auf solch skurrile Unikate aus vergangenen Zeiten, die mit ihren lockeren Sprüchen den Boden zum Beben bringen; und wo sonst kommt man in den Genuß, eine Großzahl herkulischer, blonder Müller zu bewundern, die, wie Eingeweihte es berichten, die schöne Müllersfrau in ihren Salon aufgenommen hat. Um es kurz zu machen: Wir freuen uns, egal was in der müllerinfreien Zeit geschehen sein mag, daß sie wieder da ist und daß sie ihre Apfelweinfässer mitgebracht hat, hinter denen man sich verstecken und ein Pläuschchen halten kann. Liebste *Müllerin*, sei herzlich willkommen! *duc*

Bier	Römer Pils, Pilsener Urquell, Radler v. F., Schöfferhofer Weizen, Dreckiges (3,80-5,50)
Wein	Bembel ahoi und Frankenwein (2,00-6,50, 12er Bembel 24,00)
Spirituosen	Apfelkorn und Underberg, na klar! (2,00-6,00)
Alkoholfreie Getränke	Limo und Apfelsaftschorle (2,50-6,00)
Heißes	Schlicht, aber wirksam (3,00)
Essen	Das Angebot ist reichhaltig

Musik	Dient nur als Gesprächsuntermalung
Luft	Luftig bis rauchig, je nachdem, wo man sitzt
Hygiene	Die Müllerin mag saubere Böden
Publikum	Jung und Alt, Schauspieler und Originale
Service	Mal sächsisch kokett, mal frankfurterisch
Preisniveau	Hält sich im Rahmen

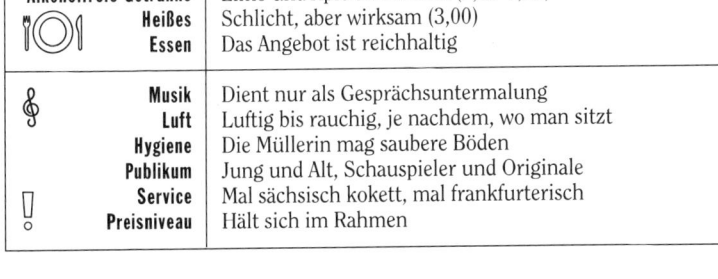

Frankfurt — ZUR STALBURG

ZUR STALBURG — Tradition ohne Ende

ZUR STALBURG
Glauburgstr. 80
60318 Frankfurt
Tel. 0 69/55 79 34

Mo-Mi 13.00 - 23.00
Fr, Sa 13.00 - 23.00
So 17.00 - 23.00
Warme Küche
13.00 - 14.00
17.00 - 22.00

60 Sitzplätze
30 Stehplätze
170 Freiplätze bis
23.00 (bei gutem
Wetter wird's eng)

Glauburgstraße:
U 5, N 2
Parken: Nordend-
Nahkampf

Dies ist der 2347. Versuch: der Versuch nämlich, Nicht-Frankfurtern den unbeschreiblichen Charme von Ebbelwei und der dazugehörigen Kneipenkultur näherzubringen. Und ebenso der Versuch, Frankfurtern zum 2347. Mal zu erzählen, warum es für sie der Himmel auf Erden ist, wenn sie auf harten Gartenstühlen unter Bäumen sitzen, von denen ständig Blätter und Stengel nebst Gewürm rieseln, herunterrieseln in diese trübe, säuerliche Apfelbrühe, die am besten – als Beweis für Originalität und Qualität quasi – auch noch im Familienbetrieb selbst gekeltert sein sollte, um dann in die salzglasierten Steingutgefäße oder die guten alten 0,3er Gläser für zwo Mark zu fließen (im Unterschied zu „dene Eigeplackte", die schamlose 2,50 Mark für 0,25 l kassieren), an denen die „Ebbelwei-Geschworenen" der *Stalburg* schon seit 1888 festhalten und dann unter den wachen Augen von Familie Friedrich Reuter – die seit 1935 in dem schon im Mittelalter bezeugten Gutshof Stalburger Öd das Regiment führt – das zu schnabulieren, was die konsequenteste Speisekarte der Metropole (siehe unten in toto) zu bieten hat, um anschließend ausgiebig und ohne Punkt und Komma den Schnabel zu wetzen an allem, was den Frankfurter von Ein- über Zwie- bis zur Kaufmannstracht umtriebig sein läßt und ihm all jene Gründe liefert, die er ab dem frühen Abend in Handhabung des heiligen Dreigestirns – Bembel, Geripptes und Deckel – zu finden hofft. Na dann prost – bis zum 2348. Versuch. *ask*

Bier	Binding und sonst gar nix (3,00)
Wein	Ebbler, eigene Kelterei – zwo Mark
Sekt und Schampus	Bei dem Stöffche braucht's keinen Sekt mehr
Spirituosen	Dito
Alkoholfreie Getränke	Wasser, Cola, Fanta (2,40)
Essen	Frankfurt, wie's leibt und lebt: Rippche mit Kraut, Flaaschworscht mit Kraut, Handkäs mit Musik

Lektüre	Auf Stand: FR, Illustrierte und Sportzeitung (!)
Luft	Verteilt sich im hohen Raum
Hygiene	Altes Haus, gut in Schuß
Publikum	Vom Penner bis zum Minister
Service	Echt frankfurterisch; im Hof: Selbstbedienung
Preisniveau	Schoppepetze war noch nie teuer

Darmstadt **BELLEVUE**

Bellevue

Ach, damals ...

ΥΥΥΥ

BELLEVUE
Eckhardtstr. 26
64289 Darmstadt
Tel. 0 61 51/ 7 95 92

Fr-Mi 9.00 - 21.00
Küche dito

40 Sitzplätze
30 Freiplätze bis 21.00

Friedrich-Ebert-Platz:
Nachtbus L
Parken:
Doch, ja ... aber mit
dem Fahrrad macht
sich's halt besser

Weißt du noch, damals? Das *Bellevue* hatten wir uns herausgesucht, weil es so wunderbar französisch klingt und wir immer noch in Erinnerungen an Paris schwelgten. Und es machte uns nicht einmal etwas aus, zwischen all diesen sympathischen, frühstückenden Menschen zu sitzen, ohne bedient zu werden (gab es nicht Wichtigeres als Schokocroissants, Rosinenbrötchen „Hütli" und „Bukokäse"?). Bis dieser freundliche Bärtige in Lottersandalen uns ein mitleidiges „Ey, ihr müßt an der Theke bestellen, ey" zuwarf. Was wir dann auch taten. „Willst du noch eine Scheibe Salami?" hattest du mir zärtlich ins Ohr geflüstert, und ich hatte mich mit einem winzigen Stück Camembert revanchiert. Die Erotik des Augenblicks – noch jetzt bringt sie mich zum Zittern. Die anderen paukten unterdessen Algebra – aber das war uns egal. Schließlich liebten wir uns. Volle zwei Wochen lang. Und heute?

Heute stehe ich tagein, tagaus am Fenster-Tresen, lese abwechselnd all die linken Szeneblätter, die ich auch früher nie verstanden habe, bestelle mein Frühstück inzwischen ohne Salami und überlege, ob ich dem Go-Club beitreten soll, der sich hier regelmäßig zum Spielen trifft. Kein erinnerungsfreier Blick, nirgends. An der Wand haben sie Bilder aufgehängt, von Menschen, die lachen und sich umarmen. Ach, damals! Jetzt ein Jever Fun, alkoholfrei. Schnell!! *jö*

	Bier	Pfungstädter Pils, Hefe- und Kristallweizen, Jever Fun alkoholfrei (3,00-4,00)
	Wein	Italiener und Franzosen (4,00-6,50)
	Sekt und Schampus	Mumm, Piccolo und groß, Moët & Chandon (8,00; Fl. 24-70)
	Cocktails	Nur lange Drinks (5,00-8,00)
	Spirituosen	Büffelgraswodka und andere Kurze (4,00-6,00)
	Alkoholfreie Getränke	Wasser und so, Säfte aus Bioanbau (1,50-3,50)
	Heißes	Carajillo, Kaffee Uralt, Kaffee Kaputt, Dr. Schiwago (2,50-7,50)
	Essen	Touri-, Körner-, Komfortfrühstück bis 21 Uhr, Quiche und jede Menge Eis
	Musik	Mainstream, Ohrwürmer, Oldies
	Lektüre	FAZ, Spex, Alternativ- und Szeneblättchen
	Luft	Fast Frischzellencharakter
	Hygiene	Nicht antiseptisch, aber rein
	Publikum	Alternativ angehauchte Studiosi und solche, die es noch werden wollen
	Service	Was immer du auf den Zettel schreibst, es kommt sofort
	Preisniveau	Vielleicht 'ne Mark zuviel, aber es lohnt sich

Das Pub, der Durst, die Anarchie

Padraig J. Higgins
Ballybawn
Roman
Aus dem Englischen von Trautchen Neetix
Hardcover, 220 Seiten, DM 29,80
ISBN 3-927482-56-0

Darmstadt — CAFE CHAOS

Und aus dem Chaos sprach eine Stimme zu mir ...

🍷🍷🍷🍷

CAFE CHAOS
Mühlstr. 36
64283 Darmstadt
Tel. 0 61 51/2 06 35

Mo-So 10.00 - 1.00
Küche: 10.00 - 0.30
(danach
Nachteulenimbiß)

80 Sitzplätze
20 Stehgelegenheiten
60 draußen bis 22.00

Landgraf-Georg-
Straße:
diverse Strabas
Parken: Wer ein reines
Gewissen hat, kann
vorm Finanzamt halten

An dieser Stelle bitten wir den Leser, sich selbst einige Gedanken über die zu beschreibende Örtlichkeit zu machen. Sämtliche Versuche der Kritiker endeten unweigerlich im *Chaos*, wo sie zwar hervorragend bewirtet, nicht aber von kreativen Eingebungen gesegnet wurden. Gerne hätten wir Ihnen die jugendstilartige Wandbemalung des Cafés in manierierten Worten geschildert. Wohlwollend wären wir auf die geschickte Anordnung von Grünpflanzen, auf das hölzerne Hochpodest am Ende des Raumes sowie auf die sympathisch-genügsamen Fische im Café-eigenen Aquarium eingegangen. Und selbst die vortrefflichen, frisch gebackenen Waffeln, das etwas teure Frühstück und die zahlreichen Pizza-Variationen aus dem benachbarten *Sowieso* hätten wir Ihnen nicht verschwiegen. Allein: Es ist zwecklos – und jeder Versuch, sich aus dem literarischen Chaos zu entwinden, macht die Sache nur noch schlimmer. Chaotisch sozusagen. Wieder und wieder wurden wir beim verzweifelten Nachdenken an den alten, aber ach, so wahren Spruch erinnert, der Ihnen hier nicht vorenthalten werden soll: „Und aus dem *Chaos* sprach eine Stimme zu mir: Lächle und sei froh, es könnte schlimmer kommen. Und ich lächelte und war froh – und es kam schlimmer." In diesem Sinne: Immer lächeln. Ihr im *Chaos* versunkener Tester. *jö*

🍺	Bier	Pfungstädter, Gatzweiler, Kölsch, Hefe v.F., alkfreie (3,10-5,50)
	Wein	Viel einheimisches Gesöff (4,50-6,50)
	Sekt	Hausmarke und Mumm (Fl. 30-45)
	Spirituosen	Keine Cock-Teile, aber Mixdrinks (4,00-8,50)
	Alkoholfreie Getränke	Viel Saft, viel Zucker und ein bißchen Landliebe (2,80-4,30)
	Heißes	Chaotenfeuer, Koffein und heiße Landliebe (2,80-8,00)
🍽	Essen	Spaghetti mit Toma- oder Pfefferhack, Pita- und Pizzavariationen, Salate Krautspätzle, große Frühstücksauswahl

🎼	Musik	Es muß ja nicht immer Heavy oder Techno sein
	Spiele	Schach, Backgammon, Karten
	Lektüre	FR, taz, Szene, ausländische Tagespresse, Spiegel
	Luft	Der Pflanzentrupp ist permanent am Photosynthetisieren
	Hygiene	Kann man nix sagen
	Publikum	Studenten, Jugendstilfans, Hobbygärtner und „Chaoten"
	Service	Lächeln, immer lächeln
❗	Preisniveau	Knapp überm Studentenlimit, aber es lohnt sich

Darmstadt — CAFEKESSELHAUS

CAFÉKESSELHAUS

Durch die Bronx

CAFEKESSELHAUS
Rheinstr. 95
64295 Darmstadt
Tel. 0 61 51/ 8 26 24

Mo, Do 9.30 - 3.00
Di, Mi, Fr 9.30 - 1.00
Sa, So 10.00 - 1.00
Küche:
warm 9.30 - 21.00
kalt 9.30 bis zum Schluß

50 Sitzplätze
100 Stehplätze
140 Freiplätze bis 1.00

Berliner Allee:
Linie 9 und H-Bus
Parkplätze in Hülle und Fülle

Da waren sie wieder, meine drei Probleme: Hatte Jones tatsächlich den Alten aufgeschlitzt? Wer war der Hüne mit der Augenbinde? Und wo, verdammt nochmal, würde ich in dieser gottverlassenen Darmstädter Bronx was zu essen finden?

Mit leerem Magen, soviel wußte ich, konnte ich den Fall nicht lösen. Also machte ich mich auf, vorbei an zersplittertem Fensterglas, schäbigen Gullis, unter denen vermutlich Dutzende von Ratten auf ihre Stunde lauerten, durch totenstille Gassen ohne Fluchtweg. Wenn die mich erledigen wollten, dann hier ... Aber plötzlich hörte ich etwas: Geräusche, Stimmen, im Hintergrund Rock'n'Roll. Als ich um die Ecke kam, sah ich es: *Cafékesselhaus*, in Neonfarben über einem bulligen Fabrikeingang. Die Schreibweise hätte mich gleich stutzig machen sollen. Hier also trafen sie sich: Die scheinbar Unscheinbaren dieser Stadt, die Jungen und Schönen, aber auch solche, die sich mit aufgerissenen Jeans und Schlabberpullis tarnten. Hier also spielte die Musik, oft und laut und aggressiv. Hierhin, zwischen rostige Röhren, defekte Kessel und schmucklose Betonwände, hatte sich das Nachtleben der Stadt verkrochen. Ein übervoller Tummelplatz für die schlaflosen Freaks und Noch-Nicht-Yuppies dieses sonst so biederen Ortes. Plötzlich spürte ich, daß hier die Lösung meiner drei Probleme lag. Ich folgte dem unwiderstehlichen Baguettegeruch, und da sah ich auch schon Jones und die „Augenbinde" hinter dem Tresen ... *jö*

Bier	Bitburger, Diebels Alt, Aventinus Hefestarkbier ... (3,50-5,00)
Wein	Keine erlesenen, aber gute (3,00-7,00)
Sekt und Schampus	Elbling Hausmarke (Gl. 6,90; Fl. 30)
Cocktails	Mixgetränke (4,00-8,00)
Spirituosen	Tequila weiß, braun usw. (3,50-8,00)
Alkoholfreie Getränke	Zig Säfte, Almdudler, Äppler (1,50-4,00)
Heißes	Coffee Refill, Äthiopischer Mokka, Einspänner (2,50-5,00)
Essen	Hervorragendes Frühstück zwischen Oder-Und und/oder Müsli, täglich wechselnde Gerichte, Baguettes, Tiramisu

Musik	Alles außer Klassik und Heavy
Lektüre	Tagespresse (FR, FAZ, SZ ...) Zeit, Szenemagazine
Luft	Wenn es voll wird, Sauerstoffzelt mitbringen
Hygiene	Angenehm schmuddelig
Publikum	Alles, was nicht morgens um sechs raus muß, aber die Edel-Schickis wurden inzwischen in die Flucht geschlagen
Service	Gibt es, aber ohne Überschwang
Preisniveau	Für diese Öffnungszeiten absolut fair
Besonderheiten	Neben der *Krone* d e r Live-Schuppen Darmstadts

Darmstadt — CAPONES POOL RESTAURANT

Prohibition? Was für 'ne Prohibition?

CAPONES POOL RESTAURANT
Frankfurter Str. 69
64293 Darmstadt
Tel. 0 61 51/ 751 46

Mo-Fr 12.00 - 14.30
Mo-Do 18.00 - 1.00
Fr, Sa 18.00 - 3.00
So 18.00 - 24.00
Küche
18.00 - 24.00
Wochenends bis 2.00

60 Sitzplätze
30 Stehplätze
35 Freiplätze bis 1.00

Rhönring:
Straba 6, 7, 8
Parken: Brüder, zur Sonne, zur Freiheit

Darmstadt? Quatsch! Du bist in Chicago, Baby, vergiß das nie, sonst könntest du dich bald schon zahnlos zwischen zwei Mülltonnen wiederfinden. Siehst du die Tische und die Wandverkleidung da drüben? Nur Edelhölzer. Hat Jackson mit seinen Männern ins Land geschmuggelt – zwischen blutigen Schweinehälften. Raffiniert, was? Alles, was du hier siehst, mein Junge, haben wir uns ehrlich erarbeitet. Den Sekretär zum Beispiel: Tony wollte sich partout nicht von ihm trennen – hat uns viel Mühe gekostet, ihn zu überzeugen. Eigentlich schade um Tony, sah nicht mehr so frisch aus, als wir mit ihm fertig waren. Wie wär's mit nem Whisky? Prohibition? Was für ne Prohibition? Hör mal, Junge, das hier ist Als Reich, hier ticken die Uhren anders, falls du's noch nicht gemerkt hast. Die Bullen haben wir schon lange in der Tasche – und wer sich nicht schmieren lassen will, naja, du kennst doch die gefährlichen Kurven Richtung Georgetown. Wer da nicht aufpaßt ... Hey, Kleiner, nun mal langsam! Wir sehen es nicht gerne, wenn einer zu neugierig wird. Halt deine Zunge im Zaum, sonst übernehmen das andere für dich. Und das kann weh tun, glaub mir. Setz dich ganz einfach da hinten unter den Ventilator und laß dir dein Carpaccio schmecken. Besser, sag ich dir, ist es nirgends in dieser gottverdammten Stadt – teurer auch nicht, haha. Und übrigens: Zieh dir nen Schlips an, mein Junge – Al mag's nicht so gerne, wenn man den nötigen Respekt vermissen läßt. *jö*

Bier	Faßbier (4,00)
Wein	08/15 Weine, edle Tropfen (5,50-9,00)
Sekt und Schampus	Alles machbar (Fl. 37-53)
Spirituosen	Spirits, Whisk(e)ys, viel Grappe und Edelbrände (5,00-25,00)
Alkoholfreie Getränke	Das Übliche (3,00-3,50)
Essen	Shrimpscocktail, Sardischer Hirtensalat, Caponata, Il Meglio des Vitello es Salmone, Bistecca al Gorgonzola, Zanderfilet, Meeresmosaik

Musik	Swing, Baby, Jazz und 30-er Jahre-Stuff
Spiele	American Pool Billard
Lektüre	Darmstädter Echo, Szene
Luft	Hohe Wände, lungenfreundlich
Hygiene	Ein Hoch auf die Reinigungsfirma
Publikum	Träger edler Stoffe und dicker Portemonnaies, Nachtschwärmer in Samt und Seide
Service	Schick und stilvoll
Preisniveau	Vorsicht! Der nächste Geldautomat ist weit ...

Darmstadt — CHAT NOIR

Literarischer Slow-Motion-Betrieb?

CHAT NOIR
Kahlertstr. 37
64293 Darmstadt
Tel. 0 61 51/2 15 75

Mo-Fr 8.30 - 1.00
Sa, So 10.00 - 1.00
Küche bis 23.00

40 Sitzplätze
20 Stehplätze
Bei Lesungen wird
zusammengerückt

Liebigstraße:
Nachtbus L
Parken: Rad oder
Schusters Rappen sind
vorzuziehen

... und manchmal, wenn PS-Jünger stoßstangenschwingend die automobile Hölle beschwören, wenn manische Mamas mit sabbernden Zöglingen militant die Gehwege abriegeln, wenn knottrig-knochige Opas beim Metzger den Drängeltanz zelebrieren, wenn die Auskunft Auskünfte gibt, die schon vorletztes Jahr überm Verfallsdatum waren, und wenn im Kino um die Ecke der Computerdrucker ausfällt und der Vorführer schon mal ohne mich vorführt – dann gebe ich mir entweder „Hamlet, the mild cigar" oder aber die schwarze Katze. Eine ruhige Insel im großen Kleinstadtmeer, mit Bataillonen von Grünpflanzen für die Seelenphotosynthese und mit Menschen, die Zeit haben – woher auch immer. Nirgends sonst geht dir die Kaffeemaschine penetranter auf den Wecker. Das liegt nicht etwa daran, daß sie lauter wäre als anderswo. Das hektische Zischen konterkariert ganz einfach einen Geräuschpegel, der sich asymptotisch Null annähert. Wer hier Blähungen oder Gelenkrheumatismus hat, der wird sofort enttarnt. Laß die Psychopaten vor der Glasfassade Herzkasper(l)theater spielen, laß die Infarkt-Lobby boomen – hier drinnen sind wir vorerst noch sicher. Sollen sie spotten über die Gruftatmosphäre, über den Slow-Motion-Betrieb oder über autogene Teeschlürfer, die den Lesungen lauschen: der (schwarze) Katzenjammer kommt früh genug. Lehn dich zurück und entspann dich. *jö*

Bier	Kronenbourg, Bananenweizen, König Ludwig Dunkel (3,50-7,00)
Wein	Beaujolais, Chardonnay, Muscadet usw. (4,00-7,00)
Sekt und Schampus	Feist, Mumm, Krim, Pommery (Fl. 29-98)
Spirituosen	Longdrinks (5,00-10,50)
Heißes	Schok Mok, Café Noisette, Café Calva (2,50-6,50)
Essen	Frühstückchen, Sandwiches, Toast, Rührei, Croque-Monsieur, Salate, Eis

Musik	Gehörgangfreundliche Schonkost zwischen Rock, Pop, Folk und Jazz
Spiele	Billard, Schach, Backgammon, Sammlungen
Lektüre	Darmstädter Echo, Journal Frankfurt, Szeneblätter
Luft	Hervorragend
Hygiene	Laßt uns auf dem Boden essen
Publikum	Gestreßte, Bücherwürmer, Zen-Anfänger
Service	Nicht gerade schnell, aber das verlangt hier auch keiner
Preisniveau	Akzeptabel

Darmstadt — GOLDENE KRONE

GOLDENE KRONE
Trainingslager

🍷🍷🍷🍷

GOLDENE KRONE
Schustergasse 18
64283 Darmstadt
Tel. 0 61 51/2 13 52

Mo-So 20.00 - 1.00
Sonntags ab 11.00
Frühschoppen
Nennen wir's
nicht „Küche":
20.00 - 1.00

Ab 500 wird's erst
gemütlich

Justus-Liebig-Haus:
alle Strabas
Parken:
Wer hier wieder
rauskommt, kann eh
nicht mehr fahren

Fred Hill hat gelächelt! Ich hab's genau gesehen. Fred Hill hat gelächelt!!! O mein Gott, zum ersten Mal seit ich weiß nicht, wievielen Jahren hat dieser große schwarze Mann mit dem kleinen blauen Stempel seine Gesichtszüge verändert. Welch ein Tag! Darauf ein freundliches Krone-Pils ... Wie gut nur, daß sonst alles beim alten geblieben ist: die Disco im Erdgeschoß und der Konzertsaal oben, die Flipperautomaten aus Pioniertagen – zehn Pfennig die Kugel – der kleine Kinoraum, der seit Jahrzehnten weder Staubtuch noch Tagesfilm gesehen hat, die vielen heimelig-schmuddeligen Nischen und Ecken, und der Mann hinterm Baguette-Tresen, der auch im Sommer erbärmlich zu frieren scheint. Nina Hagen hat hier gespielt und Wolf Maahn, und Ina Deter hat nach neuen Männern geschrien – aber das ist lange her. In zwanzig Jahren ist so vieles vergilbt, verblaßt, verlottert – aber wen stört's? An betriebswirtschaftlichen Maßstäben läßt sich dieser einzigartige Schuppen ohnehin nicht mehr messen. Die Live-Bands werden immer schlechter, die Kinofilme immer älter, Thommy immer dünner und Fred immer freundlicher - aber die *Krone* bewegt sich doch! Der konsequent-konservative Alternativladen, der konkurrenzlos vor sich hin dümpelt, gehört zur Pubertät wie Pickel, Alk und Liebeskummer. Dies ist ein gigantisches, faszinierend abgehalftertes Trainingslager für die anonymen Glitzertempel anderswo – das hoffentlich auch in den kommenden zwanzig Jahren nicht totzukriegen sein wird. *jö*

Bier	Das gute alte Krone-Pils, weiter hinten auch DAB (4,00)
Wein	„Wein? Hammernet"
Sekt und Schampus	„Hammerzwar, trinkt aber keiner." (Fl. 30)
Spirituosen	„Whisky und so'n Mixkram hammerauch." (2,50-7,50)
Alkoholfreie Getränke	Aus der angestaubten Sprudelflasche (3,00)
Heißes	Launischer Kaffeeautomat, muß Marvins kleiner Bruder sein (1,00)
Essen	Heiße Hexe, oder war's Bofrost – ist ja auch egal

Musik	Zwischen Awhopbabeloobop und Uffzeffzuffzeffz
Spiele	Die Flipper und Kicker werden bald bei Sotheby's versteigert
Lektüre	Angeblich gibt's hier FR, Echo „und so'n Scheiß"
Luft	Ja wo isse denn, eben warse doch noch da ...
Hygiene	„Hygiene? Wie schreibst'n des?"
Publikum	Leute, die's nicht bis Kreuzberg geschafft haben
Service	„Soll ich dir auch noch Staubzucker in den Hintern blasen, oder was?"
Preisniveau	Mit den fünf Mark bin ich immer wieder dabei

Darmstadt — **HUNTER'S GALLERY**

Halali

HUNTER'S GALLERY
Alicenstr. 43
64293 Darmstadt
Tel. 0 61 51/2 20 87

Tägl. 18.00 - 1.00
Küche 18.00 - 24.00

60 Sitzplätze
60 Stehplätze

Wilhelm-Leuschner-
Straße: Nachtbus L
Parken:
Nach acht ist irgendwo
immer ein Plätzchen
frei

Der „Graue Bock" ist erlegt – die Jäger und Sammler dieser Stadt, sie treffen sich neuerdings in *Hunter'sGallery*. Aber nicht einfach nur so, nein, nein. Wer draußen in freier Wildbahn seinen Bankkaufmann steht, der will auch in gewohnter Verbissenheit ums Bier kämpfen. 0,3 Liter Kölsch dreifuffzig? Das mag anderswo so gehen, aber doch nicht bei den schlipstragenden Waidmännern! Wo kommen wir denn da hin? Erklären wir also die Spielregeln: Sehen Sie die götzenartige Leuchttafel da hinten? Ja genau, die zwischen dem Bärenfell und dem Zwölfender. Dort werden nach dem Börsenprinzip die Preise festgelegt: Wird etwa viel Wein getrunken, steigen die Preise, andernfalls gehen sie den Bach runter. Hausse und Baisse. Aktionär oder reaktionär. Sekt oder Selters. Hipp hipp oder hurra. Man kann es aber auch so sehen: „Entweder du hast einen gesunden Magen und trinkst querbeet, oder du besäufst dich gepflegt und scheißt aufs Geld." Kapiert? Na, macht ja nichts: Ist ohnehin nur ein Gag, und es muß ja niemand mitspielen. Apropos spielen: Irgendwie müssen die Eigner dieses Establissements das Ordnungsamt oder wen auch immer in dieser sonst so biederen Stadt ausgespielt haben. Denn ganz offiziell darf in der *Gallery* „Red Bull" ausgeschenkt werden, dieses nicht ganz koschere, koffeinhaltige Aufputschgetränk. Das ist hierzulande zwar verboten, aber wie gesagt: was ein richtiger Jäger ist ... *jö*

Bier	Darmstädter Pils, Kölsch, Maisel's, Diebels, Kelts (ab 2,80-?)
Wein	Franzosen, Italiener und Deutsche vom Land
Sekt und Schampus	Graeger, Laurent Perrier, Nicolas Feuillatte (Fl. 98-135)
Cocktails	Alles gemischt mit Cola
Spirituosen	Tequila, Bailoni (mit dem Hauch des Exquisiten) (5,50-8,00)
Alkoholfreie Getränke	5 Sorten Mineralwasser, Säfte – und Red Bull (!) (2,50-10,50)
Heißes	Kaffee, Cappuccino, Jagertee und andere Teesorten (3,50-5,00)
Essen	Auberginenauflauf, Paella, Shrimps, Pasta, Salate, Garnelen

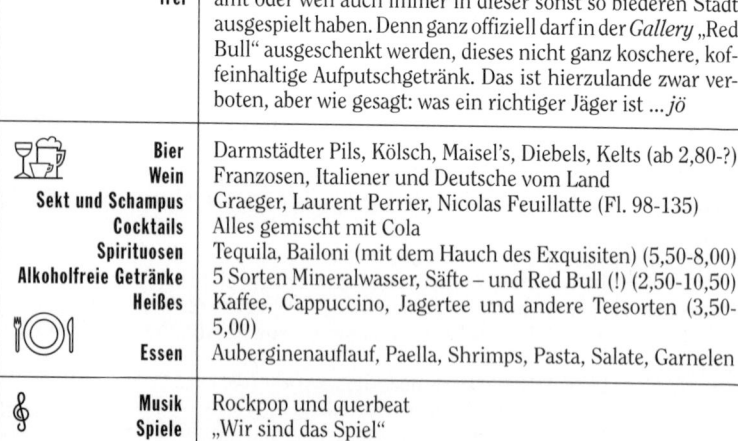

Musik	Rockpop und querbeat
Spiele	„Wir sind das Spiel"
Luft	Der Atem bleibt einem allenfalls bei manchen Börsennotierungen weg
Hygiene	Kein Grund zur Beanstandung
Publikum	Gambler, Freizeit-Makler, Leute, die nix Besseres zu tun ham
Service	Bemüht und freundlich
Preisniveau	Kommt immer drauf an, wie die Aktien stehen. Manche Artikel haben feste Preise und sind damit nicht dem Börsengeschehen unterworfen.

Darmstadt   **KNEIPE 41**

Der Sinn des Lebens

🍷🍷🍷🍷🍷

KNEIPE 41
Kahlertstr. 41
64293 Darmstadt
Tel. 0 61 51/2 55 17

Tägl. 18.00 - 1.00
Küche 18.00 - 0.30
(je nach Laune des Küchenchefs auch länger)

70 Sitzplätze
40 Stehplätze
Kein Freiluftbetrieb (das fehlt noch zu unserem Glück)

Liebigstraße: Nachtbus L
Parken: viel Glück!

„All right", said Deep Thought. „The answer to the great question..." „Yes ...!" „Of life, the universe and everything ...", said Deep Thought. „Yes ...!" „Is ...", said Deep Thought, and paused. „Yes ...! " „ Is ..." „Yes!!! ..." „Forty-two", said Deep Thought, with infinite majesty and calm.
(Douglas Adams: „The Hitch Hiker's Guide to the Galaxy")
Knapp vorbei, Mister Adams. Die ultimative Antwort auf die Frage nach dem Leben, dem Universum und dem ganzen Rest lautet nämlich – „Yes...!" – 41. Tja Jungs, Arthur, Zaphod, Ford, wenn ihr gewußt hättet, wie simpel das alles sein kann: Einfach mal schnell in die Kahlertstraße geschlappt, bei Jürgen ne Handvoll Kilkenny bestellt und dazu eine von unzähligen Pizza-Variationen, die jeden Italiener noch vor Gier im Grab rotieren lassen (wie wär's zum Beispiel mit der „Casablanca"? Huhn, Backpflaumen, Rosinen und frischer Knoblauch. Oder mit der „Dolce"? Gorgonzola, Camembert und Banane. Ein Traum, sag ich euch.) Und was macht ihr stattdessen? Laßt euch von Vogonen vermöbeln oder von Marvin nerven. Schön blöd. Ich jedenfalls werd noch ne Weile hier sitzen, die wunderbare, manisch-Depressiven-freie Atmosphäre genießen, den einen oder anderen Pangalactic Gurgle schlürfen und dabei ganz allmählich die saudumme Frage nach dem Sinn des Lebens vergessen. *jö*

	Bier	Kilkenny, Guinness, Tuborg, Hannen Alt, Ureich Pils (2,90-4,60)
	Wein	Man beschränkt sich aufs Nötigste (5,50-5,90)
	Sekt	Mumm Piccolo (11,00), große Version (Fl. 35)
	Cocktails	Sechs Cocktail-Klassiker, Longdrinks (5,00-10,00)
	Spitituosen	Brände, Aperitifs, Whisk(e)ys, Rum (4,00-9,00)
	Alkoholfreie Getränke	Säfte, Schweppes, Coke, Wasser (2,20-4,50)
	Heißes	Irish Coffee, Pharisäer, Grog, Cappuccino (2,70-7,00)
	Essen	Bei 100 Pizzasorten hab ich aufgehört zu zählen; Salate (mein Tip: Nr. 41), Kleinigkeiten

	Musik	Querbeat
	Spiele	Backgammon
	Lektüre	Keine Facts, nur Szene
	Luft	Fällt nicht unangenehm auf
	Hygiene	Kein Grund zum Lästern
	Publikum	An mein Herz
	Service	Die goldene Gute-Laune-Trophäe für Jürgen, Michaela und all die anderen
	Preisniveau	Nicht gerade spottbillig, aber es lohnt sich

Darmstadt — KULTURCAFE

KULTURCAFE

Märchenhaft

KULTURCAFE
Hermannstr. 7
64285 Darmstadt
Tel. 0 61 51/2 58 32

Mo-Fr 11.30 - 24.00
Sa 8.00 - 1.00
So 9.00 - 24.00
Küche 12.00 - 23.00
Sonntags
Frühstücksbuffet

60 Sitzplätze
20 Freiplätze bis
22.00

Hermannstraße:
Straba 3
Parken:
Hin und wieder unter fünf Minuten machbar

Es war einmal ein Café. Das wollte hoch hinaus. Und weil er außer einem großen Raum in einer kleinen Stadt nichts hatte, ließ es diesen Raum mit bunten Deckenfresken verzieren, stellte eine Bonsai-Litfaßsäule, ein Klavier und viele Tische hinein, tat die guten Nichtraucher ins Töpfchen, die schlechten Raucher ins Kröpfchen – und nannte sich fortan *Kulturcafé*. Und wie es so in Bessungen stand und hinter einer großen Glasfassade wartete, kamen plötzlich Menschen in den sehenswerten Raum, die sich „Literaten" nannten und sich manchmal gar merkwürdig gebärdeten. Denn in einem immer wiederkehrenden Ritual stand jedesmal ein anderer von ihnen auf, setzte sich auf ein Podest und begann, eine Geschichte zu erzählen, die so herzergreifend war, daß manche zu Tränen gerührt waren, andere aber sich die Ohren zuhielten, so unglücklich hatten sie schon die ersten Worte gemacht. Diese setzten sich auf die Terrasse des Cafés und führten fortan ein glückliches Leben. Jene aber erzählten sich weiter ohne Unterlaß Geschichten. Nun begab es sich aber nach etlichen Jahren, daß keiner dieser Literaten mehr eine neue Geschichte wußte. Da war der Jammer groß. Denn wie sollte das kleine Café, das ja längst noch nicht gestorben war, nun weiterleben? Und plötzlich – als die Hilflosigkeit am größten war – stand in der hintersten Ecke des Raumes ein kleiner Junge auf, den niemand zuvor gesehen hatte. „Ich werde euch eine Geschichte erzählen", sagte der Junge, setzte sich aufs Podest und fing ohne zu zögern an zu reden: „Es war einmal ein Café, das wollte hoch hinaus ..." *jö*

	Bier	Jever light und heavy, Fürstenberg v.F., Weizen (3,50-4,50)
	Wein	U.a. Weine von Hiestand, von „DM" gelobt (4,20-6,20)
	Sekt	Riesling „Eiserne Hand" (Fl. 36)
	Spirituosen	Gorbatschow und Konsorten; Longdrinks (4,00-6,50)
	Alkoholfreie Getränke	Massenhaft Milchdrinks, Karamalz, Schweppes (2,50-6,50)
	Heißes	Heiße Zitrone, viele Tees, schwarz, Kräutertees (3,00-5,00)
	Essen	Quiche, Bratlinge, Gemüsepfannen, alles ohne tote Tiere
	Musik	Latin und Flamenco live, jede Menge Klassik, Pop-Rock unplugged
	Spiele	Schach, Backgammon, Karten und Gesellschaftsspiele
	Lektüre	FAZ, taz, Echo, FR, Focus, Kowalski, Wiener, Emma
	Luft	In rauhen Mengen
	Hygiene	Kein Staubkorn, nirgends
	Publikum	Kulturfreunde und Fleischfeinde
	Service	Streßresistent
	Preisniveau	Wo geht's hier zur Spüle?

Darmstadt — LAGERHAUS

Du darfst (aber du mußt nicht)

LAGERHAUS

LAGERHAUS
Julius-Reiber-Str. 32
64293 Darmstadt
Tel. 0 61 51/2 18 91

Mo-Fr
11.30 - 14.30
19.00 - 24.00
Küche 19.00 - 23.00
kalt bis 24.00

70 Sitzplätze
10 Stehplätze
30 Freiplätze mittags
und 19.00 - 22.00

Liebigstraße: Straba 3
Parkplätze an der
Turnhalle gegenüber,
oder ab 20.00 in der
Kasinostraße

Das muß sie sein: die Wiege der Vollwertrevolution. Die Mutter der Bambussprößlinge. Die Gewerkschaft der Vegetarier-Innung. Hier wurde schon Tofu serviert, als viele noch dachten, es handle sich dabei um eine koreanische Kampfsportart. Wo gibt's sonst noch Spinat-Gnocchi in Gorgonzolasoße, Bulgursalat mit Schalotten und Pfefferminzblättern, Volatilli (vulgo Putenbrustscheiben) mit Thunfischkapernsauce oder Manidaria (Champignon-Mutanten, gefüllt mit Gemüse)? Und vor allem: Wer sonst kann das alles auch noch richtig buchstabieren? Das Beste aber: Hier, im entlegenen, aber chronisch proppenvollen *Lagerhaus* macht niemand einen Kult daraus. „Du, ich bin voll auf'm Sojatrip, du"? „Also, diese Grünkernbratlinge, hach, ich sach dir, Wahnsinn"?

Eben nicht. Statt dessen finden sich ein: Schlipsträger im Mittagspausenstreß, Studenten im Steakfieber (Steak, du weißt doch, diese rosa Scheibchen vom Rind), Pleitegeier mit der ewigen man-gönnt-sich-ja-sonst-nichts-Tour und allerhand bunt gemischte, kulinarische Pfadfinder. Hier definiert sich niemand über seine Eßgewohnheiten, die frikadellenlose Zukunft wird anderswo ausgeheckt. Wer hierher kommt, hat ganz einfach Hunger und das ist doch auch schon was, oder? Zugegeben: draußen sitzen, während nonstop Blechkisten über die Kasinostraße brettern – das zerrt an den Lauschlappen. Aber immer noch besser als kein gar kein *Lagerhaus*-Menü. *jö*

	Bier	Bitburger, Jever, Löwenbräu v.F., Diebels Alt, Flens, Hefe- und Kristallweizen, Clausthaler (2,50-4,30)
	Wein	Deutsche und italienische Weine (4,80-6,20)
	Sekt	Bio und Prosecco (Fl. 30-38)
	Spirituosen	Cognac, Whisk(e)y, Longdrinks, Specials (4,00-11,00)
	Alkoholfreie Getränke	Schweppes, Säfte, Coke (2,00-5,80)
	Heißes	Kaffee, Tee, Schokolade (2,50-3,50)
	Essen	Speisen aus Griechenland, Italien, Mexiko und Deutschland, Salate und ausgedehnte Vollwertküche, Partyservice
	Musik	Quer durch die Musikgeschichte, Schwerpunkt Rock-Pop
	Lektüre	Darmstädter Echo, FR
	Luft	Der Schirm über dem Eingang fächert unermüdlich und erfolgreich
	Hygiene	Nicht sauber, sondern rein
	Publikum	Freunde der guten Küche, Studenten, Sollzinsenzahler
	Service	Bedienung behält auch im größten Chaos den Überblick
	Preisniveau	Mehr als faire Preise

Darmstadt — NACHRICHTEN-TREFF

Harnstau

NACHRICHTEN-TREFF
Elisabethenstr. 20-22
64283 Darmstadt
Tel. 0 61 51/2 38 23

Mo-Sa 9.00 - 1.00
So 10.00 - 1.00
Küche
Mo-Sa 11.30 - 23.30
So 10.00 - 15.00
(Frühstücksbuffet)
und 18.00 - 23.30

200 Sitzplätze
Keine Stehplätze
88 Freiplätze bis 22.00

Luisenplatz: alle Busse und Straba
Parken: was juckt mich ein Strafzettel, ich hab' Kohle

Ich schwör's: Ich mußte wirklich dringend – aber es ging nicht. Da stand ich nun einsam vor meinem Urinalbecken, unruhig von einer Zehenspitze auf die andere tippelnd, und mein Harndrang hatte mich verlassen. Ich konnte mein Bier nicht entsorgen, so sehr ich mich auch mühte. Ich weiß, das klingt lächerlich. Aber mal ehrlich: Könnten Sie unbeschwert urinieren, wenn neben Ihnen zwei braungebrannte Seitenscheitel-Yuppies über die neuesten Fönfrisuren fabulieren und einer von beiden noch dazu nonchalant übelriechende Darmwinde entweichen läßt? Nein, es hatte keinen Sinn: Mit größtmöglicher Gelassenheit knöpfte ich meine Jeans wieder zu und machte auf dem Absatz kehrt, um die antiseptische Weißkachelzelle wieder zu verlassen. Auf dem Rückweg studierte ich mit mäßigem Interesse die überholten Schlagzeilen des Lokalblattes, die den Wänden den Charakter anonymer Redaktionsräume verleihen. Ich ließ die „Galerie" mit ihren beliebig-abstrakten Exponaten und ihren noch abstrakteren Betrachtern hinter mir, steuerte zielsicher an den beleuchteten Litfaßsäulen vorbei, entschuldigte mich bei einer Brünetten, die ich beim Schlürfen ihres Traubenflips angerempelt hatte, schritt gemächlich die Marmortreppe hinab, an der rechts und links zwei Kümmerbäume Spalier standen, grüßte einen entfernten Bekannten und gelangte endlich durch die transparente Schaufensterfront ins Freie. Dreißig Meter weiter pinkelte ich ins nächstbeste Gebüsch – und fühlte mich danach sonderbar erleichtert. *jö*

Bier	Warsteiner, Hefe, Kristall, Diebels Alt (3,80-5,00)
Wein	Petit Chablis, Chianti DOC Melini (5,00-12,50)
Sekt und Schampus	Mumm, Veuve Clicquot, Moët, Dom Pérignon (Fl. 45-225)
Cocktails	Cocktails, auch diverse alkoholfreie, Longdrinks (8,00-9,00)
Spirituosen	Auch nicht origineller als anderswo (3,50-9,50)
Alkoholfreie Getränke	Granini in allen Variationen und das Übliche (2,80-6,00)
Heißes	Pharisäer, Philosophen und alkfreien Kaff (2,80-8,50)
Essen	Shrimpsragout, Entrecôte „Madagascar", Baguettes, Ragoût fin, Echter Graved Lachs, Suppen, Salate, Toasts

Musik	Was halt so im Radio dudelt
Spiele	Gibt's nicht nur nicht, die sind sogar untersagt
Lektüre	FR, FAZ, SZ, DE, Spiegel, Stern, Herald Tribune, Le Monde
Luft	Wenn man lieb bittet, kommt bestimmt einer und fächelt
Hygiene	Bloß nicht krümeln
Publikum	Wir sind reich, wir sind jung, wir sind schön
Service	Korrekt
Preisniveau	Man will's kaum glauben – aber fair

Darmstadt **N.N.**

Erinnerungen, zahnputzbechergroß

N.N.
Lichtenbergstr. 75
64289 Darmstadt
Tel. 0 61 51/71 42 66

Tägl. 18.00 - 1.00
Küche:
warm 18.00 - 23.00
kalt 18.00 - 1.00

60 Sitzplätze
20 Stehplätze
40 ruhige Freiplätze
an der Straße bis
24.00

Heinheimer Straße:
Nachtbus L
Parkplätze: wie
gesagt: L-Bus!

„Ain't got no passport, ain't got no real name." Streifzüge durchs Unbewußte. Bin ich, und wenn ja, wieviele? Es ist gut, wenn du weißt, was du willst, wenn du nicht weißt, was du willst, ist das nicht so gut. „Ain't got no passport..." Jaja, schon gut, Patti, laß stecken. Jetzt ein Frühstück auf grauem Granit, Milchkaffee, Alka-Seltzer, Gauloises – aber nein, das war mal. Vorbei. Kein Katertrip mehr ins Niemandsland. Nie mehr. Warten, aber worauf? Godot hat heute Ausgang, treibt sich mit anderen herum, diese Schlampe – Durst. Trinken. Wasser. Aufs Klo. Jetzt. „Citizenship, they've got memories" – hör endlich auf zu singen, Patti, und vor allem: Dreh dich nicht so schnell auf deinem schwarzen Vinyl. Kann's nicht mehr hören. Zum Kotzen, das Gesäusel in meinem Kopf. Die Kacheln im Bad, sie wachsen. Der Geruch, wie aus Gullis, Schweißtränenaftershave. Falten, überall Falten, im Hemd, in der Hose, im Hirn. Zerknautscht, bis zur Kenntlichkeit entstellt, Spiegelschemen im Neonspot, zahnputzbechergroße Erinnerungen, Gedächtnispuzzle als Frühsport. Joggen auf dem Wannenrand, immer im Kreis, im Kreis, im Kreis – Auszeit! Entspannen? Schlafen, Essen, Trinken abgewöhnt, nur noch Stippvisiten bei den anderen, den wohltuend Normalen, Namenlosen im N ... N ... N ... – Scheiße, wie heißt der geniale Laden nochmal? „Ain't got no passport, ain't got no real name." Oh boy, what a night. *jö*

	Bier	Pils, Ex, Alt v. F., Arnsteiner Urweisse, Clausi und Kelts (2,10-4,30)
	Wein	So gut wie jeder EG-Staat kommt zu seinem Recht (Österreich schon mal mitgerechnet) (4,30-6,00)
	Sekt und Schampus	Wiltinger Schwarzberg, Prosecco, E. Brun (Fl. 30-85)
	Spirituosen	Longdrinks, Kurzes (4,00-8,50)
	Alkoholfreie Getränke	Ein richtiger Saftladen (2,00-3,50)
	Heißes	Darjeeling, Vanille, Kräuter und Kaffee (3,00-6,00)
	Essen	Fladenbrote mit diversen Füllungen, Salate, Quiches, Suppen (aber leider, leider kein Frühstück mehr)

	Musik	Hauptsache Vierviertaltakt (auch Patti Smith!)
	Spiele	Schach, Backgammon, Würfel, Karten
	Lektüre	Tagespresse, Stern, Spiegel, Emma, Szene
	Luft	Kann man hin und wieder aufschnappen
	Hygiene	Im Spiegel hab ich mich noch wiedergefunden
	Publikum	Frühstücksverwöhnte Studenten, die auch zusammenrücken
	Service	Menzi war prima, ist inzwischen aber weg
	Preisniveau	Da trink ich doch noch eins ...

Petri
Der Fels in der Brandung

🍷🍷🍷🍷🍷

PETRI
Arheilger Str. 50
64289 Darmstadt
Tel. 0 61 51/7 96 60

Mo-So 17.00 - 1.00
Bei Regen auch mal ab 20.00
So auch 10.00 - 15.00 (Frühstück)
Küche 17.00 - 24.00

50 Sitzplätze
50 Stehplätze
100 urgemütliche Freiplätze unter Bäumen bis 24.00

Riegerplatz:
Nachtbus L
Parken: Der schnellste Weg zum Bier führt übers Rad

Und der Herr sprach: „Dein Name soll Petri sein, wie der Fels. – äh, des Felsens ... Gehe hin und tue Gutes in meinem Namen." Und der Herr salbte Petri mit Wasser und Faßbier, und er trug ihm auf, im Namen des Vaters und des Sohnes und des hochprozentigen Geistes Menschen unter seinem Dach zu versammeln. Und Petri ging. Als er an eine Wegkreuzung kam, traf er Menschen mit Armanijacken, die ihn erkannten und ihn sogleich hingebungsvoll um Prosecco baten. Petri aber antwortete: „Ihr müßt mich verwechseln" und zog weiter seines Weges. Auf einem Hügel traf er eine Gruppe lederbewehrter Easy-Ritter, die ihn erkannten und literweise Gerstensaft von ihm erflehten. Petri aber antwortete. „Ihr müßt mich verwechseln" und wanderte ohne Zögern weiter. Als er aber in die Straße der (Ar-)Heiligen kam, machte er eine Rast. Und als er dort im Garten des Herrn auf einer Holzbank saß, kamen Scharen lernbegieriger junger Menschen zu ihm gerannt und baten ihn inständig um geistige und flüssige Nahrung. Und Petri lud sie ein in seinen Garten, und dort bewirtete er sie mit wundersam vermehrten Schinkenmettwürstchen und mannaartigem Brot und mit übelriechendem Handkäse, der Petris Jünger dennoch nicht verschreckte. Immer mehr kamen zu ihm, dem Fels in der Brandung, gepilgert, und sie gingen nicht wieder, sondern blieben und feierten dort im Namen des Herrn. Und wahrlich, ich sage euch. „Eh' der Hahn nicht dreimal gekräht hat, werde auch ich diesen wunderbaren Ort nicht verlassen. *jö*

Bier	Faßbier und solches aus Flaschen (3,30-4,50)
Wein	Nicht viel, aber berauschend (4,50-4,90)
Sekt	Prosecco zum Geburtstag (Fl. 30)
Cocktails	Mixes und solche, die's noch werden wollen (6,00)
Spirituosen	Wie anderswo auch (3,00-4,50)
Alkoholfreie Getränke	Kein Perrier, aber es sprudelt (2,50-3,00)
Heißes	Kaffee und Tee gibt's auch, wenn's sein muß (2,00-3,80)
Essen	Längliche Zipfel Schwein oder Rind, Nudeltöpfchen, Handkäs, Baguettes und wechselnde Tagesangebote

Musik	Was brauch' ich Musik, wenn draußen die Vögel zwitschern?
Spiele	Schach, Backgammmon, Karten
Luft	Im Winter kann man sich ne Scheibe von abschneiden
Hygiene	Bloß nicht übertreiben
Publikum	Freiluftfetischisten, studentisches Jungvolk
Service	Respekt. Mir wär's zu stressig
Preisniveau	Geldbeutelschonendes Preis-Bier-Verhältnis

Darmstadt   **REM**

Orgasmus in der Abendsonne

REM
Beckerstr. 22
64289 Darmstadt
Tel. 0 61 51/71 03 37

Tägl. 20.00 - 1.00
Küche dito

35 Sitzplätze
30 Stehplätze
35 Freiplätze bis
22.00

Friedrich-Ebert-Platz:
Nachtbus L
Parken: wer suchet ...

Neulich war ich mit meiner White Lady (Gin, Cointreau, Zitrone, Eiweiß) in Jamaica (weißer Rum, brauner Rum, Cointreau, Amaretto, Pfirsich, Ananas). Und weil gerade ein fürchterlicher Hurricane (Myers's Rum, Crème de Menthe, Crème de Cassis) übers Land brauste, machten wir einen Abstecher in den Havanna Club (Rum), wo gerade Happy Hour (Gin, Cointreau, Zitrone, Grapefruit, Soda) angesagt war. Und als ich so dasaß, hatte ich einen Red Dream (Campari, Martini, Zitrone, Grenadine, Soda): Ich träumte, daß mich Michel Angelo B. (Mandarine, Armagnac, Galliano, Himbeer, Bitter Lemon) über Funk (Rum, Anisette, Grenadine, Lime, Soda) anrief, um mit mir Can Can (Dubonnet, in der Sektschale) zu tanzen. Ich wollte gerade Ja, ja (Pernod, Blues Curaçao, Ananas, Zitrone) antworten, als sich Michel Angelo in einen Zombie (Cointreau, Amaretto, Brandy, Rum, Wodka, Grenadine, Orange) verwandelte. Als ich wieder zu mir kam, war die White Lady verschwunden, und an ihrer Stelle saß ein Hawaii Girl (Ananas, Orange, Sahne, Crème of Coconut) namens Jomi (Joghurt, Minze, Pfeffer, Salz, Soda), die nur in Samt & Seide (Cynar, Gin, Tonic) gekleidet war. Es war inzwischen Night's End (Light Rum, Black Rum, Wodka, Ananas, Apricot Brandy, Zitrone, Orange), und wir fuhren zusammen in meinem Gold Cadillac (Galliano, Creme de Cacao, Sahne) nach Trinidad (weißer Rum, brauner Rum, Triple Sec, Ananas, Aprikose, Orange), wo wir in der Abendsonne (Banane, Sahne, Grenadine) einen herrlichen Orgasmus (Sambuca, Bailey's) erlebten. *jö*

Bier	Veltins, Schneider Hefe, Maisel's, Jever light, Kelts (2,50-4,50)
Wein	Bordeaux, Frascati, Landwein (5,00-6,20)
Sekt	Rondel, Steiner (Fl. 31,50-37,50)
Cocktails	Ca. 250 Cocktails und Longdrinks, 50 alkfrei (5,00-18,50)
Spirituosen	Klasse Whisk(e)yauswahl, viel Rum, Brandy usw. (4,00-7,50)
Alkoholfreie Getränke	14 Säfte, Tonic, Ginger Ale (2,50-3,50)
Heißes	Café Irland, Café Dublin, Café Flair, Kaffee pur (3,20-7,00)
Essen	Spinat-, Zwiebel-, Gemüsekuchen, Quiche (1,00-6,50)

Musik	Jazz und alles andere
Spiele	Spielfreie Zone
Lektüre	Immerhin: Darmstädter Echo
Luft	Man erkennt einander auch nach Mitternacht noch
Hygiene	Unaufdringlich sauber
Publikum	Wie Kraut und Rüben, Sekt und Selters, hipphipp und hurra
Service	Behält meist den Überblick
Preisniveau	Vom Kaffee mal abgesehen: echt fair

Darmstadt — SCHLOSSGARTENCAFE

Espresso und Esperanto

SCHLOSSGARTENCAFE
Robert-Schneider-Str. 23
64289 Darmstadt
Tel. 0 61 51/ 94 17

Tägl. 8.00 - 20.00
Warme Küche dito
Frühstück bis 15.00

60 Sitzplätze, ein Dutzend zum Stehen

Friedrich-Ebert-Platz:
Nachtbus L
Parken: in der Umgebung

El País kommt öfter hierher. Um Freunde zu treffen, sagt er, und um sich anderen Menschen mitzuteilen. El País ist ein aufgeschlossenes und freundliches, ja, ein ungemein liberales Wesen, nur leider kriegen das die wenigsten mit. Denn El País spricht nur Spanisch, und hier im *Schwarz-Weiß-Café* – vergessen wir für einen Moment den ausgesprochenen Unsinn von wegen *Schlossgartencafé* – hier also waren zwar schon viele an der Costa Brava und in Madrid, aber nein, die Sprache verstehen sie deswegen noch lange nicht. El País ist das aber egal. Schließlich geht es seinen vielen Freunden, mit denen er hier tagtäglich zusammenkommt, genauso. The Guardian zum Beispiel, der nun wirklich ausgezeichnetes Englisch spricht und trotzdem nicht von allen verstanden wird. Wahrlich eine Schande, ist es nicht so? Oder der temperamentvolle italienische Corriere della Sera, dessen Mahnungen so oft ungehört verhallen. Oder International Herald Tribune, dieser graumelierte Kosmopolit, oder Hürriyet vom Bosporus, oder, oder, oder ... Einzig Frank F. Rundschau hat hier, in diesem schlichten und daher ungemein entspannenden Ambiente, nicht die geringsten Mitteilungsschwierigkeiten. Aber Frank, der gleich um die Ecke wohnt, macht deswegen kein großes Brimborium. Er freut sich vielmehr, daß hier alle so ungezwungen beieinandersitzen (was ja längst nicht überall eine Selbstverständlichkeit ist), und daß ihre gemeinsame Sprache irgendwo zwischen Espresso und Esperanto liegt. *jö*

Bier	Schmucker Alt, Ex, Pils, Weizen und alkfrei, Hefe, Kristall (2,70-3,80)
Wein	Nur italienisch, von Soave bis Bardolino (2,30-5,20)
Sekt	Schloß Wachenheim, Mumm, Prosecco (Fl. 18-33)
Cocktails	Ein Dutzend Cocktails und Longdrinks (4,50-6,50)
Spirituosen	Von A wie Amaretto bis W wie Wodka (4,00-5,00)
Alkoholfreie Getränke	Vorzugsmilch, Säfte, Perrier (1,50-5,00)
Heißes	Viele Tees, Amaretto mit Milch, Lumumba (2,50-7,00)
Essen	Frühstück, Toasts, Baguettes, Quiche

Musik	Wild gemischt, ohne Tabus
Spiele	Schach, Backgammon, Spielesammlungen
Lektüre	Das hört ja nie auf (DE, FR, FAZ, taz, SZ, EP, IHT etc.pp.)
Luft	Atemfrisch aktiv und so
Hygiene	Jedes einzelne Schachfeld blank geputzt
Publikum	Polyglotte, Studenten, Stammpublikum
Service	Einbißchen langsam, aber nett
Preisniveau	Studentenkompatibel

Mainz — ALTSTADTCAFE

Szenen im Café

ALTSTADTCAFE
Schönbornstr. 9a
55116 Mainz
Tel. 0 61 31/22 48 68

Mo-Sa 9.00 - 20.00
Sonn-und Feiertage
10.00 - 20.00
Küche bis 19.00

80 Sitzplätze
40 Freiplätze bis
20.00

Weißlilienstraße:
Bus 15
Kleiner Parkplatz in
der Nähe

Die Magenmuskulatur krampft sich zusammen. Irgendwas knurrt im Inneren des Körpers. Zunge hängt am Boden. Augen gehen suchend umher, bis sie endlich einen wohltuenden Reiz aufnehmen. *Altstadtcafé* ist der Name, der an diesem frühen Morgen die geschwächten Beine wieder etwas schneller laufen läßt. Erstmal reinsetzen. Umgebung sondieren (Augen und Ohren im Einsatz). Dann endlich die große Szene für das Riechorgan: Kaffee wird identifiziert. Dann: Frische Croissants. Hüpfer im Magenbereich. Verdauungssäfte laufen zusammen. Der Mund zieht sich zusammen. Bestellung. Ungeduldiges Warten, gierige Blicke auf kauende Nachbarn, eine langsam, aber sicher sich ballende Faust. Das Gehirn mit den Milliarden von Zellen für was weiß ich für Funktionen sendet im Augenblick nur zwei Signale: Hunger und Durst. Und bald darauf ein drittes: Essen, aber dalli. Trommeln der Fingernägel auf blankgescheuerter Tischplatte. Nix passiert. Körper auf Verhungern eingestellt. Mach dein Testament, Alter, solange noch Zeit ist. Dann, endlich: Rettung naht. Keine zwei Sekunden später müht sich die Speiseröhrenmuskulatur mit heißem Kaffee ab. Scheiße, Lippen verbrannt. Noch ein wenig später zermahlen plombierte Zähne eine Mischung aus Teig und Marmelade. Verdauungssäfte beginnen, Enzyme freizusetzen, um die Nahrung auf die Verdauung vorzubereiten. Sortieren: Einfachzucker links, Doppelzucker rechts, usw. ... War eine schreckliche Nacht gestern.
amo

Bier	Diebels Alt, Kronenbourg, Hofbräu Weizenbier hell und dunkel (2,20-4,50)
Wein	Kein ungewöhnliches Angebot (3,00-4,50)
Sekt	Zum Feiern: Schloß Rheinberg, Laurent Perrier, Pommery (Fl. 25-80)
Spirituosen	Ein Kurzer zwischendurch (3,50-6,00)
Alkoholfreie Getränke	Einiges ohne Alkohol, teilweise frisch gepreßt (2,50-5,00)
Heißes	Heißes mit und ohne Alkohol (2,70-7,00)
Essen	Frühstück und auch sonst leckere Kleinigkeiten

Musik	Gängiges, nicht störend
Spiele	Schach
Lektüre	Tageszeitungen, Mainzer Allgemeine, Rheinzeitung
Luft	Zeit zum Atmen
Hygiene	Putzen gehört dazu
Publikum	Laß uns einen Kaffee trinken
Service	Nicht unfreundlich
Preisniveau	Läßt auch einen Gourmand nicht in die Knie gehen

Mainz — CAVEAU/PSST

Frei nach Schiller

♟♟♟♟♟

CAVEAU/PSST
Schillerstr. 1
55116 Mainz
Tel. 0 61 31/2 89 90 13

Mo-So 19.00 - 1.00
Im Garten 17.00 - 1.00

80 Sitzplätze
20 Stehplätze
120 Freiplätze bis 1.00

Kaiserstraße:
Linie 216
Parkplätze in der
Umgebung, aber nicht
in der Münsterstraße!

Es kann der Frömmste nicht in Frieden leben … Altbekannt und noch immer wahr. Als Beispiel unser Gemüsehändler: „Ein Pfund Tomaten und einen schönen Kopfsalat." „Schöne Kopfsalat hammernet, entweder den oder kaan." Was bleibt einem da schon übrig? Die nächste Gelegenheit, an makellos Salatiges zu kommen, liegt einen Kilometer entfernt im Supermarkt, zu weit weg und außerdem unpersönlich mit Selbstbedienung und ohne die gewohnte Muffeligkeit, die Zartbesaiteten schon den Tag vermiesen kann.

Aber nicht nur der tägliche Einkauf bietet Gelegenheit, schuldlos die Mißgunst der Nachbarn heraufzubeschwören. Auch das abendliche Vergnügen, das Gespräch mit guten Freunden bei einem Gläschen Alkohol an lauschigem Platze, das perlende Gelächter junger Stimmen oder auch Fifis Bellen, weil er heute mal kein Bier kriegt – all dies mag in den Ohren ungnädiger Anwohner ähnlich wohltönen wie das Rattern eines Preßlufthammers. Und so gibt's Ärger, der derart unangenehm ist, daß sich das *Caveau* vor lauter Verzweiflung umbenannt hat und jetzt *Pssst* heißt. Nomen ist hier – hoffentlich – Omen. Wäre schließlich schade, wenn wir nachts nicht mehr bis in die Puppen draußen sitzen könnten.
amo

Bier	Faßbiere: Bit, Weihenstephaner Hefeweizen (4,00-5,00) Flaschenbiere: Weihenstephaner Kristall, Flensburger, Corona, Bit drive (3,50-6,00)
Wein	Kleine Weinauswahl (3,50-5,00)
Sekt	Graeger, Mumm Piccolo (5,00-9,00)
Cocktails	Keine Sauereien mit Alkohol
Spirituosen	Spirituosen nicht gesichtet
Alkoholfreie Getränke	Jede Menge Saft (3,00-5,00)
Heißes	Koffeinhaltiges zum Wachwerden (2,50-3,00)
Essen	Essen muß man zu Hause

Musik	Charts, Indie, Soul, Jazz vom Band; Live-Musik
Spiele	Wer hat Angst vorm gelben Schlauch? (Nach 24.00 kommt die Flüssigkeit im Garten nur noch daraus)
Lektüre	Tageszeitungen, Mainzer
Luft	Draußen ist's okay, drinnen atembar
Hygiene	Sauber. Sie müssen trotzdem nicht vom Boden essen
Publikum	Von Schicki bis Normalo
Service	Ist auf Zack
Preisniveau	Nicht übertrieben teuer

Mainz — DIESEL

Diesel and Dust

DIESEL
Dagobertstraße 11
55116 Mainz
Tel. 0 61 31/23 73 18

Sommer:
So-Do 20.00 - 1.00
Fr, Sa 20.00 - 2.00
Winter:
So-Do 19.00 - 1.00
Fr, Sa 19.00 - 2.00

60 Sitzplätze
Stehen darf, wer reinpaßt

Holzhof: Bus 15
Parken: gegenüber, solange es die Tankstelle gibt, sonst Parkhaus Holzhof

Aufbegehren gegen die verknöcherte Hirnlosigkeit der Altvorderen, Emotionen pur, geschürt von James Dean und Marlon Brando: Damals schwitzten sie wirklich noch, die revoltierenden Underdogs, riskierten Schrammen und Striemen, und das innen wie außen.

Heutzutage gibt's das ja nur noch in der Werbung, daß man den ganzen Tag körperlich knechten und schuften muß – Lehrjahre sind keine Herrenjahre – bis man sich endlich abends den Dreck unter den Fingernägeln rauspuhlt, die Haare nochmal so richtig pomadisiert, sich in Jeans zwängt und schließlich auf den Bock schmeißt oder in den Chevy fläzt, um es ihnen zu zeigen, den Eltern und Meistern, die ja schließlich keine Ahnung haben vom Leben, sondern allenfalls vom Kinderkriegen, und einen draufzumachen wie keiner noch zuvor.

Heute reicht's, wenn Hosen wieder Knöpfe haben statt Reißverschlüssen. Hauptsache, das Label stimmt. Nicht mehr unter Automotoren im Dreck liegen, keinen Hammer schwingen, sondern bloß Bücherstaub und Schulmief abklopfen. Wenn die Schulaufgaben brav erledigt sind, geht's ab ins Kino, in die Kneipe, und revoltiert wird beim Bier höchstens wegen viel zu wenig Taschengeld – Zeitungsjungen gibt's nicht mehr. Stammtischrevoluzzer – wild will ich sein, aber bequem möcht ich's haben. Und die Levi's werden mit einer Andacht in die Kneipe getragen, daß man sich auch nach dem Kino noch immer vorkommt wie im Werbeclip. *dd*

Bier	BBK, Kölsch Grenadier v.F., Berliner Kindl, Weizen
Wein	Bescheidene Auswahl, auch Apfelwein und Cidre (3,00-5,50)
Sekt	1 x Sekt (Gl. 5,00;Fl. 30), 1x Schampus, namenlos (Fl. 70)
Spirituosen	Durchschnittsangebot, ein Cocktail (4,00-12,00)
Alkoholfreie Getränke	Das Übliche und Shakes (2,50-4,20)
Heißes	Standards, auch mit Alk (2,50-6,00)
Essen	Warm snacks – faster than microwave: Teiglinge

Musik	Modern
Spiele	Backgammon, Vier gewinnt
Lektüre	Gratiszeitungan à la Boulevard
Luft	Ist echt okay hier
Hygiene	Ist auch nicht schlecht
Publikum	Kids
Service	Flink und nett
Preisniveau	Kommt gut

Mainz — EINSTEIN

EINSTEIN — Fein, Wein, rein!

EINSTEIN
Kaiser-Wilh.-Ring 82
55118 Mainz
Tel. 0 61 31/61 37 67

So-Do 18.00 - 1.00
Fr, Sa 18.00 - 2.00
Wenn der Koch gute
Laune hat, bis 1.00

65 Sitzplätze
30 Stehplätze

Goethestraße:
Straba 8, 10, 11
Bus 15, 23
Parken: Die
Haltestelle ist soo
nah, Kinder!

Ein Stein ist ein Stein. Nein. Kein Stein ist ein Stein. Nein. Einstein ist ein Stein (der Weisen). Nein. Stein ein Stein und Stein ist Gertrude. Gertrude ist ein Stein. Nein. Steinein ist ein Stein. Ein Schrein ist kein Stein. Nein. Klein ist EinStein. Einstein grinst ein Stein. Klavier. Ein' Welt ist ein Stein. Ein' andere Welt ist ein kein Stein. Wein ist kein Stein. Ein Stein trinkt man (ray) nicht. Ein Sein ist kein Stein. Fein. Fünf Männer und ein Stein ist Sex. Nein. Klein Stein ist ein Weinstein. Fein. (Ja!) Einstein ist ein fein Stein klein. Wein. Fein. Rein ist ein Stein klein. Fein. Drein Stein Klein ist ein Stein. Nein. Schein ist ein Stein klein fein. Ein Bein ist ein Stein. Nein. Fein. Dein Stein ist kein Stein fein. Einstein ist fein. (Ja!) Klein. Rein.

Jein. Mein Stein ein Stein ist fein. Nein. (Doch!) Pein ist ein Stein klein. Sein Stein ist ein Stein kein Einstein. Weinschnapsbier, Klavier. Verzeih'n ist ein Stein klein fein. Nein. Dein Stein ist ein Stein. Einstein ist fein. Klein. Wein. Rein. MainRhein ist kein RheinMain. Mein Stein ist kein Einstein. Einstein ist ein Stein (der Meile, der Weisen, der Freude, der Diskussion) Einstein ist ein Stein. Ein. Ein Stein ist Einstein. Ein Stein ist Einstein. (im Brett). Geht rein in *Einstein*. Ja. Alles ist relativ und e=mc quadrat. *duc*

Bier	Habereckl, McCaul's Stout v.F., Berliner Weiße, grün oder rot (2,60-4,20)
Wein	Unter anderem Weine aus biologischem Anbau (2,70-3,90)
Sekt und Schampus	Deutsch-Spanisch-Französisch (Fl. 20-55)
Spirituosen	Klösterliches aus Andechs, Dimple und Wodka Romagna (3,00-4,50)
Alkoholfreie Getränke	Naturtrüber Apfelsaft und die gute, alte Sinalco (2,00-5,00)
Heißes	Keine besonderen Preziosen (2,20-3,20)
Essen	Haben Sie schon mal Einsteinspieß gegessen? Gigamoquantisch, sage ich Ihnen

Musik	Softe Inspirationen aus Jazz, Blues and Soul
Spiele	Eine Partie Schach oder Backgammon gegen Einstein gefällig?
Lektüre	Jede Menge Informationen (FR, TAZ, Wochenpost, Stern, Tempo etc.)
Luft	Alles ist relativ
Hygiene	Wie Sie wissen
Publikum	Alle, die das Denken noch nicht für überflüssig halten
Service	... werden mit einer ausgesuchten Freundlichkeit bedient
Preisniveau	... und brauchen dafür nicht einmal sehr viel zu bezahlen

Mainz — GEKKO

Nachtschwärmer

GEKKO
Augustinerstr. 11
55116 Mainz
Tel. 0 61 31/22 57 37

So-Do 17.00 - 1.00
Fr. 17.00 - 2.00
Sa 11.00 - 2.00
Küche auf Anfrage

18 Hocker an der Bar
Stehende bis vor
die Tür

Holzhof: Bus 15
Parken:
lieber gleich ins
Holzhofparkhaus

Gekko (Gekkonidae; mainzer.-engl.), der; -s, -s u. -ionen: hauptsächlich in sog. zivilisierten Ländern, auch Industrienationen genannt, auftretendes, aufrecht gehendes Tier (Alkoholvertilger).

Der G., er ist keineswegs – wie etwa die Schnecke – Selbstbefruchter, es sind auch weibliche G. bekannt, ist ein Nachtlebewesen mit großen, weitgeöffneten Augen (mit denen er bevorzugt den gezapften, gerührten und geschüttelten Nahrungsmitteln oder weiblichen G. – je spärlicher bekleidet, desto lieber – hinterherstiert, wenn er nicht gerade ins Leere schaut. Sein bevorzugter Aufenthaltsort sind deshalb lange, schmale Räume voll alkoholgeschwängerter Luft, die der G. mit Vorliebe im Gedränge bevölkert. Dadurch ergeben sich Reibungen, die er wohl erotisch und sexuell stimulierend findet. Raunendes Balzgeschnatter in den unterschiedlichsten Tonlagen kennzeichnet daher die Zusammenkünfte der G. (Dies ist ein auffallendes Kennzeichen, da die meisten übrigen geckoähnlichen Tierarten stumm sind oder nur vereinzelt schwache Laute hören lassen.)

Beobachter der G. sollten jedoch darauf achten, daß sich immer weniger „waschechte" G. zusammenfinden. Immer häufiger mischen sich andere Arten darunter. Der (Ver)Sumpfrohrsänger, der Gelbspötter, auch die amerikanische Bierdrossel sind für ihr Nachahmungstalent bekannt. Zu erkennen ist dies am Konsumationsverhalten. Während der G. ausschließlich hochwertige, raffiniert gemixte Nahrung zu sich nimmt, geben sich die mehr oder weniger plumpen Imitatoren mit ordinärem Hopfengemüse zufrieden. *dd*

Bier	Erbacher, Clausthaler, Stade's Light (3,50-4,00)
Wein	Schmale Auswahl: Chianti Classico, Pinot Grigio (5,50-7,00)
Sekt und Schampus	Wie beim Wein (Gl. 7,00-12,00; Fl. 34-260)
Cocktails	Fruit-Rum-Cocktails, Daiquiris, Klassiker (9,00-18,00)
Spirituosen	Bestens sortiert. Grappe auf Empfehlung (5,00-11,00)
Alkoholfreie Getränke	Standards und Fruchtsäfte von Dr. Koch (3,50-6,00)
Heißes	Grundausstattung (3,00-5,50)
Essen	Lassen Sie sich überraschen

Musik	Promenadenmischung
Spiele, Lektüre	Hier wird geschüttelt und gerührt, nicht gespielt und gelesen
Luft	Kann im Winter dicker werden
Hygiene	Man kann nicht klagen
Publikum	Gekkonidaen
Service	Nett, nett
Preisniveau	Erschwinglich

Mainz — HINTERSINN

Von der Einsamkeit

HINTERSINN
Gaustr. 19
55116 Mainz
Tel. 0 61 31/57 16 30

So-Do 9.30 - 1.00
Fr, Sa 9.30 - 2.00
Warmes 11.00 - 24.00
Kaltes 9.30 - 24.00

60 Sitzplätze
15 Stehplätze
55 Plätze in der schmucken Gartenlaube bis 23.00

Gautor: Straba 10, 11
Parken: Wer es denn unbedingt versuchen will, ansonsten das nahegelegene PH

Ach, die Welt ist so öde und ungerecht. Alles ist so leer, wie auch jetzt dieser Raum mit den langweiligen Holztischen und den komisch drapierten Wänden und den Plastikblumen und den langweiligen Leuten hier. Ich verstehe einfach nicht, warum du mich verlassen konntest, sag mir, warum hast du mir das angetan? Ich habe alles für dich getan, war immer da, wenn du irgendein Problem hattest, war derjenige, der dir aus der Patsche geholfen hat, wenn es dir dreckig ging oder du mal wieder Blödsinn gemacht hattest. Oh, Geliebter, warum nur? Ich weiß nicht, ob ich weiterleben kann, denn das Leben, es hat keinen, auch noch so einfachen Sinn mehr. Wenn ich mich hier umgucke, empfinde ich Überdruß und einen stechenden Schmerz in der Brust. Sag mir, wenn du eine andere liebst. Nein, sag es mir nicht. Ich könnte es nicht ertragen. Weißt du noch, als wir in der gemütlichen Gartenlaube saßen, an verschiedenen Tischen, als plötzlich ein Zettel aus deiner Hosentasche fiel und ich hinsprang, um ihn dir wiederzugeben, und wir uns tief in die Augen sahen und sofort wußten, daß wir uns lieben würden, noch in der gleichen Nacht, und wie du mit einem zärtlichen Lächeln sagtest: „vielen Dank", und ich wußte, daß sich hinter diesen zwei Worten ein ganz anderer Sinn verbarg? Erinnerst du dich? – Aber jetzt, jetzt ist alles vorbei, und ich sitze hier auf der Empore, frühstücke lustlos und lausche den verträumten Klängen des Pianos, während draußen eine Straßenbahn sich den Berg hinaufquält. Ach, mein Geliebter, komm zu mir zurück, gib meinem Leben wieder einen Sinn. *duc*

Bier	McCaul's, Römer Pils, Weizen (Kristall und Hefe) (2,40-4,80)
Wein	Frische Obstweine: Schlehen, Erdbeer, Hagebutte (2,50-5,00)
Sekt	Winzersekt und Mumm (Fl. 27-65)
Cocktails	Pink Lady meets Batida Red in Cuba Libre (5,00-8,50)
Spirituosen	Obstler, Slivovic, Wodka Gorbi und Frau Grasovska (2,50-5,50)
Alkoholfreie Getränke	Korallenglut und Sun of the Night, Tomatensaft (2,20-6,00)
Heißes	Wildkirschtee, Café Spezial (2,50-4,50)
Essen	Stets frisch Zubereitetes und musikalisches Frühstück

Musik	Sonntags zum Müsli Jazz
Spiele	Backgammon, Schach und Würfeln gegen Ebengenannten
Lektüre	FR, az, Mainer Rheinzeitung
Luft	Angenehm
Hygiene	Ebenso
Publikum	Der nette Junge von nebenan mit seiner Truppe
Service	Dezent, aber freundlich
Preisniveau	Das lohnt den Weg

Mainz — KULTURZENTRUM

KUZ
KULTURZENTRUM

Etikettenschwindel (?)

KULTURZENTRUM
Dagobertstraße 20b
55116 Mainz
Tel. 0 61 31/28 68-0

Mo-Do 18.00 - 1.00
Fr 18.00 - 4.00
Sa 17.00 - 4.00
So 17.00 - 1.00
Konzerte ab 21 Uhr

Bei Konzerten/Disco
800 Stehplätze
Im Biergarten 600
Sitzplätze

Stadtpark:
Bus 1, 15
Parken:
In der Umgebung
recht leicht, auch im
Holzhofparkhaus

Kultur braucht ein Zentrum, auch alternative. Nicht so schön gestylt, nicht protzig und nicht aufgemotzt. Nicht etwa einen kalten, häßlichen Rheingoldhallenklotz und natürlich nicht barock. Ganz im Gegenteil, von unprätentiöser Nüchternheit soll es sein, mit Selfmade-touch, ganz schlicht. Die Inhalte, also die dargebotenen Veranstaltungen und das Publikum, das aufgeklärte, das kommen soll in Scharen, sollen die Atmosphäre zum Leuchten, ja Glänzen bringen, was andere nur mit tausenden von Watt erreichen. So der Grundgedanke. Kultur und Alltagskultur sind mittlerweile aber zu schwammig verwendeten Schlagworten geworden, und so heißt inzwischen wohl das Kultur, was Spaß macht und schmeckt. „Anything goes" lautet die Devise, was wohl mit „alles ist erlaubt" übersetzt wird. Alles also von der Abifete über die Perfect-Beat-Party bis zu den Leningrad Cowboys. Nun gut, die Öffnung dem breiten Massengeschmack gegenüber garantiert zumindest hohe Besucherzahlen. Auch ein Gewinn. Mit Kultur – insbesondere alternativer – in des Wortes ursprünglicher und nach wie vor richtiger Bedeutung hat das alles nicht mehr viel zu tun. Auch wenn der Platz dafür immer noch geeignet wäre. Dafür ist uns – immerhin – ein nettes Jugendzentrum geblieben, recht großzügig und mit einem wunderhübschen Innenhofgarten. Schade nur, daß viele dafür schon zu alt geworden sind, um sich noch recht wohlzufühlen.

Errata: Natürlich ist dies nur ein Aspekt der ganzen Geschichte. Denn wer zum Beispiel Gilberto Gil oder Peter Faßbenders „Flötenträume" hören möchte, ist nach wie vor gut aufgehoben. *dd*

Bier	Div. Alpirsbacher, Kelts alkfrei (4,00-5,00)
Wein	Alle Farben da (4,00)
Sekt und Schampus	Graeger, Schloß Wachenheim, Moët & Chandon (Fl. 30-85)
Spirituosen	Kann sich sehen lassen (4,00-10,00)
Alkoholfreie Getränke	Billiger als Alkoholisches (2,00-2,50), anständige Saftauswahl
Heißes	Aber doch nicht in einer heißen Sommernacht
Essen	Sandwiches und Brezeln, Warmes ist in Vorbereitung

Musik	Perfect Beat
Spiele	Gespielt wird auf der Bühne
Lektüre	Selber mitbringen
Luft	Geht ja
Hygiene	Sollte reichen
Publikum	Nachwuchsmeenzer
Service	Selber geht schneller
Preisniveau	Echt okay, bei Veranstaltungen meist Eintritt (5,00-45,00)

Mainz — QUARTIER MAYENCE

QUARTIER MAYENCE — Hausbesetzung

QUARTIER MAYENCE
Weihergarten 12
55116 Mainz
Tel. 0 61 31/2 89 90 11

So-Do 11.00 - 1.00
Fr, Sa 11.00 - 2.00
Küche 19.00 - 24.00

200 Sitzplätze
Knapp 60 Stehende
Am Weiher dürfen 50
bis 23.30 sitzen

Schillerplatz:
Straba 10, 11
Höfchen: alle Busse
Auto: Muß das sein in
dieser kleinen Stadt?

Mit ihnen hatte niemand gerechnet, aber genau das war ihr Vorteil. Eines schönen Tages ergriffen Monsieur Jazz und seine Fangemeinde, eine leichte Melodie auf den Lippen, Besitz von dem alten Haus samt Keller und Garten. Sie tarnten die „Villa" (so nannte Monsieur Jazz das neue Heim) nach außen hin als altbackenes Wohnhaus (schon damals griff die fassadenbestimmte Altbausanierungsmethode), um nicht aufzufallen, aber das Innenleben des alten Gemäuers richteten sie ganz nach ihrem Geschmack ein. Erstmal eröffnete Monsieur Jazz eine Ahnengalerie seiner engsten und ehrwürdigsten Freunde in der königlichen Loge, wo noch heute Louis Armstrong mit seiner Trompete gerade pausiert und J.R. zuhört, der gerade singend von E.W. am Piano begleitet wird. Die Jüngeren behängten die Wände inzwischen mit den Fahnen und Transparenten, die sie zu der Hausbesetzung mitgebracht hatten und kreisten dabei unentwegt um das Zentrum, aus dem heute Milch und Honig fließen. Einige Fans von Monsieur Jazz hatten sich unterdessen, um Pläne zu schmieden, im Keller auf die mit rotem Samt bezogenen Bänke geflätzt oder sogar schon angefangen, Wandgemälde zu entwerfen. Hohe Spiegelwände im Parkett stempelten sie mit Bildern ihrer Lieblingsmaler. Es gibt Stimmen, die behaupten, daß einige aus Monsieur Jazz' Fangemeinde auch heute noch (aber inkognito) ins Haus kommen und von den alten Zeiten schwärmen ... *kar*

Bier	Warsteiner Premium Verum, Guinness, Schlösser Alt v. F., Berliner Weiße (3,00-5,00)
Wein	Apfel und Land und Bodenheimer (2,50-5,50)
Sekt und Schampus	Mumm und Bricout Carte Noire (Fl. 30-80)
Spirituosen	So einige hübsche Sachen (4,00-6,00)
Alkoholfreie Getränke	Das Nektarzeitalter ist angebrochen (2,50-4,00)
Heißes	Tee mit dem „guten Pott" (2,50-5,50)
Essen	Frühstück, Salate und Überbackenes
Musik	It's Jazz time, my friends
Spiele	Schach, Backgammon
Lektüre	Tageszeitung, Lesezirkel
Luft	Nun ja, das hängt davon ab, wer gerade spielt
Hygiene	Auch damit ist es so
Publikum	Jazzfreunde, Normalos und Studenten
Service	Souverän, ohne gleich übertrieben-hyperfreundlich zu sein
Preisniveau	Monsieur Jazz ist ein sehr netter Mensch

Mainz — SCHÖNER BRUNNEN

Jungbrunnen (Fortsetzung)

SCHÖNER BRUNNEN
Augustinerstr. 22
55116 Mainz
Tel. 0 61 31/2 89 90 10

Tägl. 9.00 - 1.00
Küche 9.00 - 12.00

70 bequeme
30 standhafte
40 frische bis 22.00,
wochenends bis 23.00

Holzhof: Bus 15
Parken: Hertie-Parkhaus und Holzhofparkhaus

Ein Jahr älter und wenigstens ein bißchen klüger. Obwohl er manchmal noch versucht ist, den Zigarrettentrick anzuwenden (vergleichen Sie bitte die Kurzreferenz in der letzten Ausgabe dieses Referateorgans öffentlich-gastronomischer Einrichtungen*) – eigentlich ein Euphemismus, ihn so zu nennen – kommt er schon wesentlich besser über die Runden. Lisa Zwanzig – er erinnert sich nur zu genau an sie, obwohl (oder gerade weil) sie ihm nur ein Wort gönnte, einen spöttisch-verletzenden Blick zuwarf (der ihn, wenn auch nur vor sich selbst, aber das macht es nicht weniger erniedrigend, völlig lächerlich machte) und verschwand – hat sich schon längst in die Kneipe verzogen, die vergeblich mit dem lächerlichen Ruf der nahen (leider nur angeblichen) Weltstadt die Leute anzulocken versuchte. Und wahrscheinlich treibt sie sich mittlerweile längst bei den armen Gecken gegenüber herum. So weit wird es mit ihm nicht kommen. Da lobt er sich nach wie vor die Durchschnittskneipe, unauffällig und mit leicht einzuschätzenden, durchschaubaren Menschen bevölkert. Touristen, d. h. eher die weiblichen, sind jetzt seine Spezialität. Und als neuerdings gesundheitsbewußter, nikotinfreier Mensch hat man natürlich leicht den interessanten Gesprächsstoff gefunden. Bedauerlich findet er nur, daß seine Einladungen zum Anschauen seiner Briefmarkensammlung seit geraumer Weile nicht mehr zu zünden scheinen. *dd*

* Gerne stellen wir Ihnen den ersten Teil dieses Fortsetzungsromans aus *Frankfurt zwischen Sekt und Selters* zur Verfügung.

Bier	3 Flaschen, 4 Fässer: der Ire, der Däne, der Berliner (3,00 - 4,80)
Wein	Bescheidenheit ist eine Zier (3,50-4,50)
Sekt und Schampus	Auch da (Gl. 4,50; Fl. 30-80)
Spirituosen	Hiervon gibt's schon mehr, Longdrinks (3,00-7,00)
Alkoholfreie Getränke	Das Übliche (2,50-5,00)
Heißes	Fast schon Minimalauswahl (2,50-5,50)
Essen	Nette Auswahl aus der Aquariumküche

Musik	Es popt
Spiele	Spiel mit deiner Nachbarin oder deinem Nachbarn
Lektüre	Mainzer Rhein-Zeitung, Mainzer Allgemeine, FR
Luft	Hier geht's
Hygiene	Könnte besser sein
Publikum	Mainzer Mischung
Service	Nett
Preisniveau	Ein kleiner Lichtblick

Mainz — SCHROEDER'S

SCHROEDER'S — Are You Experienced?

SCHROEDER'S
Rheinallee/Ecke
Illstraße 14
55118 Mainz
Tel. 0 61 31/60 45 19

Mo-Do 19.00 - 1.00
Fr, Sa 19.00 - 2.00
So 10.00 - 1.00
Küche bis 23.00

40 Sitzplätze
Ungezählte Stehplätze
– bis es voll ist
50 Plätze draußen bis 23.00

Feldbergplatz :
Bus 7, 16, 21
Parken: locker

Da sieht man mal wieder, was Gastronomen mittlerweile in verträumten Kleinstädten schon zustandebringen können. Zumindest die Ambiance der großen weiten Welt. Die Musik kommt aus England und Amerika, schweißen können wir selber. Eisenstühle, -hocker, -tische, grob, aber nicht unbehauen. Großmutters Kristallüstererbstücke beleuchten die schlichte ehemalige Zollhafenkneipe. Die schweren Jungs sind ausgeblieben. Auf, Matrosen, zur See.

Jetzt heißt es nur noch aufspringen auf den anderen Zug, mit Glockenhosen, stahlblumigen Anhängern und luftig gestrickten Umhängen. Kommt er wieder, der Geist von damals, den wir verzweifelt rufen? Jimi Hendrix thront über allen, und sein würdiger Nachfolger – Prince, wer sonst – hält sich auf der Damentoilette gar nicht sehr versteckt. Spricht es gegen ein Lokal, wenn seine Toiletten (zumindest beim ersten Besuch) zu einem der großen Themen werden? Ein Flur mit vielen weißen Türen und der Raum für Männer, den der Gast nur schwer findet – um am Ende dann doch nur mit leeren Händen dazustehen. Wenigstens ein wenig Madonna hätte man in einer Ecke erwartet. Da gehen wir beim nächsten Mal doch gleich direkt zu Prince. Oder doch lieber wieder zu Jimi in den Schankraum. Are you experienced? Redet noch jemand von Acid, Exstasy und Speed? Reden ja, vielleicht gar hier, aber nur bei Wasser und Limo – oder ausnahmsweise (und schlimmstenfalls) auch mal beim Bier. *dd*

Bier	Römer, Kölsch, Kutscher, Clausthaler (2,40-4,50)
Wein	Alle Farben: Portugieser Weißherbst, Dornfelder, Grauburgunder, das war's (4,50)
Sekt und Schampus	Schloß Wachenheim, Veuve Pellier (Fl. 30-60)
Spirituosen	Gute Auswahl, Longdrinks (4,00-6,00)
Alkoholfreie Getränke	Standards (3,00-5,00)
Heißes	Knapp ausreichend (2,50-5,00)
Essen	Hamburger & Co.

Musik	Modern
Spiele	Backgammon
Lektüre	Rheinzeitung, Boulevard & Co.
Luft	Geht beides ...
Hygiene	... in Ordnung
Publikum	Kids
Service	Wie's sein soll
Preisniveau	Geht auch noch

Mainz — WEINHAUS BLUHM

BLUHM — Ewig währt am längsten

WEINHAUS BLUHM
Badergasse 1
55116 Mainz
Tel. 0 61 31/22 83 54

Di-So 12.00 - 1.00
Küche bis 24.00

40 Sitzplätze
20 können locker stehen

Holzhof: Bus 15
Parken: am besten im Holzhofparkhaus

Es gibt Lokale, die sind so sehr Original, daß man es gar nicht merkt, wenn sie renoviert wurden. Die Wiener Caféhäuser – zumindest die richtigen – gehören in diese Kategorie. Und, auf seine Art, das *Mutter Bluhm*. (Womit es durch den Vergleich gewissermaßen geadelt wurde.) Die vor einigen Jahren verordnete Verjüngungskur ist also praktisch unmerkbar vorübergegangen. Nach wie vor ist das Weinhaus eine egalitäre Heimstatt der undogmatisch-antiautoritären Kneipengänger: Die Biertrinker fühlen sich genauso hier zuhause wie die Schobbepetzer. Diese Lokale – die unverändert-immerwährenden – stehen und fallen mit der Bedienung, und diese fällt nicht. Herz und Seele wurden somit nicht übertüncht; und alle, die schon seit anno '68 jung sind, fühlen sich nach wie vor sauwohl. Die Musikbox – Smokie und Supertramp, Abba und Bee Gees – mit dreißig Pfennig waren wir dabei. Heute steht sie still, so wie die Zeit hier stehengeblieben ist. Sich dem Trend zu schnieken Läden, die gutbetuchten Youngsters hochpreisige Säfte aller Art einzuflößen versuchen, nicht anzuschließen, ist fast schon eine noble Geste, deren sich aber die Anwesenden sicher nicht bewußt sind. Das Selbstverständnis, nicht hinterfragt, verbürgt die gewisse nostalgische Lebensart. So sind wir gewesen, so werden wir bleiben. Und ihr, die ihr euch damit nicht einverstanden erklären wollt, kommt besser gleich gar nicht hier herein. dd

Bier	Was der Biertrinker so begehrt: alle Arten (3,00-3,50)
Wein	Hausschoppen bis Rheingauer Riesling (2,50 -3,50)
Sekt und Schampus	Nachfragen
Spirituosen	Gute Auswahl (1,80-4,50)
Alkoholfreie Getränke	Grundausstattung (1,50-4,00)
Heißes	Kaffee, Tee (auch mit Rum), Glühwein, Apfelwein (2,00-4,50)
Essen	Den Umständen entsprechend deftig

Musik	Muß das sein
Spiele	Kicker, Billard, Schach, Skat
Lektüre	Gratisblätter
Luft	Es wird ausgiebig geraucht
Hygiene	Mittelprächtig
Publikum	Na, wenn das jetzt noch nicht klar ist
Service	Lotti und Tante Herta – besser kann es nicht sein
Preisniveau	Billiger geht's nimmer

Offenbach — CAFEHAUS WINTERGARTEN

Die Karte, bitte

CAFEHAUS WINTERGARTEN
Berliner Straße 77
63065 Offenbach
Tel. 0 69/88 01 38

Mo-Do 10.00 - 0.00
Fr, Sa 10.00 - 1.00
Küche 10.00 - 23.30

120 Sitzplätze
30 Stehplätze
70 Freiluftplätze

Herrnstraße: Bus 5, 6
Parken: ohne
Wutanfall machbar

Wofür ich die Karte möchte? – Nun ja, äh, ich schreib für einen Kneipenführer, weißt du – Nein, nicht der - -h, nein der auch nicht – *Frankfurt zwischen Sekt und Selters* – Was ich dann in Offenbach mache – Naja, wir wollten, weißt du, auch einige Offenbacher und Darmstädter und ... Bitte? – Ja, klar war ich schon mal hier, laß mich überlegen, äh, 1988 oder war's 1989, ich glaube ... Was? Ach, der Besitzer hat inzwischen gewechselt. Na dann. Aber die tausend Spiegel, die Palmwedel und diesen phallischen Lichttrichter da hinten, das habt ihr alles übernommen, oder? – Bitte? – Also, naja, „gefallen" ist vielleicht der falsche Ausdruck, äh, interessant würd ich sagen, 'n bißchen kitschig vielleicht, hier und da, aber ist ja auch egal ... Was? Live-Bands? Rock'n'Roll? Ja, wo bringt ihr die denn unter? – Ah, da hinten, in der Nähe vom Grammophon – (Auch ne Idee: Elvis zwischen Bistrotischen, komische Vorstellung) – Bitte? Nein, nein, ich hab nur laut gedacht; ich mach mich dann mal auf die Socken – Was kriegste denn für das Kilkenny? – Nix? – Also, das nenn ich günstig. Eine Frage vielleicht noch: Kann ich die Karte jetzt haben? Das ist furchtbar lieb von dir. Ciao. *jö*

Bier	Bit, Kilkenny, Guinness, Diebels, Weizen (3,20-6,40)
Wein	Mainzer Domherr bis Beaujolais (5,00-7,50)
Sekt und Schampus	Mumm, Metternich, Moët & Chandon, Veuve Clicquot (Fl. 50-240)
Cocktails	Lemon Trip, Reggae Milk, Easy Rider (7,50-13,00)
Spirituosen	Das Übliche (5,00-7,00)
Alkoholfreie Getränke	Minimal-Auswahl (3,50-4,00)
Heißes	Café Impérial, Café Napoleon, Schwyzer Café usw. (3,00-8,00)
Essen	Frühstück, Pasta, Franz. Baguettes, Fitnessbrot, Salate

Musik	Elvis und Konsorten, Soul und Oldies
Spiele	Hier wird allenfalls geschauspielert
Lektüre	Focus, PM, Bunte, Offenbach Post, FR
Luft	Bei so vielen Pflanzen 1a-Qualität
Hygiene	Bloß nicht krümeln
Publikum	Wer sehen und gesehen werden will
Service	Fiel nicht unangenehm auf
Preisniveau	Haarscharf an der Toleranzgrenze

Offenbach — **FIRLEFANZ**

Wohnzimmer mit Stammkundschaft?

FIRLEFANZ
Kirchgasse 29
63065 Offenbach
Tel. 0 69/81 30 90

Mo-So 9.30 - 1.00
Küche 9.30 - 23.30

60 Sitzplätze
10 Stehplätze
36 Freiplätze bis 22.00

Herrnstraße: Bus 5, 6
Parken: mit Ausdauer machbar

Ja, was soll nun das darstellen? Ein Frühstückscafé mit Holzwurmtresen? Eine Salatbar mit Gewächshausatmosphäre? Ein Wohnzimmer mit Stammkundschaft? Oder wie? Das ist vielleicht ein Firlefanz, sag ich euch – wer soll denn da noch durchblicken? Versuchen wir's der Reihe nach: Der Salat und die Baguettes haben durchaus Beachtung verdient, das Bier war zu warm – aber das lag an der defekten Kühlanlage – und draußen zumindest haben wir uns wohl gefühlt. So. Und nun? Nun wird's schwierig. Nehmen wir zum Beispiel jene, die es bis an die Bistrotische in der Kirchgasse verschlägt. Mit denen verhält es sich wie mit Kraut und Rüben. Einheitslook? Von wegen. Klassifizierung unmöglich. Oder nehmen wir die mutige Selbstbezichtigung des Cafés (der Kneipe? der Bar?) als „Galerie": Kunstexponate ließen sich beim besten Willen nicht erblicken – Stilrichtung und Qualität entziehen sich somit der subjektiven Einschätzung des Betrachters. Wie uns jedoch zu Ohren kam, wird im *Firlefanz* „verstärkt Jazz" gespielt? Jazz? Ja, ja, ganz recht, diese Nicht-Melodien, die vorzugsweise aus rauchigen Kellergewölben kriechen. Nichts davon im Firlefanz: Dieser Laden ist weder rauchig, noch hat er einen Keller – von einer Bühne ganz zu schweigen. Das Thema „Literatur" wollen wir an dieser Stelle aussparen, wozu die Ratlosigkeit noch vergrößern. Was man von diesem Laden halten soll? Gehn's, fragen's halt jemand andren. *jö*

Bier	Jever, Budweiser, Maisel's Hefeweizen und Kristall v.F., Diebels (3,50-6,80)
Wein	Süffige Sachen aus halb Europa (2,80-7,20)
Sekt und Schampus	Mumm, Schloß Wachenheim, Moët & Chandon, Pommery (Fl.39-90)
Cocktails	Bettina Spezial, Eiswasser, Langer Kurzer (6,50-12,50)
Spirituosen	Viel Whiskey, viel Brandy, viel Geist (4,00-6,00)
Alkoholfreie Getränke	Die übliche Auswahl (2,50-5,00)
Heißes	Große Teeauswahl, Ovomaltine, Kaffee (2,50-5,00)
Essen	Üppige Salate und Baguettes, Frühstück

Musik	Querbeat, Schwerpunkt Jazz
Spiele	Schach, Backgammon, Karten, Würfel
Lektüre	Offenbach Post, FR, Journal Ffm., az
Luft	Es läßt sich aushalten
Hygiene	Keine Beanstandungen
Publikum	Schwer zu sagen, kreuz und quer
Service	Bemüht und freundlich
Preisniveau	Bei den Portionen absolut okay

Offenbach — HESSISCHER HOF

Häßliches Entlein

HESSISCHER HOF
Bismarckstr. 177
63067 Offenbach
Tel. 0 69/81 36 11

Sommer
So-Fr 20.00 - 1.00
Winter
So-Fr 19.00 - 1.00
Warme Küche bis 24.00

70 Sitzplätze
40 Stehplätze

Hauptbahnhof: S7, S8
Parken:
Ein zweifelhaftes Vergnügen; zu Innenstadt-Parkhäusern ist es 1 Kilometer

Um Gottes willen, wo schicken die mich denn da wieder hin? Hessischer Hof, Offenbach. Spontane Reaktion: Das ist doch wie zwei Computerviren auf einmal, und warum muß ausgerechnet ich den Laden testen? Wenn mir dann noch ein alter Offenbacher sagt: „Im Volksmund heißt das Ding 'Häßlicher Hof', dann ist die Sau doch eigentlich schon im Trog und der Käs' gessen. Wohlan: dem schweren Herzen einen Stoß gegeben und mit Survival-Ausrüstung bewaffnet: Schreibkram (ist klar), Mut (sinnlos, auch klar), Lederjacke (schützt), Auto (ist schneller), Freundin (zum Festhalten). So, und jetzt lieber Leser, ist genau der Moment in der Story gekommen, für den ich den ganzen Unfug verzapfe und auf den auch Du wartest. Also: Kommando kehrt, Marsch. Es ist alles ganz (!) anders. Ehrlich. Natürlich wirft einem da kein Kleinstadt-Bocuse die gebratenen Wachteln für zwofuffizch nach, so net. Aber dieses häßliche Entlein hat genau das, wonach so mancher in anderen, schickeren Kneipen schon oft vergeblich gesucht hat, um dann mangels Besserem trotzdem zu behaupten: „Der Laden hat Atmosphäre." Vielleicht mögen's andere ja auch anders. Kann sein. Ich jedenfalls habe eine Schwäche für hohe, kahle Wände von blasser Farbe, Kabel auf Putz und flache 50er-Jahre-Lichtbeulen, roh hingenagelt, alte Holzfenster – alles ein bißchen bröckelig. In Frankfurt wäre das eine Goldgrube, während hier über der Tür des kollektiv geführten Unikums sowohl symbolisch als auch wortwörtlich der Pleitegeier hängt. *ask*

Bier	Weizen, Guinness, Alt, Pils und Ex (2,40-4,50)
Wein	Kontrolliert biologisch (Gl. 4,30-6,00; Fl. 20-23)
Sekt und Schampus	G.F. Cavalier (Gl.3,80; Fl. 22)
Cocktails	Normale Aufmerksamkeiten (7,00-10,00)
Spirituosen	Man gönnt sich ja sonst nichts – Nicaragua-Rum (2,50-6,00)
Alkoholfreie Getränke	Saft aus Bioanbau, Sprudel für 1 (eine) Mark (1,00-2,60)
Heißes	Nica-Kaffee, Tee, heißer Ebbler (1,80-2,70)
Essen	Baguettes, Salate und (kleine) Tageskarte

Musik	Je nachdem, wer die Cassette einlegt
Spiele	Flipper, Schach, Backgammon und Spielesammlung
Lektüre	FR, Konkret, linke Szeneblätter Rhein-Main
Luft	Viele Fenster zum Aufmachen
Hygiene	Der Laden hat Vergangenheit, die Klos auch
Publikum	Linke Szene von jung bis alt,: Nächtliche Dépendance der HfG (Hochschule für Gestaltung)
Service	Kollektiv herzlich
Preisniveau	Wer meckert, ist selbst schuld

Offenbach — MTW

Und täglich grüßt die Disco

MTW MUSIKTERRASSEN WIKING

🍷🍷🍷🍷

**MTW
MUSIKTERRASSEN
WIKING**
Nordring 131
63067 Offenbach
Tel. 0 69/81 42 22

Di 21.00 - 2.00
Mi 21.00 - 3.00
Do 21.00 - Open end
Fr, Sa 22.00 - 4.00
Küche nur bei Parties

80 Sitzplätze
500 Stehplätze
300 Terrassenplätze
bis Betriebsschluß

Öffentliche
Verkehrsmittel:
Sieht schlecht aus,
dafür gibt's reichlich
Parkplätze vor der Tür

Sonntag, 6. Juni: War im *MTW*, die Nacht bewegen. Viele Menschen dort, oft noch sehr jung, viele Gesichter, keine Namen. Bei so guter Musik muß ich mich nicht unterhalten. Alkohol, Nikotin und laute Musik.
Montag, 7. Juni: Geschlafen, aufgewacht, geschlafen, aufgewacht, elendes Leben ... (später:) Verdammt! Stand in Offenbach vor verschlossenen Türen. Das ist heute nicht mein Tag.
Mittwoch, 9. Juni: Es ist 1 Uhr morgens. Der neue Tag hat gerade begonnen. Vor einer Stunde ist der alte im Main ertrunken. Auf den Terrassen des *MTW* gibt's für diese Vorstellung Logenplätze.
Donnerstag, 10. Juni, 22 Uhr: Kaum wechselt die Musik, wechseln auch schon die Gäste. Definieren sich Menschen über Musikstile? Bei „Abba bis Zappa" (hübscher Einfall) J. getroffen. Geredet, getanzt, gelacht, geflirtet, getanzt, getrunken, geschwiegen, getanzt, gesungen, geschmust, getanzt, geliebt – das Leben ist wunderbar.
Donnerstag, 10. Juni, kurz nach 23 Uhr: Habe das *MTW* fluchtartig verlassen. Uffz-äffz-uffz-äffz-uffz-äffz...ist Techno wirklich die einzige Antwort auf Rex Gildo? Werde diese Disco ab sofort meiden.
Sonntag, 12. Juni: Zwischen Denken und Handeln liegt das Meer, sagt ein chinesisches Sprichwort. War auch die letzten beiden Nächte wieder in der Disco. Im Flimmerlicht Jungs, die ihre langen Mähnen zur Musik schütteln – ein aufreizender Anblick. Bis Dienstag aber endgültig Entzug. Werde durchschlafen. *rea*

Bier	Römer v.F., Biere für Flaschenkinder auch alkfrei (1,80-4,50)
Wein	Ein Weißer, ein Roter, ein Weißherbst (4,50-5,00)
Sekt und Schampus	Nur für teure Freunde: Graeger und die Witwe (Fl. 34-110)
Cocktails	Wie wär's statt dessen mit einem Kir Royal? (4,50-6,00)
Spirituosen	
Alkoholfreie Getränke	Von Abba bis Zappa (2,50-5,00)
Heißes	Kraftmalz macht müde Tänzer munter (1,50-3,00)
	Für Kaffee und Espresso gilt dasselbe (2,50-3,50)
Essen	Leckeres auf den angeschlossenen Mainterrassen

Musik	Variiert täglich in gesprächstötender Lautstärke
Spiele	Wettbewerb: Wer hat die längsten Haare
Lektüre	Wer will denn in der Disco lesen?
Luft	Für eine Disco sensationell
Hygiene	Es ist eh dunkel
Publikum	Variiert mit der Musik
Service	Die haben ein unglaubliches feines Gehör
Preisniveau	Absoluter Low-Budget-Laden

Offenbach   **STRANDBUS**

Irisch-lyrisch

♟♟♟♟♟	Oben, geräuschlos, die Fahrenden: Aran Islands. Unten, nach allem, wir,
STRANDBUS Bettinastr. 24 63067 Offenbach Tel. 0 69/88 23 18	zehn an der Zahl, das Strandvolk. Die Zeit, wie denn auch nicht, sie hat auch für uns eine Stunde, hier, im *Strandbus*.
Mo-Sa 22.00 - 4.00 So 24.00 - 4.00 Die vier Hausgerichte gibt's durchgehend	Der Fremde, willkommen, woher, der Gast. Sein triefendes Kleid. Sein triefendes Auge.
40 Sitzplätze Wieviele Leute passen in einen Bus? Keine Freiluftplätze	(Erzähl uns von Irland, von – Zähl und erzähl. Guinness: welch ein Wort.)
Bettinastraße: Bus 46 Park and Ride	Sein Kleid-und-Auge, er steht, wie wir, voller Nacht, er bekundet Einsicht, er zählt jetzt, wie wir, bis zehn und nicht weiter.
	Oben, die Fahrenden werden hörbar. *rea*
Bier **Wein** **Sekt** **Spirituosen** **Alkoholfreie Getränke** **Heißes** **Essen**	Guinness, Tuborg, Henninger Dunkel, Weizen (3,50-7,00) Bei den Iren gilt auch Apfelwein als Wein (2,50-5,00) Mumm (Fl.45) Cola gibt's mit Bacardi, Cognac oder Whisk(e)y (alle 8,00) Die Auswahl bestätigt sämtliche Vorurteile über irische Trinkgewohnheiten (3,00-8,00) Wasser, Limo, Saft, Ginger, Lemon, Tonic (2,00-3,00) Rindswurst, Toast und Zwiebel-Schmalz-Knäcke (3,00-4,00)
Musik **Spiele** **Lektüre** **Luft** **Hygiene** **Publikum** **Service** **Preisniveau**	Romantische Reggae-Blues-Folk -Mischung Ein Parfumautomat! Offenbacher Blättchen Sensationelle Klimaanlage Obwohl's ein Bus ist, keine Kaugummireste Nachteulen, Harley-Davidson-Fahrer, Irlandfans Eric und Heinz muß man erlebt haben Angemessen. Ab 1 Uhr ist alles ne Mark teurer

Offenbach — WÜRTTEMBERGISCHE WEINSTUBE

Wie dehaam – nur scheener

WÜRTTEMBERGISCHE WEINSTUBE
Taunusstr. 19
63067 Offenbach
Tel. 0 69/88 42 56

Mo- Fr 18.00 - 1.00
Sa 19.00 - 2.00
SO 19.00 - 1.00

90 Sitzplätze
60 Stehplätze
40 Freiplätze bis 23.00 Uhr

Ludwigstraße/
Ledermuseum:
Straba 16
Ludwigstraße:
Bus 46, 121, 122
Parken: Harte Aufgabe, mit dem Radl bist du der King

Horsch e ma. Uns is ja was passierd, des glaubsde afach ned. Wie mei Fraa un isch ledzd Woch, mir ham doch neue Rädä, also mer hadde uns üwerlescht am Maa elangzefahn, wos ned so steil is. Nachm Logal hadde mer uns vorher erkundischt. Wöddembergisch Weinstubb, hörd sisch doch gut a, wemmers gemühdlisch habbe will. Also mache mer vobbei am Eiserne Stesch de Maa runner bis bei die Offebäschä. Da gings e Stüggschä vom Maa weg in die Stadd enai. N rischdisch Schild hadde se ned vor de Dür. Mer hams uns nur gedacht wesche de viele Rädä ande Wand, un de Tisch un Stühl un de bunde Lämbschä hinne im Hof. S Esse war ja ned schleschd, kammä ned sache. Nur hadde se hald kaa Schnidzl un kaa Bradworschd. Aber mir n oddentliche Doschd. De Äbbelwoi wa vielleischd billisch. Un jeds kommts: mer wussde gah ned, wo mer uns hihogge solle, da warn nur so Gestalde mit so schlabbrische Klammodde aa. Hald lauter so Studendeköpp. Un wie mer nachher n paa Schobbe gepetzt hadde, mussd isch emol enai in die Stubb, weisst schon warum. Da habbe die so e modähnes Gemälde an de gannse Wand bis unner die Degg. Mein liebä Mann! Un so e ulkisch bundisch Thek. Un, wenn de ma bei dene zuhörsd, wo se all gewese sin un wo se hiemache wolle. Des is schon eschd verriggd. De aane haddn Tauchkors in Ägybbde gemacht, de annä wa inne Törkei und de nächsde will sofodd ummziehe. Da werd eim ganns schwindlisch vom Zuhörn. Mir uff jedn Fall wars e bissje schummrisch, isch glaub aber vom Äbbelwoi. *fat*

Bier	Hefeweizen (3,50-4,50)
Wein	Auch ausländische Rote und Äppler (1,80-6,00)
Sekt	9 Mark muß man für den Piccolo schon hinlegen
Spirituosen	Es lebe der Obstler! (2,50-6,50)
Alkoholfreie Getränke	Ist das hier wichtig?
Heißes	Wo gibt's sonst noch nen guten Kaffee für 2 Emmchen?
Essen	Die Tageskarte erzählt die Geschichte vom kleinen Portemonnaie und dem großen Hunger

Musik	Live alle 2 Wochen, sonst Pop und Soul
Spiele	Das verrückte Labyrinth, Schach, Backgammon, Karten
Lektüre	Die Solidaritäts-TAZ
Luft	Gute Offenbacher Luft
Hygiene	Wird von einer Profitruppe besorgt
Publikum	WGlerInnen und deren FreundInnen
Service	Auch bei vollem Haus überzeugende Arbeit, sonst sowieso
Preisniveau	Für überzeugte Nebenbeiberufler

Offenbach — WUNDERTÜTE

Es muß nicht immer Rick's Café sein

WUNDERTÜTE
Goethestr. 19
63067 Offenbach
Tel. 0 69/81 44 37

Mo-So 18.00 - 1.00
Warme Küche ist geplant (Besitzer hat noch ein Restaurant)
Kalte Küche bis 23.00

90 Sitzplätze
40 Stehplätze
70 Freiplätze bis 22.00

Lilistraße: Bus 46
Für Wanderer geeignet, auch Parkhäuser der Innenstadt sind weit

Bei dem Wort „Klassiker" denke ich zuerst mal an Casablanca und so Zeug: Bergman, Bogie, Schwarzweiß, ein bißchen Regen und am Ende diese wundervollen Sätze. Nun ist Offenbach nicht Casablanca, und Bogies und Bergmans haben sie da auch nicht scharenweise rumlaufen. Aber für Offenbach tut's die *Wundertüte* durchaus als Klassiker-Ersatz. Was für den verwöhnten Frankfurter nicht viel heißt – normalerweise. Hier kann er ruhig mal eine Ausnahme machen, zumal wenn er das Bedürfnis hat, sich in einer Kneipe mal so richtig heimisch zu fühlen. Denn die *Tüte* ist seit locker zwölf Jahren Anlaufstelle für alles, was laufen kann in OF. Da ist schon der kleine Bruder von der Freundin der Bedienung, die immer noch hinterm Tresen rumwerkelt, hingegangen, und er tut's heute noch. So ist das eben. Da dürfen auch die Frankfurter ruhig mal von ihrem hohen Roß runterkommen (wo haben sie das überhaupt her?) und sich eine richtig nette Kneipe in Offenbach begeben. Wenn nicht, tja, wenn nicht der Weg eigentlich zu weit wäre und ... äh ... und was den Mainmetropolisten außerdem noch an Argumenten einfällt, wenn irgend etwas nicht in ihren Dickschädel rein soll. Es soll jetzt bestimmt kein Trend Richtung Offenbach (Let's go east) ausgerufen werden, aber ein wenig von der Kleinstadt nebenan kommt schon an. Was sich auch über das Publikum sagen läßt. Denn bei Bodo kommt alles in die Tüte – „außer Reps", wie er sagt. *ask*

Bier	Pfungstädter, Gatzweiler, Hefeweizen (4,00-5,50)
Wein	Weiß, weiß, weiß sind alle drei Weine (5,00)
Sekt und Schampus	Schon etwas ausführlicher – Freixenet, Perriet, Moët Chandon (Fl. 35-80)
Cocktails	Locker aufgemischt, sagt die Karte (8,00-9,00)
Spirituosen	Für Trinker, die wissen, was sie wollen (3,50-6,00)
Alkoholfreie Getränke	Das Übliche plus Bananen- und Ananassaft (2,50-3,50)
Heißes	Tass Kaff (3,00)
Essen	Bistro-Happen und eine formidable Käseauswahl

Musik	Satter Sound in vielen Farben, Glotze läuft ohne Ton (Sound and vision)
Spiele	Flipper und Pfeilewerfen, Schach und Backgammon
Lektüre	AZ, Journal und Infobroschüren
Luft	Wie eine Kneipe sein muß
Hygiene	Ebenso. Auf dem Klo ist das Fenster rechtzeitig offen
Publikum	Alles außer Reps und ein paar anderen Randgruppen
Service	Schwerer Kampf, aber humorvoll geführt
Preisniveau	Wer glaubt, auf dem „Land" sei es billig, liegt falsch

Wiesbaden — BASEMENT

Darauf kann man aufbauen

BASEMENT

ЇЇЇЇ

BASEMENT
Schwalbacher Str. 47
65183 Wiesbaden
Tel. 06 11/30 47 57
(meist abgestellt)

So, Mi, Do 21.00 - 1.00
Fr, Sa 21.00 - 2.00

20 Sitzplätze
150 Stehplätze

Platz der deutschen Einheit:
Verschiedene Linien
Parken:
lieber nicht;
PH Schwalbacher Str. ist am Wochenende bis 3.00 Uhr geöffnet

Er steigt die schmale Treppe hinab und ist froh, einen der wenigen Hocker am Tresen zu ergattern. Er geht oft hierher, liebt diesen düsteren, kargen Ort, wo alles Überflüssige sorgsam gemieden wird – nur die Stahltheke ist mit einem direkt aus ihr sprießenden Kleinbiotop liebevoll gestaltet. Auf die gegenüberliegende Wand geworfene Farbmuster interessieren ihn nicht. Aus dem Augenwinkel nimmt er die Herumhüpfenden wahr, die in ihren Schlabberhemden einen engen Kreis bilden. Nein, zum Tanzen hat er keinen Bock. Will nur herumsitzen, sich vollknallen mit Bier und Musik, entspannen, die Gedanken schweifen lassen. Von der Klettertour in Nepal träumen. Einen kurzen Moment fixiert er die Dunkelhaarige neben dem DJ-Pult, stellt sich vor, mit ihr zu tanzen, richtet seinen Blick aber wieder auf die vor ihm aufgebaute üppige Flaschenfront und bestellt ein weiteres Bier.

Sie schwitzt, was das Zeug hält, lehnt sich zur Abkühlung kurz an die Musiktheke. Ist echt super hier, nicht so'n blöder Discosound, halt geil zum Tanzen. Was glotzt der Typ da vorne so blöd? Überhaupt sitzen da am Tresen recht jämmerliche Gestalten, lauter lonely Cowboys, deren Köpfe schon halb im Bierglas hängen. Gute Laune hat da schon eher der Kellner mit seinem sonnigen Maklerface, der dennoch seine Kundschaft gerne mal beschimpft – aber nicht zuletzt deswegen sind sie doch alle hier, oder? Sie mischt sich im Hinterzimmer unter die Traube am Flipperautomat. Ihr weißes T-Shirt leuchtet im Schwarzlicht. *fat*

Bier	Kirner Pils v. F. (4,00), Maisel's Weizen (6,00)
Wein	Wer trinkt hier Wein? Apfelwein gibt's (3,50)
Sekt	Hausmarke, Mumm (Gl. 6,00-7,00)
Spirituosen	Gin Tonic in der „richtigen" Mischung! (10,00)
Alkoholfreie Getränke	Nichts Exzeptionelles (3,00-3,50)
Heißes	Braucht's nicht
Essen	Siehe oben

Musik	Disco-Sound wird sorgfältig gemieden
Spiele	Flipper
Lektüre	Boulevard und Strandgut sollen irgendwo herumliegen
Luft	Den Umständen entsprechend
Hygiene	Gerade noch okay
Publikum	Kids, Querbeet, donnerstags die alten Hasen
Service	Geht auch ohne übertriebene Freundlichkeit
Preisniveau	Völlig in Ordnung

WIESBADEN — CAFE KLATSCH

Kampfbereit

CAFE KLATSCH
Marcobrunnerstr. 7
65197 Wiesbaden
Tel. 06 11/44 02 66

Di-Sa 9.00 - 1.00
So 10.00 - 19.00
Küche 9.00 - 23.00

70 Sitzplätze
100 Stehplätze
20 Freiplätze bis 22.00

Dreiweidenstr./
Klarenthalerstr.:
Bus 4,7,11,12
Vor dem Lokal parken Kreative, Ellenbogenbestückte, Vermögende – die Polizei findet auch immer einen Platz

Unsere jahrelangen Warnungen: „Wehret den Anfängen!" sind in den letzten Wochen und Monaten auf entsetzlichste Weise durch die niederträchtigen Mordanschläge auf unsere ausländischen FreundInnen, KollegInnen, NachbarInnen gerechtfertigt worden. Die Diskriminierung unseres antifaschistischen Engagements als den Staat gefährdendes Chaotentum und Terrorismus wird an Zynismus noch um Längen durch die Ablenkungskampagne von Politikern aller Parteien übertroffen, die das Asylproblem in der BRD zum „Scheinproblem" erklären. Der Staat verbündet sich lieber in äußerster Dreistigkeit mit den Faschisten, indem z.B. der Polizeieinsatz während des Angriffs auf das Asylantenheim in Rostock mit den rechtsradikalen Kräften abgestimmt oder gar, wie in Berlin bei der Sondereinsatztruppe, aus solchen Kreisen rekrutiert wird. Mit der heuchlerischen Asyldebatte kann die Politikerclique nur von ihren eigenen Skrupeln abzulenken versuchen, die sie angesichts skandalösester gesellschaftlicher Mißstände befallen muß. Die Politikerkaste weiß diesen Problemen nur eine von Verzweiflung, Verantwortungs- und Hilflosigkeit geprägte vage Hoffnung auf wirtschaftliche Expansion entgegenzusetzen. Wir sind dem *Café Klatsch* seit Jahren in Dankbarkeit verbunden, weil hier politisches Engagement nicht zum Krampf wird. Wir fordern jedoch vom Cafékollektiv, daß es sich nicht zu eigennützigen Zwecken mißbrauchen läßt und die Wünsche nicht nur der jüngsten Gäste ernstnimmt. Vielen Dank und auf Wiedersehen. *fat*

Bier	Michelsbräu, Gatzweilers Alt, Bio Pils (2,20-4,80)
Wein	Der Äppler u. weiß/rosé/rot, zum Teil bio (5,00-5,50)
Sekt	Verschämte 0,1 und üppige 0,75l (Gl. 4,50; Fl. 25,00)
Cocktails	Das Übliche; some Longdrinks (6,00-7,50
Spirituosen	Das Nötigste ist allemal dabei (4,00-7,00)
Alkoholfreie Getränke	Wässerchen, Fruchtiges und Gesundes (2,30-3,50)
Heißes	Kaffee natürlich aus Nicaragua; Tee (2,00-6,50)
Essen	Vom Frühstückchen bis Hoch-hinaus

Musik	Nur kein Disco, keine Charts, sonst alles dabei
Spiele	Schach, Backgammon
Lektüre	Örtliche Tagespresse, FR, TAZ, linkspol. Zeitungen
Luft	Echt super, ey!
Hygiene	Nun ja ...
Publikum	Der Geschäftsmann sitzt zwischen dem Punk, Frau Maier und der Frauenfraktion
Service	Lässiger Is-schon-okay-Stil
Preisniveau	Echt günstig

AUSLÄNDER RAUS!
Eine Initiative von
ars vivendi verlag
und
WMS&S Kommunikation
Aktion gegen
Ausländerfeindlichkeit

Wiesbaden — CAFE MALDANER

CAFE MALDANER — Dauerbrenner

ΥΥΥΥ

CAFE MALDANER
Marktstraße 34
65183 Wiesbaden
Tel. 06 11/30 02 36
und 30 52 14

Tägl. 9.00 - 22.00

200 Sitzplätze
50 Freiplätze

Friedrich-Wilhelm-Str.:
Bus 1, 2, 5, 7, 8 ...
Parkplatz kann
gefunden werden

Einsamkeit hat viele Namen, viele Namen, doch einen nur für dick: Konditorei-Café. Was in Wien nach wie vor seltene Urständ feiert und nun auch in Prag oder Budapest (Budapest, ja, da möcht' ich wieder hin, viel lieber als nach Wien) schon leichter zu entdecken ist, gibt es hier seit 1859. Bevölkert von Rentnern und Rentnerinnen, Schülern und pausierenden Werktätigen, also einfach jedermann, hat sich das *Maldaner* mit seiner antiquierten Einrichtung seinen Stil bewahrt. „Bitte einzeln eintreten", warnt das Schild vor den einstmals noch unbekannten Gefahren der Drehtüren und Paternoster (erstere gibt es wirklich, letztere stammen aus der Zeit, als erstere aufkamen) und signalisiert dem neuen Gast zugleich Abstammung und Würde dieses Etablissements. „Ältestes Kaffee am Platz", informiert diskret das Zuckerpäckchen und fordert auf, sich endlich der schier endlosen Auswahl an Süßem so lange zuzuwenden, bis die Kalorien derart drückend den Verdauungsspaziergang anmahnen, daß man langsam schlendernd durch die Drehtür schwindet. Mehr als einer hat hier nun wirklich nicht Platz.

„Ach Nino Angelo – ich denk an dich – vergiß mich nicht", weint der für diese Stätte hypermodern anmutende Schlager aus den fünfzigern zum Abschied noch hinterher. Wie könnte man! *dd*

Café Maldaner – ein Stück
Herr: Guten Tag, darf ich bitte jemanden aus der Geschäftsführung sprechen?
Kellnerin *(deutet unbestimmt in den Raum):* Da hinten ist sie.
Herr: *(blickt erstaunt und ratlos durch das Lokal)*
Kellnerin: Da hinten!
Aus einer gerontologisch interessanten, weiblichen Gruppe wird eine übermäßig breite Frau auf das Geschehen aufmerksam. Der Herr begibt sich zu ihr.
Herr: Guten Tag, ich bin vom ars vivendi verlag ...
Frau *(herrscht ihn an):* Was woll'n Sie?!
Herr: Guten Tag, ich komme vom ars vivendi verlag. Wir machen einen Gastroführer, und ich würde Ihnen gerne ein paar Fragen stellen.
Frau: Heute ist Samstag, da geht das nicht.
Herr: Wann darf ich Sie vielleicht mal anrufen und ...?
Frau *(unterbricht ihn):* Da muß ich erst was sehen ...
Herr: Ich kann Ihnen gerne ein Exemplar ...
Frau *(wiederum unterbrechend):* Da muß ich erst was sehen.
Herr: Selbstverständlich, wie ...
Frau: Weil, wenn ich das nicht seh, kann ich nichts sagen.

Wiesbaden — **CHAT D'OR**

Glanz und Gloria

CHAT D'OR
Westendstr. 24
65195 Wiesbaden
Tel. 06 11/40 62 62

So-Do 10.00 - 1.00
Fr, Sa 10.00 - 2.00
Küche nonstop bis 24.00

70 Sitzplätze
30 Stehplätze
15 Freiplätze
bis 24.00

Seerobenstr.:
Bus 1, 8
Parken: notfalls
Parkplatz Elsässer Platz

Ein Blick ins Lexikon kann zum Verhängnis werden: Tschador!? Klingt gut, denkt sich der frischgebackene Caféhausinhaber auf Namenssuche, das heißt doch Schleier. Wirkt schön mystisch. Prima. Und er nennt seine Cafékneipe *Tschador*. Bald schon steht die feministische Fraktion der Fachhochschule auf den Barrikaden, schließlich sei „Tschador" die Bezeichnung für den Schleier in arabischen Ländern und somit Symbol für die Unterdrückung der Frauen in der islamischen Welt. Selbst die Presse schaltet sich ein. Aus *Tschador* wird *Chat d'or*, klingt schließlich fast genauso. Einige Damen sind immer noch nicht zufrieden – „Goldkatze, Goldmuschi ..." – aber der Name bleibt.

Schließlich hat der Name auch nichts mit Stil und Ambiente des Cafés zu tun – der verschleierte Tuareg im Eingangsraum hängt dort rein zufällig und wahrscheinlich nicht mehr lange. Kunst, Design und farbliche Gestaltung werden hier ganz groß geschrieben, das belegen schon die außergewöhnlichen Rundungen der schwarzen Theke und einer türkisfarbenen Bildplastik. Dahinter stehen kraftvolle ästhetische Konzepte ebenso junger wie professioneller Designer von Art & Work. Im durchgestylten Mittelraum sitzt man buntgemischt beim Sonntagsfrühstück zu den Klängen von Vivaldis Vier Jahreszeiten auf Stahlmobiliar im Steinzeitlook und kann, sollte man einmal etwas warten müssen, die Stahlskulpturen an der Wand betrachten. Unter der Woche trifft sich hier überwiegend das Stammpublikum aus der Nachbarschaft, den umliegenden Schulen und der Fachhochschule – dann rockt's und popt's in den gestylten Räumen. *fat*

Bier	Pils, Weizen, Clausthaler (3,50-5,00)
Wein	Apfelwein bis italienischer Qualitätswein (2,50-5,00)
Sekt	Hausmarke, Mumm (5,00-30,00, je nach Größe)
Spirituosen	Alle Wünsche werden erfüllt (4,00-10,00)
Alkoholfreie Getränke	Jede Menge Säfte, Shakes und anderes (2,50-5,00)
Heißes	Kaffee-, Milch- und Teevariationen, heißer Äppler (2,50-6,50)
Essen	Rund ums Frühstück und andere Kleinigkeiten

Musik	Wochentags Crossover, sonntags Klassik
Spiele	Backgammon, Karten
Lektüre	Tagesaktuelles aus der Region, Spiegel, Stern
Luft	Okay
Hygiene	Stimmt
Publikum	Überwiegend aus der Nachbarschaft, sonntags von überall her
Service	Bewahrt trotz großen Andrangs einen kühlen Kopf
Preisniveau	Angemessen

Wiesbaden — DAILY

DAILY Casablanca

DAILY
Goldgasse 6
65183 Wiesbaden
Tel. 06 11/30 66 62

So-Do 12.00 - 1.00
Fr, Sa 12.00 - 2.00
There is no kitchen

30 Sitzplätze, mindestens so viele stehen lieber 20 Voyeursstühle bis 24.00

Webergasse:
Bus 1, 8
Auch wenn es ein Stückchen ist: das Parkhaus Schwalbacher Str.

Hey Kleines! Ich betrachte dich seit Tagen schon, den ganzen Abend lang, bis der Laden dichtmacht, du süßes, galaktisches, hyperplanetarisches Geschöpf. Du stehst wie immer, wenn ich dich hier sehe (und ich komme täglich her, um dich anschauen zu dürfen) da an dem Tisch, schlürfst einen Cocktail nach dem anderen, rauchst Kette und blinzelst transzendierend an mir vorbei. Mein Trost: auch die anderen Typen siehst du nicht. Als befändest du dich auf einer außerirdischen Umlaufbahn oder auf einem fremden Planeten. Und immer kommst du alleine und gehst auch alleine, ohne auch nur ein Wort mit irgendjemandem gewechselt zu haben. Hey, Süße, kannst du nicht mal einen Augenblick, und wenn es nur ein Lichtsekündchen ist, das an mir vorbeifliegt und mich zärtlich streift, deine haselnußbraunen Augen in mein Blickfeld werfen? Ich weiß ja, man muß hier so tun, als wenn einen nichts interessieren würde, ja, man muß cool bleiben, kein Gefühl preisgeben, einfach nur dastehen und sich von der dröhnenden Musik berauschen lassen, den Blick höchstens auf den leuchtenden Mond hinaufrichten oder auf die Sonne, aber mir kannst du doch einen Augenblick deine Seele schenken, Süße. Ich werd' dich auch nicht dumm anquatschen, bestimmt nicht. Es ist sowieso zu laut hier. Aber um eines bitte ich dich, ich flehe dich an: Schau mir einmal in die Augen, Kleines. *duc*

Bier	Königsbacher v. F., Diebels Alt (3,50-5,00)
Wein	Soave secco (3,50-5,00)
Sekt und Schampus	Schloß Wachenheim, Mumm (Fl. 45)
Cocktails	Wenig, dafür aber extravagant (7,50-12,00)
Spirituosen	All, what is important (4,00-7,00)
Alkoholfreie Getränke	Seven up und Säfte (3,50-4,50)
Heißes	Café Crème, Cacao (3,50-4,00)
Essen	Hey Mann, das ist kein Müslishop und schon gar kein Restaurant

Musik	Je dröhniger, desto besser
Spiele	Spielen könnt ihr im Sandkasten …
Lektüre	… und Lesen lernt man in der Schule
Luft	Mann, darum geht's hier nicht, …
Hygiene	… ist das klar?
Publikum	Sehen und gesehen werden
Service	Wer nicht cool ist, kann zu Hause bleiben
Preisniveau	Erstaunlich niedrig eigentlich

Wiesbaden — ECKHAUS

ECKHAUS Zimmermannstanz

ECKHAUS
Hirschgraben 17
65183 Wiesbaden
Tel. 06 11/37 85 76

Tägl. 17.00 - 1.00
Küche bis 23.00

40 Sitzplätze
15 Stehplätze
Konzession erlaubt
das Draußensitzen bis 24.00

Webergasse:
Bus 1, 8
PH Coulinstr.

Hast du es ihr gesagt?
Ich werd dir Augen machen.
Ich zeig dir, wer das Establishment zertrümmert.
Das ist der Embryo von einem geistigen Kraftwerk.
Verstehst du, von einem neuartigen Gebilde,
das, obwohl es lange schon dort steht,
alle hier am Berg erschüttern wird.
Vom Neuesten das Neueste, obschon sehr alt,
soll es nämlich Bier in rauhen Mengen fressen,
wie kein Kraftwerk vor ihm je es getan.
Das Bier ist billig, wir stehn drauf,
aber es will auch verdaut sein.
Deswegen gibt's im Kraftwerk an der Ecke Bratkartoffeln,
weil wir die so gern mögen, und Leberkäs.
Besondere Mahlzeit braucht besondere Därme.
Ein Brocken für die Projektierer, sie kauen dran
und malen ein Kreuzchen nach dem anderen,
und ein Gemälde löscht das andere aus.
Prost, Kameraden, auf unser altes, neues Kraftwerk.
Wir lieben es, das wissen wir. *duc*

Bier	Das süße Habereckl Märzen, Kutscher Alt und McCaul's Stout v. F. (2,30-4,90)
Wein	Naturtrüber Äppler und türkischer Güzel (2,60-5,50)
Sekt und Schampus	Nur im Glas (5,00)
Cocktails	Ist Asbach-Cola nicht auch irgendwie ein Cocktail? (5,50-6,70)
Spirituosen	Raki, Korn, Capa negra und Ouzo (3,50-5,70)
Alkoholfreie Getränke	Aprikose oder Maracuja? Nein: Erdbeermilch (2,40-3,50)
Heißes	Für den Kater einen Kamillentee oder heiße Vanille (2,40-4,30)
Essen	Türkische Rindswurst, Bratkartoffeln und Leberkäs

Musik	In diesem Kraftwerk wird lauter gelacht als anderswo
Spiele	Und manchmal nur Dame gespielt
Lektüre	Oder der Spiegel bzw. Kurier gelesen
Luft	Was issn das?
Hygiene	Hä?
Publikum	Kraftwerkler und Eckhäusler
Service	Ei, des Bier kömmt gleich
Preisniveau	Des iss in Ordnung, Kumpel

6:0, Drugs und Rock'n' Roll

FINALE
Stiftstr. 9
65183 Wiesbaden
Tel. 06 11/59 06 42

Mo-Do 10.00 - 1.00
Fr 17.00 - 2.00
Sa, So 10.30 - 1.00
Küche 17.30 - 23.30
Frühstück ab 10.30

65 Sitzplätze
Unbegrenzt Stehplätze

Taunusstr.: Bus 1, 8
Parken: pädagogische Vier

Nach ersten überfallartigen Bestellungen gleich nach Öffnung der Kneipe verflacht die Auseinandersetzung zunächst etwas mit nur zögerlichem Leertrinken der Biergläser. Dieser Phase vorsichtigen Abtastens folgen jedoch bald die ersten Treffer. Nach herrlicher Vorbereitung durch den technisch versierten Koch landen die ersten warmen Gerichte auf den Tischen. Daraufhin beginnen diese ihre Verteidigung, kommen auch zu Chancen, ordern frische Getränke. Doch letztlich tragen sie ihre Vorstöße zu ungeordnet vor, um das Kneipenteam ernsthaft in Gefahr zu bringen. Allein Fernschüsse, wie kaum zu vernehmende Orders vom hintersten Tisch, können ihre Gefährlichkeit andeuten.

So kann es nicht verwundern, daß immer neue Trinker eingewechselt werden. Diese Maßnahme muß sich irgendwann auszahlen, die Gästeschaft kann ihren Druck auf Bestellblöcke, Zapfhähne, Kühlschränke und Bedienung erhöhen und beschwört einige brenzlige Situationen direkt vor der Theke herauf, so daß die vom Wirt mit eigenen Füßen erkämpften Pokale ins Wanken geraten. Der spielt jetzt seine ganze Routine aus, bringt mit klugen Zapfmanövern sein Bedienungspersonal in günstige Positionen. Aber die Gäste halten dagegen, geben sich lange noch nicht geschlagen. Niemand ist schließlich bis zum Finale vorgedrungen, um sich dann einfach dem Schicksal zu ergeben. Beim Schlußpfiff gibt es keine Verlierer, und man sitzt nachher noch lange bei Erfrischungen zusammen. *fat*

Bier	Henninger, Hannen Alt, Prinzregent Luitpold (3,80-5,50)
Wein	Apfelwein, zwei Rheingauer, drei Italiener (3,00-6,00)
Sekt und Schampus	HM, Schloß Vaux (Fl. 40-180)
Longdrinks	Diverse (10,00)
Spirituosen	Eine ganze Kartenspalte voll (3,00-7,00)
Alkoholfreie Getränke	Das Übliche, aber auch frisch gepreßte Säfte (3,50-6,00)
Heißes	Da bleibt keine Kehle trocken (3,00-4,50)
Essen	Internationale Frühstücksvarianten mit Humor serviert, Tageskarte mit etwa zehn Gerichten

Musik	Echt nicht blöd
Spiele	Das gute, alte Spielgut (Schach, Backgammon, Würfel)
Lektüre	Keine falschen Zwänge, Anspruchsvolles oder Bildzeitung
Luft	Man kommt zu mehr als nur zum Nötigsten
Hygiene	Sauber
Publikum	Das hat der Laden souverän im Griff
Service	Alles sehr im Rahmen, mit proletarischer Note
Preisniveau	Man hat die Sache im Griff, konzentriert sich aufs Wesentliche

Wiesbaden — **NO ORDER**

Nichts zu bestellen

NO ORDER
Schwalbacher Str. 69
65183 Wiesbaden
Tel. 06 11/59 08 26

Mo-Do 20.00 - 1.00
Fr,Sa 20.00 - 2.00
So 18.00 - 1.00

80 Sitzplätze
200 Stehplätze

Michelsberg/
Schwalbacherstraße:
Bus 10, 13
Platz der deutschen
Einheit:
Fast alle Buslinien
Parken:
PH Schwalbacher Str.

Man stelle sich irgendeine Diskothek in einem beliebigen Ort in einer beliebigen Gegend vor. Es ist schon klar, was gemeint ist: In der Mitte hängt diese langsam rotierende Spiegelkugel, die Tanzbewegungen sehen bei den Lichteffekten sowieso immer irgendwie eckig und zuckend aus. Die Wände sind mit den obligaten Spiegelkacheln bedeckt. Von irgendwoher kommt das unvermeidliche Schwarzlicht. Sitzplätze gibt es an der Theke, die Getränke sind schlichtweg schal, die Musik bietet gerade mal für jeden etwas. Herein kommt Jack/Jacques/Juan oder auch Hans, dessen Dates mit seinen Bekanntschaften aus der Damenwelt sich letzte Woche alle zerschlagen haben. Jetzt sucht er Zerstreuung und denkt sich zu den Discoschönheiten in die Garderobe. Die flotte Suzanne/Susi oder Susan braucht mal einen Kurzurlaub von ihrem Lover. Uni- und Haushaltskram öden sie mehr an, das muß sie sich von der Seele tanzen. Und schließlich ist da auch noch unübersehbar die Gang aus dem Hinterland, die was erleben will. Ein Glück, daß es für sie alle das *No Order* gibt. Ein geiler Place zum Ausflippen, Austoben und Streßrauslassen. Und etwas Besonderes gibt es dann doch noch – die sogenannten Specials: Mal ist es die Frauendisco, dann die Seattle-Grunge-Party oder ein Rolling Stones-Led-Zeppelin-Playback. Man ist offen für alles und läßt sich eben überraschen. *fat*

Bier	Kaiser's Pils, Prinzregent Luitpold Hefeweizen hell u. dunkel (4,10-5,50)
Wein	Muscadet, Canals & Nubiola Tinto und Rosado (5,00-6,00)
Sekt	Segura cava reserva Heredad und vieles mehr (Fl. 44-95)
Spirituosen	Zwei Theken mit Riesenauswahl (4,40-8,00)
Alkoholfreie Getränke	Schweppes, Säfte und so weiter (3,50-3,80)
Heißes	Wer trinkt hier Heißes
Essen	Tafeln kann man anderswo

Musik	Querbeet
Lektüre	AZ, Boulevard
Luft	Je später der Abend ...
Hygiene	Alles clean
Publikum	Normalos, Hinterlandjugend, Multikulti
Service	Daran soll's nicht scheitern
Preisniveau	Ob sich das man lohnt?

Wiesbaden — SHERRY & PORT

Die wahre Geschichte

SHERRY & PORT
Adolfsallee 11
65185 Wiesbaden
Tel. 06 11/37 36 32

Mo-Fr ab 17.00
Sa, Feiertage ab 19.00

50 Sitzplätze
20 Stehplätze
120 Freiplätze
Plätze draußen von elf bis elf

Bahnhof:
alle Busse
Rheinstr.:
Bus 1, 8
Parken für Normalsterbliche möglich

Weitgeöffnet lud die Tür zum Eintreten ein. Der dunkle, mit gediegenem altenglischem Kneipenmobiliar ausgestattete Raum versprach angenehme Kühle und wohltuendes Ambiente für ein beschauliches Beisammensein an diesem hitzegetränkten Sommerabend. „Drinnen ist zu", keifte eine Stimme, als wir, ohnehin nicht die ersten Gäste im Schankraum, uns setzen wollten. Daß laut Karte eigentlich schon seit fast zwei Stunden ausgeschenkt werden sollte, hatte die Stimme wohlweislich zu ignorieren gewußt. Gnädigste ließ sich dann doch noch herab, uns die Erlaubnis zu geben, und nach einem ausgiebigen Schwätzchen, einem Telefongespräch und einer längeren Abwesenheit, deren Grund uns natürlich verborgen blieb, wurden wir sofort bedient. Da kam Freude auf. Die Oliven waren grün, in der Tomatensuppe eine Fleischeinlage (wovon der Besteller, seines Zeichens Vegetarier, ganz besonders angetan war) und das Publikum Intellektuelle: „Frauenspiel ist gegen Männerspiel nichts". „Männer sind feige, aber Frauen sind hinterhältig", das scheint der Grund zu sein. Sie bezieht ihre „Power aus dem Drumrum", während er „auf der Suche nach dem Mittelweg ist". Und über allem hängt, was irgendjemand für Kunst hält, während Dave Meany irische Stimmung zu evozieren versucht. „Darf ich mal so aufdringlich sein?" Klar.„ Dann geh ich mal aufs Klo." Aber gern, spül Dich nur gut runter. Irgendwie haben wir wohl heute, nicht nur wegen der der nervenzehrenden Hitze, einen ganz schlechten Tag erwischt. *dd*

Bier	Mehr, als man trinken kann (inkl. Guinness) (2,80-4,20)
Wein	Kleines, nettes Angebot an Rot und Weiß, original engl. Cider (4,00-7,00)
Sekt und Schampus	Freixenet, Graeger, Henkell Brut, ein Schampus (Fl. 36-100)
Spirituosen	Wirklich ausreichend (3,50-8,00) ; viel Sherry & Port, um die 40 Sorten
Alkoholfreie Getränke	Was man unbedingt so braucht von Dr. Koch und Perrier (3,00-4,20)
Heißes Essen	Bescheidene, aber ausreichende Ausstattung (3,00-9,00) Salate, Tapas, sogar Dessert

Musik	Live
Lektüre	Sherry & Port Evening Star, die Hauspostille
Luft	Dunst gehört zur Stimmung
Hygiene	Man kann nicht klagen
Publikum	High Folks
Service	Hat wohl auch mal ihre schlechten Tage
Preisniveau	Geht auch in Ordnung

Wiesbaden — ZUM SCHWEINEFUSS

ZUM SCHWEINEFUSS
Unkompliziert

ΨΨΨΨ

ZUM SCHWEINEFUSS
Kaiser-Friedrich-
Ring 42
65185 Wiesbaden
Tel. 06 11/37 79 48

So-Do 18.00 - 1.00
Fr,Sa 18.00 - 2.00
Warme Küche von
19.00 - 23.00

50 Sitzplätze
100 Stehplätze exkl.
auf den Tischen

Scheffelstr.:
Linie 5, 15
Hbf. ist auch
nicht weit
Parken:
Nimmt man ein paar
Schritte in Kauf ...

Der Kater, mit dem er aufwacht, ist nicht von der leichten Sorte. In seiner Kehle schmeckt es nach toter Maus. Ob sich die Erinnerungsfetzen von gestern noch jemals werden zusammenfügen lassen? Das Lokal, hieß das nicht *Cochon de Pied*? Nee, das war in Paris. Was ißt man denn in Bayern mehrmals täglich? Nein, *Zur Schweinshax'n* hieß es auch nicht, aber so ähnlich. Er war jedenfalls durch eine niedrige Tür in gewölbeartige Räume hinabgestiegen. Ein Speiselokal war es eigentlich nicht gewesen – oder doch? Da waren doch so rotweiß-karierte Tischdecken und der unverwechselbare Duft französischer Kochkünste. Und die Leute in dem Schuppen? Vor seinem inneren Auge huschten turtelnde Pärchen, Edelprolls aus dem Umland, verhinderte Künstler und Altfreaks vorbei. Hatten nicht Wirt und Gäste auf den Tischen um die Wette getanzt – oder war da neben dem Messingleuchter nur ein Plakat, das eben dies verbot? Und dann hatte doch noch die gesamte Belegschaft zu den Klängen von irgendeinem „Sweet home" die Feuerzeuge gezückt. Nein, das könnte ihm auch dieser Student erzählt haben, den er allerdings bei der lauten Musik kaum verstanden hatte. Wußte er nicht schon vom Wirt, daß die Kneipe nicht zum Spielen und Lesen da sei, sondern zum „trinken, tanzen, f..."? – Hm, das konnte doch nicht stimmen. Egal. Na, und dann war da noch die Bedienung, diese geheimnisvolle Schönheit, an die er sich gehalten hatte. Von den Rotorblättern der Ventilatoren, die gestern in der dicken Luft steckengeblieben waren, stak jedenfalls jetzt mindestens einer in seinem Schädel. *fat*

	Bier	Martinsbräu, aber vor allem Weißbier (3,50-4,50)
	Wein	Elbling weiß, Bordeaux rot (4,50-6,00)
	Sekt und Schampus	Wieder Elbling, diesmal brut (6,00)
	Spirituosen	Durchschnitt, keine Cocktails (4,00-6,00)
	Alkoholfreie Getränke	Das Übliche (2,00-3,50)
	Heißes	Das Nötigste (3,50-4,00)
	Essen	Köstliches aus dem französischen Mittelmeerraum
	Musik	Négresse Verte, Lou Reed, BeBop, Flamenco
	Spiele	Geldautomat, Jadey Plus
	Lektüre	Braucht's nicht
	Luft	Technische Voraussetzungen stimmen, aber ...
	Hygiene	Auszuhalten
	Publikum	Alles, was so kreucht und fleucht
	Service	Man freut sich an Dir
	Preisniveau	Bei diesen Preisen kannst Du um so mehr trinken

Die Autoren

Dora Diamannt
Model; Freundin von Franz K., der sie seit Jahren vergeblich vom Trinken, vor allem aber vom Schreiben abzuhalten versucht.

Harry von Duckwitz
Wie der Name schon verrät: Der gute Harry entstammt einem Adelsgeschlecht. Schon sein Großvater Siegfried von Duckwitz griff, wenn er betrunken war (und das war er beinahe jeden Tag), zur Feder und dichtete unzüchtige Sachen. Harry hat diese Tradition begeistert aufgenommen und schreibt seine Dramolette und Liebesgedichte am liebsten in verrauchten Kneipen. Wenn er nach vollbrachter Tat nach Hause torkelt, legt er eines von Mozarts Klavierkonzerten auf – und trinkt schreibend (schreibt trinkend?) im Bett weiter.

Alexander Kraft
Er kam, soff und schrieb.

Doña Manzana
Spanierin. Wallfahrtete schon bei ihrer Geburt, was sie immerhin unbeschadet über die Schulbank rettete. Doch dann – verlassen von allen guten Geistern – schlug sie den schlüpfrigen Weg der schönen Künste ein und schlittert seitdem frei(händig) auf diesen Pfaden.

Andrea Morshäuser
Geboren: in Frankfurt. Aufgewachsen: in Frankfurt. Studium: in Frankfurt. Frankfurt-Fan eben. Hobbies: Schlafen, Kneipenführer schreiben, Mitbewohnerin würgen. Persönliches Motto: Es lebe das Chaos.

Andrea Neitzel
Jahrgang 66, ein „verwirrter kleiner Kampfstier". Diesen „Ehrentitel" hat sie sich unter anderem durch Aktionen wie nächtliches U-Bahn-Fahren, engagierte Saufgelage und duldsames Ertragen ihrer Mitbewohnerin eingehandelt.

Jürgen Otten
Eingeweihte behaupten, daß er schon bei der Geburt die Worte „Bier", „SV Meppen" und „Mozart" ausstieß und gleich danach den Satz: „Ich will schreiben". Bis heute kämpft er um eine dialektische Verknüpfung dieser vier so unterschiedlichen Lebenskomponenten, ist aber, wie wiederum jene Eingeweihten berichten, keinen Schritt weitergekommen. Wer eine Lösung weiß, soll ihm eine Postkarte schicken.

Jörg Schindler
Ehemals Bürgermeisterkandidat von Bad Bergzabern, Vizeweltmeister im einhändigen Babywickeln und Perlentaucher vor der Küste Obervoltas. Erfinder des 36-Stunden-Tages. Lebt heute – leicht paranoid – in einem Einbaum auf der Nidda und ist bemüht, sich Essen, Schlafen und Trinken abzugewöhnen.

Andreas Schwarzkopf
Die einen behaupten, er sei ein unglaublich scharfer Analytiker mit Herz und ohne Laster, die anderen halten

Die Autoren

ihn einfach für einen langhaarigen Bombenleger. Nur sein Freund Harry von Duckwitz weiß, wie er wirklich ist, hüllt sich aber konsequent in Schweigen.

Falk Trapp Einer der engagiertesten Wirtschaftswissenschaftler im Rhein-Main-Gebiet. Geht am liebsten mit der ganzen Familie in die Kneipe, damit ihm seine Frau oder seine Kinder später erzählen können, wie es war.

Die Kneipenstories

Friedrich Kehrer, Norbert Treuheit (Hrsg.)
Zwischen Sekt und Selters
Literarische Streifzüge durch Kneipen, Cafés und Bars
Kartoniert, 237 Seiten, 12,00 DM
ISBN 3-927482-02-1
ars vivendi verlag

Register

Seite	Name	Kategorie	Stadtteil
12	Achter Kontinent	Kneipe	Sachsenhausen
13	Al Andalus	Musikkneipe	Sachsenhausen
14	An Sibin	Musikkneipe	Sachsenhausen
15	Aufschwung	Kneipe	Nordend
16	Backstage	Musikkneipe	Bornheim
17	Balalaika	Musikkneipe	Sachsenhausen
18	Bar Oppenheimer	Bar	Sachsenhausen
19	Bastos	Café, Kneipe	Bockenheim
20	Batschkapp/Elfer	Kneipe, Disco	Eschersheim
21	Blaubart	Kneipe	Innenstadt
22	Blue Angel	Disco	Innenstadt
24	Bockenheimer Weinkontor	Kneipe	Bockenheim
25	Brotfabrik	Disco, Kneipe	Hausen
26	Café Albatros	Café, Kneipe	Bockenheim
27	Café Bar	Café, Kneipe	Sachsenhausen
28	Café Cult	Café, Kneipe	Innenstadt
29	Café Filmriss	Café, Kneipe	Nordend
30	Café Karin	Café, Kneipe	Innenstadt
31	Café Klatsch	Café, Kneipe	Bornheim
32	Café i. der Kunsthalle Schirn	Café	Innenstadt
33	Café Läuft	Café, Kneipe	Nordend
34	Café Laumer	Café	Westend
35	Café im Liebigmuseum	Café	Sachsenhausen
36	Café im Museumspark	Café	Sachsenhausen
37	Café Plazz	Café, Kneipe	Bockenheim
38	Café Provisorisch	Café, Kneipe	Bornheim
39	Café Terz	Café, Kneipe	Nordend
40	Café Ypsilon	Café	Bornheim
41	Casa di cultura	Kneipe	Bockenheim
42	Celsius	Kneipe	Bockenheim
43	Central	Bar, Kneipe	Innenstadt
44	Charivari	Kneipe	Bornheim
45	Club Voltaire	Kneipe	Innenstadt
46	Cooky's	Disco	Innenstadt
47	DBK Der blinde König	Kneipe	Ostend
48	Die Leiter	Bistro	Innenstadt
49	Diesseits	Café, Kneipe	Bockenheim
50	Discordia	Kneipe, Bar	Nordend
51	Dominique Café Mouson	Kneipe, Café	Nordend
52	Dr. Flotte	Kneipe	Bockenheim
53	Dreikönigskeller	Musikkneipe	Sachsenhausen
54	Drosselbart	Apfelweinlokal	Eschersheim
55	Eckhaus	Café, Kneipe	Nordend
57	Eckstein	Café, Kneipe	Innenstadt
58	Eins Zwei	Bar, Musikkneipe	Innenstadt
59	Erdbeermund	Musikkneipe	Innenstadt
60	Ergo Bibamus	Kneipe	Eschersheim

Seite	Name	Kategorie	Stadtteil
61	Far out	Disco	Sachsenhausen
62	Fox.	Kneipe, Bar	Nordend
63	Funkadelic	Disco	Innenstadt
64	Gaggia	Café, Kneipe	Sachsenhausen
65	Gaststätte Rink	Apfelweinlokal	Nordend
66	Gegenwart	Café, Kneipe	Bornheim
67	Gerbermühle	Apfelweinlokal	Sachsenhausen
68	Größenwahn	Kneipe	Nordend
69	Harveys	Café, Bar	Nordend
70	Heck-Meck	Kneipe	Bockenheim
71	Helium	Kneipe	Innenstadt
72	Horizont	Kneipe	Nordend
73	Im Hinterhof	Kneipe, Weinlokal	Nordend
74	Intim-Bar	Bar	Innenstadt
75	Jazzkeller	Musikkneipe	Innenstadt
76	Judith's Place	Café	Innenstadt
77	Künstlerkeller	Kneipe	Innenstadt
78	Lesecafé	Café	Sachsenhausen
79	Liliput	Café	Innenstadt
80	Literaturcafé	Café	Westend
81	Lobster	Bar, Kneipe	Sachsenhausen
82	Lux	Bistro	Innenstadt
83	Mampf	Musikkneipe	Nordend
84	Maxims	Disco	Innenstadt
85	Medius-Keller	Kneipe	Innenstadt
86	Mephisto Keller	Kneipe	Innenstadt
87	Mosebach	Kneipe	Nordend
88	Music-Hall	Disco	Bockenheim
89	Nachtleben	Kneipe, Disco	Innenstadt
90	Negativ	Disco	Sachsenhausen
91	Niewo	Kneipe	Bornheim
92	Omen	Disco	Innenstadt
93	Opus 111	Café, Kneipe	Westend
94	Orfeo	Kneipe	Bockenheim
95	Orion Bar	Bar	Sachsenhausen
96	Osteria Casa nostra	Kneipe	Bockenheim
97	Ouzerie Atmo	Kneipe	Nordend
99	Palastbar	Bar	Innenstadt
100	Palmcafé	Café	Sachsenhausen
101	Papagayo	Café, Kneipe	Bockenheim
102	Paulaner	Kneipe	Nordend
103	Phoenix	Disco	Innenstadt

Seite	Name	Kategorie	Stadtteil
104	Pielok	Kneipe	Bockenheim
105	Plastik	Disco	Innenstadt
106	Plus	Café, Kneipe	Sachsenhausen
107	Pschorr-Fass	Kneipe	Niederrad
108	Queer	Kneipe	Innenstadt
109	Rotlint-Café	Café, Kneipe	Nordend
110	Sandkasten	Kneipe	Sachsenhausen
111	Schampus	Kneipe	Bockenheim
112	Sinkkasten	Disco, Kneipe	Innenstadt
113	Sol y Luna	Disco, Kneipe	Ostend
114	Sonus	Kneipe	Innenstadt
115	Speisekammer	Apfelweinlokal	Heddernheim
116	Stattcafé	Café, Kneipe	Bockenheim
117	Tacheles	Kneipe	Nordend
118	Tangente	Kneipe	Westend
119	Tannenbaum	Kneipe	Bockenheim
120	Tannenbaum	Kneipe	Sachsenhausen
121	TAT-Café	Café, Kneipe	Innenstadt
122	Tequila	Kneipe	Innenstadt
123	Textor 38	Kneipe	Sachsenhausen
124	Tong's Aloha	Bar	Innenstadt
125	Treibsand	Kneipe	Nordend
126	Valentino	Kneipe	Sachsenhausen
127	Vario	Kneipe	Nordend
128	Wacker's Café	Café	Innenstadt
129	Wäldches	Café	Ginnheim
130	Wagner	Apfelweinlokal	Sachsenhausen
131	Waikiki Bar/Hard Rock Café	Bar	Nordend
132	Webers	Kneipe	Nordend
133	Weinstube im Nordend	Kneipe	Nordend
134	Weiße Lilie	Kneipe	Bornheim
135	Westend 1	Bar	Innenstadt
136	Westkantine Großmarkthalle	Kneipe	Ostend
137	Wunderbar	Kneipe	Höchst
138	Zeil 10	Kneipe	Innenstadt
139	Zeitungsente	Kneipe	Gallus
140	Zippo Keller	Kneipe	Sachsenhausen
141	Zur alten Schmiede	Kneipe	Niederrad
142	Zur Buchscheer	Apfelweinlokal	Sachsenhausen
143	Zur schönen Müllerin	Apfelweinlokal	Nordend
144	Zur Stalburg	Kneipe	Nordend

Seite	Name	Kategorie	Stadt
	Darmstadt		
145	Bellevue	Café, Kneipe	Darmstadt
147	Café Chaos	Café, Kneipe	Darmstadt
148	Cafékesselhaus	Kneipe, Musikkneipe	Darmstadt
149	Capones Pool	Kneipe	Darmstadt
150	Chat Noir	Kneipe	Darmstadt
151	Goldene Krone	Kneipe, Musikkneipe	Darmstadt
152	Hunter's Gallery	Kneipe	Darmstadt
153	Kneipe 41	Kneipe	Darmstadt
154	Kulturcafé	Café	Darmstadt
155	Lagerhaus	Kneipe	Darmstadt
156	Nachrichten-Treff	Kneipe	Darmstadt
157	N.N.	Kneipe	Darmstadt
158	Petri	Kneipe	Darmstadt
159	rem	Cocktailbar	Darmstadt
160	Schloßgartencafé	Café	Darmstadt
	Mainz		
161	Altstadtcafé	Café	Mainz
162	Caveau	Kneipe	Mainz
163	Diesel	Kneipe	Mainz
164	Einstein	Kneipe	Mainz
165	Gekko	Bar	Mainz
166	Hintersinn	Kneipe	Mainz
167	Kulturzentrum	Disco, Musikkneipe	Mainz
168	Quartier Mayence	Kneipe	Mainz
169	Schöner Brunnen	Café, Bistro	Mainz
170	Schroeder's	Kneipe	Mainz
171	Weinhaus Bluhm	Kneipe	Mainz
	Offenbach		
172	Caféhaus Wintergarten	Café, Kneipe	Offenbach
173	Firlefanz	Café, Kneipe	Offenbach
174	Hessischer Hof	Kneipe	Offenbach
175	MTW Musikterrassen Wiking	Kneipe, Disco	Offenbach
176	Strandbus	Kneipe	Offenbach
177	Württembergische Weinstube	Kneipe	Offenbach
178	Wundertüte	Kneipe	Offenbach
	Wiesbaden		
179	Basement	Kneipe	Wiesbaden
180	Café Klatsch	Café	Wiesbaden
181	Café Maldaner	Café	Wiesbaden
183	Chat d´or	Kneipe	Wiesbaden
184	Daily	Kneipe	Wiesbaden
185	Eckhaus	Kneipe	Wiesbaden
186	Finale	Kneipe	Wiesbaden
187	No Order	Kneipe	Wiesbaden
188	Sherry & Port	Kneipe, Musikkneipe	Wiesbaden
189	Zum Schweinefuß	Kneipe	Wiesbaden

Die Kneipenführerreihe

Zwischen Sekt und Selters
gibt es für:
Berlin, Bremen, Düsseldorf, Frankfurt, Hamburg, Hannover,
Heidelberg/Mannheim, Köln, München, Nürnberg, Ruhrgebiet, Stuttgart, Wien sowie Deutschland